Rhodos

Sými · Chálki
Níssyros · Kós · Marmaris

Hans E. Latzke

Gratis-Download: Updates & aktuelle Extratipps des Autors

Unsere Autoren recherchieren auch nach Redaktionsschluss
für Sie weiter. Auf unserer Homepage finden Sie Updates und
persönliche Zusatztipps zu diesem Reiseführer.

Zum Ausdrucken und Mitnehmen oder als kostenloser
Download für Smartphone, Tablet und E-Reader.
Besuchen Sie uns jetzt!
www.dumontreise.de/rhodos

short.travel/1e7sl

Reise-Taschenbuch

Inhalt

Reiseinfos, Adressen, Websites

Panorama – Daten, Essays, Hintergründe

Unterwegs auf Rhodos

Inhalt

Inhalt

Auf Entdeckungstour

Karten und Pläne

s. hintere Umschlagklappe

▶ Dieses Symbol im Buch verweist auf die
  Extra-Reisekarte Rhodos

Das Klima im Blick

Reisen bereichert und verbindet Menschen und Kulturen. Wer reist, erzeugt auch CO_2. Der Flugverkehr trägt mit einem Anteil von bis zu 10 % zur globalen Erwärmung bei. Wer das Klima schützen will, sollte sich für eine schonendere Reiseform (z. B. die Bahn) entscheiden – oder die Projekte von *atmosfair* unterstützen. *Atmosfair* ist eine gemeinnützige Klimaschutzorganisation. Die Idee: Flugpassagiere spenden einen kilometerabhängigen Beitrag für die von ihnen verursachten Emissionen und finanzieren damit Projekte in Entwicklungsländern, die dort den Ausstoß von Klimagasen verringern helfen. Dazu berechnet man mit dem Emissionsrechner auf *www.atmosfair.de,* wie viel CO_2 der Flug produziert und was es kostet, eine vergleichbare Menge Klimagase einzusparen (z. B. Berlin – London – Berlin 13 €). *Atmosfair* garantiert die sorgfältige Verwendung Ihres Beitrags. Klar – auch der DuMont Reiseverlag fliegt mit *atmosfair!*

Liebe Leserin,
lieber Leser,

griechische Inseln haben für mich ein ganz besonderes Flair. Der schwirrende Gesang der Zikaden in sonnendurchfluteten Olivenhainen, das unendlich träge Klatschen der Wellen an den Strand, die sehnsuchtsvollen Melodiefetzen, die mit einem Auto vorbeiziehen, der Geruch von Ouzo, der sich mit den Schwaden des Fischs vom Grill mischt, die absolute Zeitlosigkeit in den Augen der Männer, die vor ihrem Kaffee an der Straße sitzen … all das gibt es nirgendwo sonst auf der Welt.

Ich gestehe, ich bin süchtig danach, seit ich mit 17 das erste Mal in Athen auf ein Schiff stieg, total übermüdet von zwei Tage langem Trampen über den Balkan – und dann war ich plötzlich im Paradies (so schien es mir). Nach Rhodos bin ich erst später gekommen, denn diese Insel ist größer und auch ein bisschen touristischer und moderner als die kleinen Eilande der Ägäis. Wenn man dort tief nach Süden fährt, findet man auch auf Rhodos jenen Charme der alten Zeit. Zugleich aber ist die Insel eines der bedeutenden Kreuzfahrtziele des Mittelmeers … berühmt für grandiose antike Stätten wie Líndos oder die mittelalterliche Stadtfestung der Kreuzritter von Rhodos-Stadt. Es gibt viel zu sehen!

Entlang den Küsten im Norden breiten sich Badeorte mit jeweils ganz eigenem Flair aus, von der Party-Stadt Faliráki bis zu den Luxushotels in Kiotári. Mir persönlich gefallen dabei am besten Kolýmbia oder Charáki, denn dort gibt es schöne Strände, und man kann jedes Ausflugsziel in überschaubarer Zeit erreichen. Denn das sollten Sie auf Rhodos, dieser Insel mit den vielen Gesichtern, nicht verpassen: möglichst viel herumzufahren, kennenzulernen, zu entdecken, zu erfahren. Und dabei wünsche ich Ihnen viele interessante und vor allem wunderschöne Erlebnisse … und das auch mal allein, ohne Reiseleitung, in einer kleinen Taverne unter Griechen. Adressen finden Sie im Buch, trauen Sie sich ruhig!

Herzlichst, Ihr

Die Néa Agorá am Hafen von Rhodos stammt aus der italienischen Zeit

Rhodos persönlich – meine Tipps

Nur wenig Zeit? Rhodos zum ersten Kennenlernen

Wer nur über ein verlängertes Wochenende Zeit hat, sollte unbedingt ein Hotel in **Rhodos-Stadt** nehmen. Besonders romantisch kommt man dort in den Altstadt-Pensionen unter, die teilweise auch sehr viel Luxus bieten. Dann erlebt man das einzigartige Flair der mittelalterlichen Ritterstadt mit den zahlreichen Restaurants und Lädchen hautnah mit. Aber auch die moderneren Großhotels der Neustadt sind gar nicht so übel, direkt in Strandnähe und nur eine Viertelstunde zu Fuß von der Altstadt entfernt. Beim Zeitbudget würde ich zwei Tage für Rhodos-Stadt reservieren (mit je einer Strandpause natürlich), einen Tag fährt man zur ›weißenStadt‹ **Líndos,** auch dort lohnt der schönste Strand der Insel ein paar Stunden. Bleibt jetzt noch Zeit, wäre eine organisierte Inselrundfahrt eine gute Wahl, alternativ kann man mit einem Mietroller an der Westküste hinunterfahren und **Ialyssós** mit dem Kloster **Philérimos,** das antike **Kamíros** mit schönem Strand und das Farbendorf **Fánes** besuchen.

Welche Sehenswürdigkeiten sollte man nicht verpassen?

In **Rhodos-Stadt** gehören der Großmeisterpalast, das Archäologische Museum und ein Gang durch die kieselgepflasterten Gassen der Altstadt zum Pflichtprogramm; auch sollte man die gewaltigen Festungsmauern erkunden. Ebenso sollte man den hellenistischen Tempel der Athena auf der Akropolis von **Líndos** nicht verpassen, obwohl die Stadt mit ihren alten Kapitänshäusern ein Gesamtkunstwerk für sich ist. Weitere wichtige antike Stätten sind **Ialyssós** und **Kamíros,** dazu kommen die italienische Kuranlage **Thérmes Kallitheá** sowie die Gipfelkapelle der Muttergottes von **Tsambíka.** Eine der schönsten Ägäisstädte finden Sie auf der Nachbarinsel **Sými,** die man unproblematisch auf einer Tagesausflugsfahrt erreicht.

Als schöne Naturstätten sind zu empfehlen das Schmetterlingstal **Petaloúdes,** die Quellteiche der **Épta Pigés,** der **Agía Agáthi Beach** bei Charáki, die bewaldeten Höhen des **Profítis Ilías** und das dramatisch auf dem Fels schwebende Kastell von **Monólithos.**

Rhodos individuell?

Eine individuell organisierte Reise nach Rhodos bietet v. a. den Vorteil, dass man sehr spontan die Route gestalten kann. Über die Webportale vieler Hotels oder Buchungsportale wie booking.com lassen sich viele Pensionen oder Boutique-Hotels bereits von zu Hause aus buchen – auch für nur einige Tage. So kann man erst in Rhodos-Stadt, dann weiter im Süden in einem Strandbadeort reservieren. Bei einer relativ knapp geplanten Rundreise ist es sicher entspannter, mit vorgebuchten Zimmern zu reisen. Doch es geht natürlich – außer im August – auch ohne Reservierung. In der Regel finden Sie immer vor Ort spontan ein Zimmer, und das oft sogar zu einem besseren Preis. Bezahlen Sie dann vorsichtshalber erst mal nur für eine Nacht – wenn etwas nicht stimmt, haben Sie eine bessere Verhandlungsbasis oder können problemlos wechseln.

Welcher Ort ist für mich der richtige?

Bei der Buchung sollte man sich nicht nur nach den Qualitäten des jeweiligen Hotels richten, sondern auch den speziellen Charakter der Orte berück-

Die wichtigsten Orte auf Rhodos und die umliegenden Inseln

sichtigen. Da gibt es nämlich große Unterschiede.

Rhodos-Neustadt ist geprägt von lautem städtischem Leben mit vielen Discos, Bars und Autoverkehr. Hier machen vor allem junge Leute Urlaub.

Ialyssós und Ixiá (Triánda): Die überwiegend modernen Hotels liegen verstreut in der Strandebene. Am Strand weht eine meist steife Brise, sodass der Ort bei Surfern beliebt ist.

Theológos: In der Strandsiedlung unterhalb des Ortes im Inland stehen einige Pauschalhotels; an der Durchgangsstraße gibt es kleine Tavernen und Bars. Der Strand ist sandig mit groben Kieseln und schmal.

Kallithéa: Am Strand von Kallithéa stehen die Großhotels Eden Roc und Paradise, alle anderen drängeln sich dahinter. Recht eng ist es dementsprechend am Strand. Vorteilhaft ist der kurze Weg nach Rhodos-Stadt und ins schöne Inlanddorf Koskinoú.

Faliráki: Der Ort ist jung, genau wie die meisten seiner Gäste, die in Music-Bars bis zum frühen Morgen feiern können. Die großen Hotels der Kataloge liegen aber alle weit weg am nördlichen Ende der langen Strandsichel mit dem feinen Sandstrand.

Kolýmbia: Neue Hotelsiedlung ohne echten Ortskern. Um urbanes Flair zu erleben, muss man nach Faliráki oder Archángelos fahren, der Strand ist aber schön und sauber und nicht überlaufen. Ideale Bademöglichkeiten für kleine Kinder.

Líndos: Der Ortseingang ist eine einzige Einkaufszone, im hinteren Teil gibt es viele pauschal von Briten gebuchte Studios. Alternativen sind die Luxushotels an der Vlícha-Bucht (5 km nördlich) oder das Örtchen Péfki.

Lárdos: Ein Bauernort mit kleinen Apartmenthäusern am Ortsrand. Das Dorfleben ist eher behäbig; wer Ruhe sucht, ist hier gut aufgehoben. Zum Strand geht man etwa 3 km; dort stehen auch die großen Kataloghotels.

Kiotári: Der Name dieses kleinen Fischerweilers dient heute als Aushängeschild für einige Großhotels am Strand. Sie liegen sehr in der Einsamkeit, das Wassersportangebot ist jedoch gut. Im alten Kiotári können Individualisten immer noch in Studio-Häusern unterkommen.

Romantisch: Rhodos-Altstadt

Wie ist das mit dem Insel-Hopping?

Tagesausflüge nach **Sými** sind sehr beliebt, denn die Insel gilt als schönste des Dodekanes. Man besucht das große Kloster Panormítis und hat noch genügend Zeit für einen ausgiebigen Besuch der schönen Hafentavernen im Hauptort. Mit Tagesausflügen per Schnellboot kann man auch zur Vulkaninsel **Níssyros** oder nach **Kós** mit seinen bedeutenden antiken Ausgrabungen kommen. Ausflüge nach **Chálki** und **Kastellórizo** sind eher etwas für eingefleischte ›Inselsammler‹ und benötigen deutlich mehr Zeit.

Rhodos persönlich – meine Tipps

Eine **Inselrundreise** erfordert ein klein wenig Fantasie, Improvisationstalent und Mut zum Risiko. Die Fahrpläne der Fähren ändern sich häufig, nicht alle Reisebüros verkaufen die Tickets aller Linien, Fähren und Katamarane haben auf Rhodos unterschiedliche Anlegeorte etc. Am besten erkundigt man sich jeweils gleich bei Ankunft nach der nächsten Gelegenheit zur Weiterfahrt.

Startort ist Rhodos-Stadt, der Knotenpunkt der Fährlinien in der Südägäis und im Dodekanes-Archipel.

Blütenpracht der Bougainvillea

Vom Akándia-Kai starten die Autofähren zur Insel Kastellórizo östlich vor der türkischen Küste, ebenso die Linie über Chálki nach Kárpathos sowie über Sými, Tílos und Níssyros nach Kós. Dazu kommen die schnellen Katamarane von Dodekanisos Seaways, die am Kolóna-Hafen abfahren: tgl. nach Sými, Dienstag und Donnerstag nach Chálki, Tílos und Níssyros. Nicht zu vergessen die Ausflugsschiffe ab Mandráki-Hafen, die auch Passagiere für One-way-Fahrten mitnehmen.

Braucht man einen Mietwagen?

Eigentlich nicht, höchstens für spezielle Inlandsausflüge oder für die Tour zur Südspitze Prasonísi. Das Bussystem ist in den touristischen Gebieten entlang der Küsten im Inselnorden sehr gut und auch relativ günstig. In die Bergdörfer fahren die Busse jedoch nur einmal am Tag und dann meist nachmittags ab Rhodos-Stadt, morgens früh zurück – passend für die Bedürfnisse der Landbevölkerung eben.

Wo kann man nachts etwas erleben?

Zwar gilt Faliráki als die erste Nightlife-Adresse der Insel, doch geben dort vor allem Teens und Twens aus Britannien den Ton an. Zur Straße geöffnete Music-Bars (wo die Girls auf den Tischen tanzen) und XXL-Bars (wo Profi-Stripperinnen an Stangen tanzen) prägen das Bild. Deutlich angenehmer ist das Nachtleben in Líndos. Auch dort sind meist Briten unterwegs, allerdings gibt es schicke Bars und traditionsreiche Kneipen, in denen schon die Jungs von Pink Floyd getrunken haben (s. S. 210). In Rhodos-Stadt ist am spannendsten die Platia Arionos mit etlichen Music Bars (s. S. 120), wo sich die griechischen Studenten treffen.

Welches sind die einsamsten Strände?

Wirklich einsame Strände gibt es auf Rhodos kaum noch, wenn überhaupt dann im Süden. Zwischen Gennádi und Lachánia an der Südostküste, ebenso bei Apolakkiá an der Südwestküste hat man die Küste meist ganz für sich allein. Allerdings gibt es dort auch kaum Schatten. Mein Favorit unter den halbwegs einsamen Stränden ist **Foúrni** an der Westküste (8 km von Monólithos). Dieser noch kaum bekannte Kieselstrand bietet zumeist eine echte Robinson-Idylle, die durch die dramatische Klippenlandschaft noch unterstrichen wird. Daher lohnt sich auch die lange Anfahrt (83 km von Rhodos). Im Som-

Die berühmte Hafeneinfahrt von Rhodos mit den beiden Hirschen

mer kommen natürlich mehr Leute, dann öffnet auch ein Kiosk.

Gute Ziele für Wassersportler?

Alle großen Luxushotels haben ein umfassendes Angebot an Wassersport. Surfschulen für Anfänger gibt es in **Faliráki**, Könner, die mehr Wind brauchen, fahren an die **West-küste** oder natürlich nach **Prasonísi**. Tauchbasen gibt es in **Rhodos-Stadt** (Mandráki-Hafen) und in **Líndos**.

Kann man auf Rhodos wandern?

Ich persönlich würde nur in den Wintermonaten bis Anfang April dazu raten. Im Sommer ist es viel zu heiß, man muss sehr viel Wasser mitschleppen. Wenn aber doch, sollte man gegen 4 Uhr morgens beim ersten angenehmem Licht aufbrechen und zusehen, vor 13 Uhr wieder zurück zu sein. Schön sind im Sommer auch kürzere Abendgänge ab 20 Uhr, z. B. zum Katholikon-Kirchlein am Afándou-Strand (s. S. 177), zu den traditionellen Dörfern Malóna und Másari (s. S. 195) oder zum Kástro von Lárdos (s. S. 213). Man sollte dann aber gegen 22 Uhr wieder in bekanntem Gebiet sein, um sich nicht zu verlaufen. Zwar gibt es im Hinterland der Urlaubsorte schöne, stille Waldgebiete, doch sind Pisten dort nicht markiert und ziemlich unübersichtlich.

Zum Schluss: Was ist mit den Flüchtlingen?

Griechenland hat als EU-Grenzstaat mit Seegrenzen, die nicht gesichert werden können, ein enormes Problem, tut aber alles Machbare, um humanitär zu helfen. Brennpunkte der Flüchtlingskrise waren 2015 die nah beim türkischen Festland gelegenen Inseln Kós, Chíos und Lésvos, Rhodos war hingegen nicht betroffen.

NOCH FRAGEN?
Die können Sie gern per E-Mail stellen, wenn Sie die von Ihnen gesuchten Infos im Buch nicht finden:
latzke@dumontreise.de
info@dumontreise.de
Auch über eine Lesermail von Ihnen nach der Reise mit Hinweisen, was Ihnen gefallen hat oder welche Korrekturen Sie anbringen möchten, würden wir uns freuen.

Abends an der Platia Ippokratous
(Hippokrates-Platz), S. 119

Urige Tavernenmeile im Hof der
Néa Agorá, S. 130

Lieblingsorte!

Strandparadies mit Taverne am Monaxia
Beach in Faliráki, S. 173

Romantische Bucht mit illuminiertem
Kastell in Charáki, S. 192192

Taverne Kaliva am Strand von Ialyssós,
S. 146

Ein schöner Rastplatz im Zentrum von
Kremastí, S. 155

In Rhodos-Stadt sitze ich immer noch gern bei den Jugendlichen auf der Castellania-Treppe und gucke, wer so unterwegs ist. Zum Essen geht's dann in die Néa Agorá. Typische rhodische Küche bekommt man auch in der Taverne Kaliva am Ialyssós Beach. Fast ein Gesamtkunstwerk ist das bunt bemalte Dorf Fánes. Meine Lieblingstaverne zum ›Beachen‹ liegt am ruhigen Monaxia-Strand in Faliráki, während ich in Charáki gern die blaue Stunde genieße. Einen der schönsten Küstenblicke erlebt man am Ritterkastell Monólithos. Auf Sými laufe ich gern auf den Akropolis-Gipfel und genieße den wunderbaren Buchtblick.

Ungestörter Küstenblick vom Kastell
Monólithos, S. 241

Die Schwammtaucherstadt Sými,
vom Kástro gesehen, S. 250

Schnellüberblick

Triánda und die Westküste
Die große Triánda-Bucht war das erste Feriengebiet auf Rhodos. Zwischen Ixiá und Ialyssós reihen sich am Meer die Luxushotels, im Hinterland überschaut der alte Akropolis-Hügel mit dem Kloster Filérimos die fruchtbare Ebene. Weiter im Süden nimmt der touristische Ausbau merklich ab; an einsamen Stränden liegen lediglich einige idyllische Fischertavernen. Nur die antike Stadt Kámiros wird viel besucht. S. 142

Ausflüge von Rhodos
Rund um Rhodos liegen leicht erreichbare Inselzwerge, wo das Leben oft noch seinen althergebrachten Gang geht (s. vordere Umschlagklappe innen). Sými ist das beliebteste Ausflugsziel, auf Chálki und Kastellórizo treffen sich Inselsammler und Einsamkeitsfanatiker. Níssyros ist ein echter Vulkan, Kós besitzt interessante archäologische Ausgrabungen. Wer shoppen will, fährt ins Hafenstädtchen Marmaris in der Türkei. S. 246

Chalkí

Kámiros
Kritinía
Émbona
Attavýros
Monólithos
Apolakkiá
Lachaniá
Kattaviá
Prasonísi

Das Bergland
Das Innere der Insel Rhodos ist ursprünglicher, als die Entwicklung der Küste vermuten lässt. Mit drei Autotouren rund um die Bergmassive des Profítis Ilías, des Attavýros sowie des Koukouliári kann man beschauliche Bauerndörfer, interessante Volkskunstmuseen und großartige Landschaften entdecken. Jede Tour ist in Ruhe an einem Tag zu schaffen. In kleinen, einfachen Tavernen gibt es bäuerliche Küche, oft kommt man mit den Einheimischen ins Gespräch. Immer wieder kann man rhodisches Olivenöl, Honig und Tresterschnaps kaufen, viele Leute sprechen Deutsch. S. 224

Triánda-Bucht
Ixiá
Ialyssós
Kallithéa
Pastída
Fánes
Kalavárda
Psinthos
Profítis Ilías
Afándou
Kolýmbia
Archángelos
Láerma
Charáki
Kálathos
Lindos
Lárdos
Asklipío
Péfki
Kiotári
Gennádi
Faliráki
Rhodos-Stadt

Rhodos-Stadt

Die Hauptstadt von Rhodos, griechisch Ródos, war im Altertum eine Weltstadt, im Mittelalter residierten hier Ordensritter, heute lebt sie von einer kosmopolitischen Besucherschar. Die Altstadt liegt hinter den Mauern der Ritterzeit, Hotels und Geschäfte prägen die Neustadt. Eine Art Archäologiepark bilden die Relikte der antiken Akropolis. S. 100

Faliráki und die Ostküste

Die Küste rund um die ›Party-Stadt‹ Faliráki liegt auf der windabgewandten Seite von Rhodos und ist daher weniger dem Méltemi-Wind ausgesetzt als die Westküste (und daher im Sommer sehr heiß). Man findet hier zahlreiche wunderbare Badeplätze, von den Thermen von Kallithéa aus der Italienerzeit im Norden bis zum Agá Agáthi-Beach südlich bei Charáki. Beim Tsambíka Beach lohnt auch ein Bergkloster mit toller Aussicht den Besuch, Archángelos nahe dem Badeort Kolýmbia beeindruckt als größtes (und lautestes) Dorf der Insel. S. 160

Líndos und der Süden

Die Akropolis von Líndos ist die bekannteste antike Anlage von Rhodos. Grund zum Schwärmen geben lauschige Dachtavernen und der tolle Strand an einer stillen Hafenbucht. Weiter im Süden liegen die Luxushotels von Kiotári und das Badeörtchen Gennádi. Über das Dorf Kattavía fährt man nach Prasonísi an der Südspitze, dem besten Surfrevier Griechenlands. S. 198

Reiseinfos, Adressen, Websites

Spiegelglatt glänzt die Anthony Quinn Bay bei Faliráki in der Morgensonne

Informationsquellen

Infos im Internet

www.rhodos-info.de
Private Info-Site in Deutsch mit vielen Rubriken; darunter eine Hotel-Kritik, viele Infos, sehr aktuell!

www.rhodos-journal.de
private Site eines Rhodos-Residenten mit vielen nützlichen Tipps und Rhodos-News, mit aktuellen Blogs und Links zu jüngsten Entwicklungen.

www.rhodos-travel.com
Viele Reisetipps, Buchung ausgewählter Hotels sowie Online-Shop für Rhodos-Produkte (Wein, Olivenöl etc.).

www.ando.gr/eng
Englische Site der Dodekanes-EOT, viele wichtige Daten wie Fahrpläne der Fähren, Busfahrpläne oder Taxipreise leider nicht immer gut aktualisiert.

www.rodos.com
Allgemeine Infos und Links, umfangreiche Hotelauswahl mit Preisen und Online-Reservierung.

www.faliraki.com
Infos zu Faliráki, aber auch zu ganz Rhodos, Unterkünfte, Nightlife und Restaurants.

www.griechenland.net
Homepage der wöchentlich erscheinenden deutschsprachigen ›Griechenland Zeitung‹.

www.griechische-botschaft.de
Website der Griechischen Botschaft in Berlin mit aktuellen Nachrichten über Griechenland. Schwerpunkte sind Politik und Kultur.

www.culture.gr
Infos des Kulturministeriums zu Museen und Ausgrabungen, inkl. Öffnungszeiten und Eintrittspreisen.

Informationsstellen

Griechische Zentrale für Fremdenverkehr
… im Internet
www.visitgreece.gr

… in Deutschland
60313 Frankfurt/M.
Holzgraben 31
Tel. 069 25 78 27-0
Fax 069 25 78 27-29
info@visitgreece.com.de

… in Österreich
1010 Wien, Opernring 8A
Tel. +43 1 51 25 317-0
Fax +43 1 51 25 317-17
info@visitgreece.at

… auf Rhodos
Tourist Information der Stadt Rhodos: Platia Rimini, gegenüber der Néa Agorá (verteilt Fahrpläne für Busse und Fähren, Veranstaltungskalender etc.). Nur in der Saison Mo–Sa 8.30–18.30 Uhr geöffnet.
Tel. 2241 035 945, tourism@rhodes.gr; Intenet: www.rhodes.gr

EOT-Büro
Papagou, Ecke Makariou
Mo–Fr 8–14 Uhr
Tel. 2241 044 335, Fax 2241 044 336
eotrodos@otenet.gr, www.ando.gr/eng

Karten

Eine Wanderkarte von Rhodos ist von Kompass erhältlich (1:50 000). Auch mit der Karte in diesem Buch kann man sich verlässlich orientieren. Die auf Rhodos erhältlichen touristischen Karten sind zumeist das Geld nicht wert.

Lesetipps

Dieter Döring: Wandern auf Rhodos, Books on Demand GmbH 2008. Der beste Wanderführer, geschrieben von einem echten Enthusiasten.
Anthony Goodmann: Die Mauern von Rhodos, Bastei Lübbe 2004. Historischer Roman über die Eroberung von Rhodos durch die Osmanen 1522.
Wolfram Hoepfner: Der Koloss von Rhodos, Zabern 2003. Wissenschaftliche Aufarbeitung der Forschung zur Heliosmonumentalstatue am Hafen des antiken Rhodos.

Elias Kollias: The City of Rhodes and the Palace of the Grand Master, Archaeological Receipts Fund 1988. Umfassende Darstellung der mittelalterlichen Stadt Rhodos und des Palastes mit vielen Karten und Abbildungen.
Herbert Lindenberg: Rhodos und Dodekanes per Rad, Kettler 1998. 48 MTB-Touren auf Rhodos und einigen umliegenden Inseln.
Michael Losse: Die Kreuzritter von Rhodos, Jan Thorbecke Verlag 2008. Wirken des Johanniterordens auf der Insel.
Richard Speich: Rhodos, Kohlhammer 1987. Kunstreiseführer zu Rhodos und einigen Nachbarinseln, nur antiquarisch erhältlich.
Stella Bettermann: Griechischer Abschied, Ullstein, 2015. Ein Krimi um Kommissar Nikos Zakis, der in seine Dodekanes-Heimat zurückkehrt.

Wetter und Reisezeit

Die Ägäis, das Inselmeer der Griechen, weist im selbst Vergleich mit dem übrigen Mittelmeerraum eine sehr geringe Niederschlagsmenge auf. Eine Ausnahme stellt jedoch Rhodos dar: Das über 2000 m hohe Taurusgebirge der nahen Türkei bildet eine Stauwand, an der sich feuchtwarme Meereswinde abregnen können.

Dem stürmisch-böigen ägäischen Sommerwind, dem Méltemi, verdankt die Nordwestküste bei Triánda ihre günstigen Surfwinde. An der Ostküste hingegen wird der Méltemi durch die Höhen des Landesinneren gebrochen, dort können die Temperaturen daher leicht auf über 40 °C steigen. Angenehmer ist das Klima vor allem im Mai, wenn der Frühling eine überwältigende Pflanzen- und Blumenpracht aus der Erde kitzelt.

Über 300 Sonnentage pro Jahr werden Rhodos nachgesagt, doch ist eine Fahrt im Winter kaum empfehlenswert. Das Klima ist oft regnerisch und windig, daher auch recht kühl, zudem sind von November bis in den März viele Tavernen und Hotels geschlossen; selbst in Rhodos-Stadt ist kaum noch etwas los.

Das Klima im Jahreslauf

März–Ende Mai: Die Saison beginnt mit dem Osterfest, das oft später als bei uns gefeiert wird. Landschaftlich ist der Frühling die schönste Zeit. Alles grünt, der rote Mohn und der gelbe Ginster setzen Akzente. Tagsüber ist es meist recht warm, kühlt aber zum Abend stark ab. Kurze Regenschauer sind keine Seltenheit. Auf Pullover und Jacke sollte man nicht verzichten, denn sie schützen gegen den abends mitunter recht kühlen Wind.

Klimatabelle Rhodos

Juni–August: Hochsaison auf Rhodos. Die Lufttemperaturen können mittags bis zu 40 °C im Schatten erreichen, Regen fällt keiner mehr. Angenehmer sind jetzt die windigen Strände der Westküste. Im Juni blühen noch Hibiskus, Oleander und die scharlachroten Bougainvilleen, gleichzeitig sind die Orangen reif und werden an den Straßen kiloweise verkauft. Mehr als Shorts und T-Shirts braucht man jetzt nicht, doch sollte man Badeschuhe nicht vergessen, die sich gegen Seeigel und bei steinigen, kieseligen Stränden als nützlich erweisen.

September–Oktober: Es wird etwas kühler, und das Klima gestattet wieder Wanderungen. Das Meer ist noch sommerlich warm, wärmer jedenfalls als im Frühling. Zahlreiche Früchte werden reif zur Ernte: Weintrauben, Feigen, Mandeln, Aprikosen. Pulli und Regenjacke dürfen im Koffer nicht fehlen.

Anreise und Verkehrsmittel

Einreisebestimmungen

Zur Einreise mit dem Flugzeug nach Griechenland genügt für Deutsche, Österreicher und Schweizer der Personalausweis, Kinder benötigen den Kinderreisepass oder (preiswerter) einen Personalausweis. Zur Anreise per Bahn oder mit dem Auto über Serbien ist jedoch für jede Person ein Reisepass erforderlich.

Für **Haustiere** wird der EU-Heimtierausweis benötigt. Die Mitnahme ist aber schwierig, da die meisten Hotels keine Tiere aufnehmen.

Bei Anreise mit dem eigenen Fahrzeug ist die grüne Versicherungskarte nicht vorgeschrieben, aber ebenso wie Vollkaskoversicherung und Auslandsschutzbrief empfehlenswert.

Zollbestimmungen

Im EU-Verkehr dürfen Waren wie Alkoholika und Tabakwaren für den Privatbedarf zollfrei eingeführt werden. Als Mengenobergrenze gelten 800 Zigaretten, 10 l Spirituosen und 90 l Wein pro Person über 17 Jahre. Für Schweizer und für Duty-Free-Waren gelten geringere Grenzen: 200 Zigaretten, 1 l Spirituosen, 2 l Wein.

Anreise

... mit dem Flugzeug
Im Charterverkehr fliegen alle großen

Reiseveranstalter zwischen Anfang Mai und Ende Oktober mindestens einmal wöchentlich nach Rhodos. Im Winter muss man über Athen fliegen, von dort fliegt Olympic Air 3 x tgl., Aegean Airlines 4 x tgl. nach Rhodos (one-way ca. 50–170 € je nach Tag und Uhrzeit). In der Hochsaison bekommt man oft günstige Last-Minute-Flüge nach Athen (was sich inklusive Weiterflug oder Fährpassage noch lohnen kann).
Olympic Air: www.olympicair.com
Aegean Airlines: www.aegeanair.com

... mit dem Auto
Die Anreise mit dem eigenen Auto ist kaum empfehlenswert. Die Route über den Balkan nach Athen beträgt von Frankfurt etwa 2400 km. Die Alternativstrecke zum italienischen Hafen Ancona (etwa 1050 km), dann mit der Fähre nach Pátra, von dort weiter nach Piréas (Piräus) und zuletzt mit der Fähre nach Rhodos dauert mindestens fünf Tage. Auskunft über Fährlinien ab Ancona, Piréas und Thessaloníki erhält man über www.ferries.gr. Die Automobilclubs geben Auskunft über die Balkanstrecken.

Fährpassage von Piréas (Piräus)
Vom Athener Flughafen fährt tagsüber etwa stündlich ein Express-Bus direkt nach Piréas. Von der Innenstadt aus fährt man mit der Metro vom Omónia-Platz. Fährtickets erhält man an der Platía Karaiskáki und der Aktí Miaoúli bei den Fähranlegern, aber auch direkt am Kai vor den Schiffen.

Im Sommerhalbjahr fahren täglich zwei Autofähren von Piréas nach Rhodos, im Winter 1 x tgl. Fahrpläne im Internet: www.gtp.gr. Die beiden Schifffahrtsgesellschaften sind Blue Star Ferries und Aegaeon Pelagos, Info/Buchung über www.ferries.gr.

Die **Preise** sind recht günstig, z. B. Piréas-Rhodos für ca. 65 € in der Deck-klasse (ohne Kabine), 110 € für einen Pkw. Kinder unter 4 Jahren reisen umsonst, bis zu 10 Jahren für nur 50 %.

Verkehrsmittel im Land

Busverbindungen
Auf Rhodos gibt es **Stadtbusse,** die in die Vororte von Rhodos-Stadt fahren (s. S. 137), sowie Überlandbusse, die Rhodos-Stadt mit jedem Ort der Insel verbinden. Bis zur Linie Lárdos–Theólogos sind die Verbindungen häufig und auf die Bedürfnisse der Touristen abgestimmt, im Inselsüden fahren die Busse seltener (oft nur morgens früh in die Stadt, nachmittags zurück).

Flughafen Rhodos
Der internationale Flughafen von Rhodos – Diagoras Airport – liegt beim Ort Paradísi, etwa 17 km von Rhodos-Stadt entfernt. Es gibt eine Wechselstube und Büros von Mietwagenfirmen, die zu allen Flugankünften geöffnet haben. Wenn man nicht von einem Hotelbus abgeholt wird, fährt man am schnellsten mit dem Taxi zur Néa Agorá in Rhodos-Neustadt (ca. 20 €), wo die Buslinien in die Badeorte der Ostküste starten. Linienbusse nach Rhodos-Stadt fahren aber auch ab Paradísi (3 Min. zu Fuß vom Flughafen, am Parkplatz nach rechts halten).

Es gibt zwei unterschiedliche Gesellschaften: Die weiß-beigen KTEL-Busse fahren entlang der Ostküste, aber auch bis hinüber nach Apolakkiá im Südwesten, die blau-weißen RODA-Busse fahren entlang der Westküste bis hinunter nach Apolakkiá. **Fahrpläne** erhält man beim städtischen Infokiosk gegenüber der Néa Agorá.

Vorsicht auf der Straße!

Moped- oder Rollerfahrer sollten, besonders bei Nässe, vorsichtig sein und auch besser nicht zu zweit ein Gefährt benutzen, da mit der schwachen Leistung die Unfallgefahr noch größer ist. Und obwohl die meisten Touristen halbnackt fahren: Was passieren kann, wenn man ohne Hose und Jacke auf Schotter ins Rutschen kommt, sollte man besser nicht ausprobieren. Solche Unfälle sind keinesfalls selten! Vorsicht auch auf dem Líndos-Highway: Einbiegenden Lastwagen immer Vorfahrt lassen, die Fahrer gehen davon aus, dass Motorräder als die Schwächeren schon bremsen!

Zentraler Abfahrtspunkt in Rhodos-Stadt ist die Néa Agorá (Neustadtseite für RODA, Altstadtseite für KTEL). Die **Fahrpreise** sind relativ günstig: Die 46 km lange Fahrt von Rhodos-Stadt nach Líndos kostet 7,50 €. Die Busse halten auch an den größeren Hotels, bei den Rezeptionen ist meist ein Fahrplan erhältlich.

Taxis

Die Taxis von Rhodos sind blau mit weißem Dach. Der **Haupttaxistand** von Rhodos-Stadt liegt zwischen der Néa Agorá und dem Eleftherías-Tor, größere Standplätze gibt es sonst nur noch am Flughafen, in Ialyssós (Triánda), Faliráki und Líndos.

Die **Gebühren** liegen vergleichsweise niedrig, sind aber kompliziert. So gibt es zwei unterschiedliche Tarife für Stadt und Land. Zuschläge kassiert der Fahrer für Nachtfahrten, an Feiertagen sowie für Fahrten zum Flughafen und mit Gepäck. Wenn der verlangte Preis von der Taxameteranzeige abweicht, ist das also normal. Achten sollte man aber darauf, ob der Fahrer das Taxameter einschaltet! **Taxi-Ruf** in Rhodos-Stadt: Tel. 2241 064 712; am besten bittet man den Hotelwirt um eine Taxibestellung.

Mit dem Auto unterwegs

Mietwagen: In allen Touristenorten werden Autos vermietet, alle größeren Agenturen sind am Flughafen vertreten. Im August sind die Preise am höchsten, in der Nebensaison und für längere Zeiträume erhält man Rabatt. Ein Kleinwagen kostet pro Tag ohne Kilometerbeschränkung ab etwa 35 €, für längere Zeiten und in der Nebensaison kann man den Preis auf bis zu 28 € herunterhandeln.

Beliebt sind auch **Motorräder:** häufig führerscheinfreie Roller, aber auch 250er Enduros oder 600er Virangos (Kawasaki). ›Normale‹ Motorräder kosten um 45 € pro Tag, führerscheinfreie Mopeds oder Roller um 25 €.

Bei der **Übernahme** muss man Führerschein und Reisepass vorlegen; gezahlt wird vorab. Eine Kreditkarte ist vorteilhaft, das spart die Barzahlung einer Kaution. Für Pkw gelten ca. 300 € als Selbstbeteiligung bei Vollkaskoversicherung (Achtung: Schäden an Reifen und Wagenunterseite sowie auf Straßen ohne Asphalt sind nicht gedeckt). Das **Mindestalter** beträgt 23 Jahre (bis 75 Jahre), der Mieter muss den Führerschein mindestens ein Jahr besitzen. Kontrollieren Sie bei Autos Reservereifen und Wagenheber, bei Zweirädern empfiehlt sich eine Proberunde (auf die Bremsen achten!).

Straßenverhältnisse: Alle touristisch wichtigen Straßen sind in den letzten Jahren gut ausgebaut worden. Dabei gelten die ›Rennstrecken‹ entlang den Küsten, von Rhodos-Stadt bis Líndos und Gennádi oder nach Kámiros und Émbona, ebenso die Schnellstraße vom Flughafen nach Faliráki, als ›dreispurig‹, die mittlere dient als Überholspur für beide Richtungen. Schnelleren Fahrern erleichtert man dort das Überholen, indem man weit rechts fährt.

Auch im Landesinneren wurde viel asphaltiert, doch gibt es mitunter noch ungedeckte Schotterpisten. Man muss dort mit Schlaglöchern oder tief ausgewaschenen Spurrinnen rechnen. Doch sind auch diese Straßen in der Regel im Sommer mit einem Pkw gut befahrbar (aber nicht nach starken Regenfällen!).

Verkehrsregeln: In Griechenland gelten die allgemeinen europäischen Verkehrsvorschriften, also auch Gurtpflicht und für Motorradfahrer die Helmpflicht. Die Höchstgeschwindigkeit beträgt innerorts 50 km/h, auf Landstraßen 80 km/h und auf Autobahnen (des Festlands) 100 km/h. Motorräder dürfen nicht schneller als 70 km/h fahren. Die Promillegrenze liegt bei 0,25 für Autofahrer, bei 0,1 für Motorradfahrer. Ab 0,5 Promille ist ein Bußgeld von 200 € fällig, ab 0,8 Promille kostet es 700 € oder eine Haftstrafe von 90 Tagen.

Parken: Während auf der ganzen Insel Parken eigentlich kein Problem darstellt, hat Rhodos-Stadt ein sehr rigides Parksystem. An gelben Linien besteht absolutes Halteverbot, an blauen Linien dürfen Anwohner parken, Besucher hingegen nur an weißen Linien, müssen aber einen Parkschein an den Kreuzungen zu findenden Automaten lösen. Die Geldbußen sind drastisch; ohne Ticket darf man 80 € zahlen.

Tankstellen: Häufig an den Küstenstraßen (dort meist 7–22 Uhr geöffnet), selten in Inlandsdörfern. Die Preise sind etwas höher als in Deutschland. Benzin heißt *venzíni*, bleifrei *amólivdi*, Diesel *petrélio*.

Fährverbindungen

Rhodos-Stadt besitzt vier Häfen: den Mandráki-Hafen bei der Néa Agorá, den Kolóna-Hafen beim Marine-Tor für die Katamarane, den Embóriko-Hafen gegenüber dem Katharinen-Tor für die Kreuzfahrtschiffe sowie den Akándia-Hafen für die großen Autofähren und Frachtschiffe. Im Mandráki-Hafen starten die Ausflugsschiffe und die Boote der Tauchschulen.

Die **Tickets** verkaufen verschiedene Reisebüros, z. B. in der Umgebung der Néa Agorá oder am Embóriko-Hafen. Zur Not kann man ein Ticket auch am Kai vor dem Schiff lösen, manchmal wird dafür aber ein Preisaufschlag von 20 % verlangt.

Nur auf den Ausflugsbooten werden Tickets für Hin- und Rückfahrt verkauft, ansonsten muss man die Fahrkarte jeweils im Abfahrtshafen besorgen. Beim ›Inselhüpfen‹ kosten solche Einzeltickets zusammen mehr als ein vergleichbares durchgehendes Ticket. Die regulären Fähren sind aber (in der Deckklasse) sehr günstig – jedenfalls immer günstiger als die Ausflugsfähren.

Beim EOT-Büro an der Papagou-Straße ist ein wöchentlich aktualisierter **Fahrplan** erhältlich; Informationen bieten auch die Reisebüros vor dem Embóriko-Hafen. Reservierungen sind nur in der Hauptsaison nötig, wenn man einen Pkw-Platz braucht.

Mit den größeren Inseln des Dodekanes, also Pátmos, Léros, Kálymnos und Kós, ist Rhodos zwischen April und Oktober 6 x die Woche durch eine Autofähre verbunden, 4 x die Woche geht eine Fähre über Chálki und Kárpathos nach Kreta (Sitía, Iráklio). Etwa 3 x die Woche erreicht man Tilos und Níssyros, 5 x die Woche Kastellórizo. Die Katamarane fahren im Sommer fast täglich, in der Nebensaison vor allem zum Wochendende.

Fährverbindungen ab Rhodos: s. jeweils bei den Inseln ab S. 246.

Übernachten

Rhodos ist die nach Kreta beliebteste griechische Urlaubsinsel und bietet zahlreiche Unterkünfte in allen Kategorien; in der letzten Dekade ist der Bereich der Luxusanlagen ausgebaut worden. Campingplätze gibt es an der Südküste nur noch wenige, viele hat man zu Hotelanlagen umgebaut. Freies Campen auf öffentlichem Grund ist offiziell verboten, ebenso auch, einfach am Strand zu schlafen.

Reservieren und Preise

Außer in der Hochsaison zwischen Mitte Juli und Ende August ist es immer möglich, ein freies Zimmer zu finden. Reservieren muss man nur, um sicherzugehen, in einem bestimmten Hotel unterzukommen. Fast alle Hoteliers sprechen Englisch, viele auch Deutsch. Buchung vor Ort lohnt aber nicht bei Luxus- und Oberklassehotels, deren Straßenpreise erheblich über dem Pauschalbuchungspreis liegen.

Wer spontan ein einfaches Pensionszimmer sucht, kann in Tavernen oder Supermärkten fragen. Auf den kleinen Inseln bieten die Zimmervermieter ihre Quartiere am Hafen an, auf Rhodos teils auch am Flughafen.

Gute Zielorte für Individualreisende mit vielen einfachen Unterkünften wie Pensionen oder Studios sind Rhodos-Altstadt, Líndos, Charáki, Stegná, Gennádi und die umliegenden Inseln. **Buchung per Internet:** Viele Apartmentbesitzer bieten ihre Quartiere im Internet an, der beste Anbieter ist **www.booking.com**. Vorauszahlung ist meist nicht nötig, Stornierung bis ein Tag vor Ankunft möglich. Auch die Preise sind in der Regel durchaus günstig; kurzfristig sind oft echte Schnäppchen möglich.

Hotels

Für die staatlichen **Hotelklassifikationen** (Luxus und A bis E) sind Preisrahmen festgelegt. Die Klassifikation bezieht sich aber auf die Ausstattungsmerkmale, nicht auf die Qualität. So kann man in neueren Häusern der B- und C-Kategorie besser unterkommen als in älteren der A-Kategorie. Viele Vermieter sind in der Nebensaison zu erheblichen Nachlässen zu bewegen – das ist Verhandlungssache!

Deutsche **Pauschalveranstalter** bieten meist neue Häuser der Luxus-Kategorie an, Großanlagen mit Lounge

Flexible Preise

Wie alles in Griechenland ist auch der Zimmerpreis verhandelbar. Auf den Websites griechischer Hotels finden sich nur in Ausnahmefällen Preisangaben. Sie müssen vielmehr jeweils per E-Mail angefragt werden. Der Preis richtet sich aber nicht nur nach der Reisezeit, der Aufenthaltsdauer und der Auslastung des Hotels, sondern oft auch nach der vermuteten Zahlungskraft des Anfragenden – bei Engländern und Deutschen ist er am höchsten. Man sollte sich also nie scheuen, zumindest die Frage nach einem besseren Preis zurückzumailen oder gleich ein Angebot, das ein Viertel unter dem genannten liegt. Am besten feilscht man natürlich direkt vor Ort, wenn man auch gleich ins Hotel nebenan gehen könnte.

und Bar, Pools, Restaurant, Disco und häufig Sportangeboten oder Tennisplätzen. Auch hier ist das Ambiente sehr luxuriös, die meisten werden als All-inclusive-Anlagen geführt. Mit griechischem Flair hat das aber nur noch wenig zu tun, darüber können auch die Shows der ›Griechischen Abende‹ nicht hinwegtäuschen.

Häuser der **D-Kategorie,** also einfache Mittelklasse, häufig in Familienbesitz und mit freundlicher Atmosphäre, finden sich nur selten in den Katalogen. Dass dort nur Frühstück serviert wird, aber keine All-in-Versorgung wie in den Großhotels, ist kein Nachteil – über die Qualität der Großküchenverköstigung dort kann man eigentlich nur höflich schweigen. Bei vernünftigen Preisen von 35–60 € fürs DZ mit Bad sind vor allem diese Häuser interessant für Individualtouristen.

Unterkünfte im Web

www.gtp.gr: Die Seite bietet sehr viele Hotels auf Rhodos, doch bei der Suche muss man unter Accomodation nach ›Rodos‹ in der griechischen Schreibweise suchen.

www.greeklodgings.gr: Hier findet man v. a. Unterkünfte auf den kleinen Inseln rings um Rhodos.

Pensionen

In den unteren Kategorien sind Pensionen angesiedelt, die sich ›**Rooms to let**‹ nennen. Die Zimmer sind einfach (oft nur Etagenbad), die Atmosphäre aber ist locker und von Inselhopper-Flair bestimmt. Vor allem in Rhodos-Altstadt ist die Auswahl groß, jedoch sind dort die Preise seit der Euro-Einführung unverhältnismäßig ge-

In den ehrwürdigen Mauern von Rhodos-Stadt sind nun edle Hotels eingezogen

stiegen. Bei DZ-Preisen von 60–90 € ist das Preis-Leistungsverhältnis derzeit nicht überzeugend.

Auf den kleinen Inseln sind Pensionen häufig die einzige Übernachtungsmöglichkeit und auch deutlich günstiger. Auf jeden Fall erst das Zimmer anschauen, bevor man mietet!

Studios und Apartments

In den Küstenorten vermieten Privatleute in kleineren Bauten Studios (Zimmer mit Kühlschrank und Koch-

gelegenheit) und Apartments (zwei Zimmer, sonst wie Studios). In der Regel ist das Preis-Leistungsverhältnis günstig, die Lage ruhig – dafür fehlen aber die Angebote einer Großanlage.

Sehr schöne Studios gibt es in Líndos sowie auf den Inseln Sými und Chálki; sie werden jedoch hauptsächlich von britischen Veranstaltern angeboten. Man kann sie aber über Internetseiten und besser noch die Reisebüros vor Ort von Deutschland aus privat buchen (per Fax auf Englisch, Adressen im Reiseteil).

Essen und Trinken

Griechische Küche

Die griechische Küche kann ihre bäuerliche Tradition nicht leugnen. Es sind deftige Speisen, zusammengestellt aus dem, was die Natur dem Menschen gab: Tomaten, Zucchini, Auberginen vom Feld, Oliven von den eigenen Bäumen, Fisch aus dem Meer, Milch, Joghurt, Käse von den Tieren. Fleisch kam relativ selten auf den Tisch, schließlich konnte man die Tiere, die Milch und Wolle lieferten, nicht aufessen. Verschwenderisch hingegen ging und geht man mit Olivenöl *(eleólado)* um, das flüssige Gold der griechischen Bauern, ohne dessen Aroma der typische Geschmack vieler Speisen sich nicht entfalten kann.

Heute hat sich die griechische Küche allerdings auch im touristischen Griechenland und besonders auf Rhodos den internationalen Standards angepasst: Angebot und Service sind wie beim ›Griechen‹ zu Hause, zu allen Gerichten gibt es Reis, Pommes und Gemüsebeilage. Doch mit der echten griechischen Tavernenkultur hat das

wenig zu tun. Will man sie kennenlernen, muss man sich auch mal auf ein Experiment abseits der Touristenpfade einlassen.

Mezedáki

Das fängt schon mit den **Vorspeisen** an: *mezedáki* heißen die kleinen Häppchen, die es in schier unglaublicher Variationsbreite gibt. Eingelegtes wie Oliven oder Kapern, Gebratenes wie Fischchen und Oktopus-Stücke oder Gemüse wie *dolmadákia* und *gigántes* natürlich. Besonders viel Fantasie haben die Griechen aber auf die kalten cremigen Pasten verwendet, von denen der altbekannte Tsatsiki nur eine ist. Neben der Joghurt-Gurke-Paste mit viel Knoblauch, die mit dem vollfetten griechischen ›Superjoghurt‹ (10 % Fett i.d.Tr.) gemacht wird, harren Köstlichkeiten wie das mildwürzige Auberginenpüree *melitsánes* oder das leicht knofelig schmeckende *skordaliá,* eine Art Kartoffelpüree mit Knoblauch, auf entdeckungsfreudige Gaumen. Und wer Fisch mag, der kann auch gut das *taramás* vertragen,

Gegrillte Sardinen mit Tsatsiki, Weinblätter und Stifado: Traditionsküche in der Ägäis

eine Paste aus Kartoffeln, verrührt mit dem roten Rogen der *barboúnia,* der Meerbarbe.

Mit all diesen feinen Sachen wird die griechische Tafel beim ersten Gang vollgeladen, immer jeweils kleine Schälchen, dazu kommen *patátas,* fritierte Kartoffeln (nicht zu verwechseln mit unseren matschigen ›Pommes‹, oder Salate. Bis schließlich ein richtiges kaltes Büfett zusammengekommen ist. Wie bei diesem ist freie Selbstbedienung erwünscht: Man angelt mit der Gabel mal hier, mal dort, nascht, probiert – alles aber nur ganz beiläufig.

Typische Gerichte
Und auch bei den Hauptgerichten gibt es neben den üblichen Grilltellern einiges zu entdecken. Beliebt sind vor allem mit Reis und Gewürzen gefüllte Gemüse wie Tomaten, Paprika oder Auberginen, *gemistés* (sprich ›jemistés‹) genannt. Lecker ist auch das *mpriám* (sprich ›briám‹), ein Gemüseauflauf mit Schafskäse; eine neuere Entwicklung sind frittierte Kroketten aus verschiedenen Gemüsen.

Standardgerichte der traditionellen Küche sind weiterhin das beliebte *giouvétsi* (sprich ›juvétsi‹), mit Tomatensauce und Reisnudeln *(kritharáki)* im Ofen gebackenes Lamm- oder Kalbfleisch, das durch eine Prise Nelken seine leicht orientalische Note bekommt. Oder das *stifadó,* ein deftiges Kalbsgulasch mit ganzen Zwiebeln geschmort. Nicht zu vergessen das beliebte *moussáka,* der Auberginenauflauf, der überall je nach Hausrezept unterschiedlich schmeckt.

Als Spezialität des Dodekanes kann das *mpekri meze* (sprich ›bekri mese‹) bezeichnet werden, ein scharf-würziges, in Wein gekochtes Schweinegulasch mit Pakrika, Zwiebeln und mitgeschmorten Kartoffeln.

Mein Tipp

Günstiger essen

Die Restaurants in der Altstadt von Rhodos, in Líndos und auch an sonstigen touristischen Topmeilen sind oft ziemlich teuer. Eine wunderbare Alternative sind die Grillrestaurants im versteckten Innenhof der **Néa Agorá** (s. S. 128), wo man für wenig Geld ziemlich lecker essen kann. Dort wird ein deftiges, original-griechisches Gyros vom Spieß gesäbelt und auf den Karten stehen auch Traditionsgerichte wie Pastitsio oder Moussaka. Dazu gibt es Bier in Halbliterkrügen oder Retsina in den typischen Alukrügen aus alter Zeit.

Fisch

In den Top-Restaurants werden oft frische Mittelmeerfische in einer Vitrine auf Eis ausgelegt. Das sieht beeindruckend aus, doch sollte man bedenken, dass Fisch relativ teuer ist. Die Preise werden nach Sorte und Gewicht berechnet. Der Fisch wird fast immer gegrillt, wobei aber große Unterschiede in der Kunstfertigkeit bestehen. Ausgewiesene Fischrestaurant grillen den Fisch über Holzkohle hochkant stehend, also sehr sanft, andere werfen ihn wie die Sardellen einfach in eine Fritteuse.

Zumeist handelt es sich um Fangfisch, weit verbreitet ist aber inzwischen auch Ware aus Fischzuchtbetrieben. Aus der Tiefkühltruhe kommen immer Schwert- und Thunfisch sowie Calamares.

Frühstück

Griechen trinken zum Frühstück meist nur einen Kaffee, gegen 10 Uhr gibt es dann eine Teigtasche wie *tyrópitta,* mit Schafskäse, oder *bugátsa,* mit Grießpudding gefüllt. In den Hotels gibt es das Frühstück zumeist vom Büfet, was neben Weißbrot, Marmelade, Wurst und Käse auch Müsli, Joghurt mit Honig, verschiedene Obstsorten, Blätterteigteilchen und Sandkuchen umfasst. Dazu kommen oft auch Spiegeleier oder Rühreier mit gebratenem Schinken oder Würstchen.

Getränke

Traditionell bekommt man in der Taverne oder zum Kaffee stets gekühltes **Wasser** *(néro)* aus der Leitung auf den Tisch gestellt. Heute ist es üblich, Flaschenwasser zu bestellen, doch wenn man darum bittet, wird kostenlos Leitungswasser in der Karaffe gebracht. Wünscht man Sprudelwasser, bestellt man nicht *mineral water,* das wäre stilles Wasser, sondern *sóda.*

Kaffee

Eine besondere Spezialität ist der griechische **Kaffee** *(kafés ellinikós),* der als starker Mokka mitsamt dem Kaffeesatz serviert wird. Schon bei der Bestellung muss man angeben, ob man ihn *glikó* (süß), *métrio* (mittel) oder *skétto* (ohne Zucker) will. Filterkaffee *(kafés fíltro)* gibt es nur in den besseren Hotels und manchen Touristenbars, meist bekommt man löslichen Kaffee, der hier einfach *nes* genannt wird, wahlweise mit Milch *(me gála)* oder ohne Milch *(chóris gála).*

Ein sehr verbreitetes Modegetränk der griechischen Jugend ist der *frappé:* schaumig geschlagener Instantkaffee, der kalt mit Eiswürfeln serviert wird. Neuerdings sind in den modernen Lounge-Cafés auch andere kalte Kaffees sehr beliebt, z. B. Cappuccino freddo oder Latte Macchiato freddo.

Bier und Wein

Es gibt inzwischen zwar auch wieder griechisches **Bier,** das Mythos und das Alpha, sehr verbreitet auf Rhodos sind aber Biere deutscher Brauereien. Aus Flaschen und teils sogar vom Fass wird fast alles zwischen Jever und Franziskaner kredenzt.

Anders als früher sind die griechischen **Weine** heute in der Regel nicht mehr übermäßig süß, sondern geschmacklich den italienischen zu vergleichen. Rhodos ist eine bekannte griechische Weinregion mit den beiden Kellereien CAIR (einem Großbetrieb bei Rhodos-Stadt) und Emery (einem Betrieb beim Bergdorf Émbona, s. S. 234). Diese beiden Kellereien haben sogar einen ordentlichen Sekt im Programm. In den Tavernen ist das Angebot jedoch in der Regel begrenzt (und auch recht teuer), in den Supermärkten findet man aber eine große Auswahl zu guten Preisen.

Der am meisten getrunkene Wein ist aber immer noch der **Retsína,** der typische geharzte Weißwein (s. S. 236). Neulinge können sich an den herben Geschmack oft nur schwer gewöhnen, doch mit etwas Wasser verdünnt ist er ein sehr bekömmliches Getränk zur traditionellen Küche.

Soúma aus Siána

Das Bergdorf Siána an der südlichen Westküste ist bekannt für den rhodischen *Soúma,* einen von den Weinbauern selbst gebrannten Tresterschnaps ähnlich wie Grappa. In Siána kann man ihn in den Souvenirläden an der Kirche oder in der Taverne ›Village Place‹ kaufen, die Halbliterflasche für etwa 4 €. Aber auch in allen anderen Weinbauerndörfern rund um die Bergmassive Attavýros und Profítis Ilías ist Soúma erhältlich.

Ouzo

Auch den bekannten Anisschnaps **Ouzo,** hergestellt aus gebranntem Feigenmost, trinkt man traditionell mit Wasser versetzt, er wird dann milchig und schön sanft. In den Touristenlokalen ist das jedoch leider fast ganz in Vergessenheit geraten: Dort bekommt man ihn meist eisgekühlt aus dem Kühlschrank – dann kann man ihn auch nicht mehr mit Wasser versetzen, ohne dass das Anisöl sich absetzt.

Restaurantkultur

Was die Griechen zu einem guten Essen brauchen, ist eine nette Paréa und viel Zeit (s. S. 97).

In der Taverne

Während die Einrichtung traditioneller Tavernen meist ausgesprochen einfach ist, haben sich die modernen touristischen Lokale den international üblichen Standards weitgehend angepasst. Sogar die traditionellen Speisen werden nicht mehr wie früher üblich vom großen Warmhalteblech, sondern im Portionsschälchen brühheiß aus der Mikrowelle auf den Tisch gebracht. Und die Speisekarten sind nicht nur in allen europäischen Sprachen geschrieben, sondern auch mit Fotos der Gerichte versehen, damit man sich vorstellen kann, was geboten wird.

Wer die einstmals so gerühmte freundliche Herzlichkeit kennenlernen will, sollte eher die einfacheren Tavernen besuchen. Und nur dort kann man die ›echte‹ griechische Küche bekommen. Die Portionen sind eher klein, passend also, um verschiedene Speisen kombinieren zu können. Vielleicht werden die Gerichte aus dem Backofen nur lauwarm serviert. Dies ist eine alte Sitte aus der Zeit, als das ganze Dorf

Das Kafenío

Das *kafenío* (Kaffeehaus) ist der traditionelle Treffpunkt der Männer, dort gibt es in der Regel nur etwas zu trinken, aber nichts zu essen. Allerdings sind viele *kafénia* auf Rhodos mittlerweile entweder zu Café-Bars oder zu Internet-Cafés mutiert – die Globalisierung ist eben nicht zu stoppen. Eine lohnende Adresse ist aber immer ein *zacharoplastío* (Konditorei), wo es das köstliche griechische Süßgebäck sowie Eis und auch Snacks gibt.

seine Speisen vom Bäcker garen ließ. Die Griechen legen auf heißes Essen keinen Wert, sie halten es sogar für ungesund. Nur frisch Gegrilltes wird heiß serviert. Da aber viel Olivenöl verwendet wird, das nicht wie tierisches Fett aushärtet, bleiben die Speisen auch weniger heiß schmackhaft.

Die **Rechnung** macht der Kellner meist für die Paréa, so bezeichnen die Griechen die ganze Tischgemeinschaft, mit der sie ausgegeangen sind. Unter Griechen wird um die Ehre, für alle zahlen zu dürfen, oft laut und hitzig gestritten; getrennt abzurechnen heißt hier die ›deutsche Art‹. In touristischen Zentren macht dies zwar keine Probleme, man sollte es dem Kellner aber bei der Bestellung sagen. Sonst kann man es halten wie die jüngeren Griechen: zusammenlegen, ohne auf den Euro zu schauen.

Ein **Trinkgeld** wird natürlich gern gesehen, doch muss man immer den griechischen Stolz berücksichtigen. Ein Trinkgeld unter 1 Euro wird eher als Beleidigung verstanden, da wäre es besser, wenn man gar keines gäbe. Auch die Besitzer kleiner Tavernen fühlen sich leicht beleidigt, wenn man Trinkgeld gibt und sie so als ›Kellner‹ behandelt.

Traditionelle Taverne auf der kleinen Ausflugsinsel Sými

Aktivurlaub, Sport und Wellness

Badesport

An allen Stränden mit ausgedehnter Hotelbebauung kann man verschiedene Boote leihen: Pedalos (Tretboote), Jet-Skis (eine Art Wasser-Vespas) und auch richtige Motorboote. Größere Wassersportstationen bieten auch Wasserski (1 Std. ca. 70 €) oder Parasailing (Fallschirmfliegen gezogen vom Boot, pro Start ca. 50 €) an. Beim Banana Riding sitzt man zu mehreren auf einer gelben Gummiwurst, auf dem Ringo, einem großen Gummireifen, allein. Beide werden von einem Speedboot in Schleifen übers Wasser gezogen. Sieger ist, wer nicht baden geht!

Golf

Der Golfplatz in Afándou liegt direkt vor dem langen Kieselstrand. Er hat 18 Löcher, Par 73, und ist 6600 m lang. Die Green Fee für den ersten Tag liegt um ca. 35 € oder 175 € in der Woche. Das Dessole Lippia Golf Resort (s. S. 180) liegt in fußläufiger Nähe. Es gibt zwar lockeren Randbewuchs mit Oleander und Feigen, jedoch kaum Schatten, sodass ein Besuch eher im Frühjahr zu empfehlen ist.
Afandou Golf Course: Tel. 2241 051 451, Fax 2241 051 122, www.afandou golfcourse.com.

Radtouren

Das einsame Hinterland eignet sich gut für Touren mit dem Mountainbike – freilich nur im Frühjahr (März/April/Anfang Mai), danach ist es bis zum Ende der Saison viel zu heiß, um Touren zu fahren. Das hügelreiche Gelände stellt gewisse Anforderungen an die Kondition (s. auch Wandern!). MTB-Räder kann man in Urlaubsorten wie Íxia, Faliráki oder Kiotári leihen; man rechne ca. 15 € pro Tag.

Surfen

Für Anfänger ist die windstille Ostküste geeignet, etwa Faliráki, Lárdos Beach oder Kiotári, wo Grundkurse angeboten werden. Stärkere Winde verzeichnet die Westküste, dort gibt es vor allem in Ialyssós beim Hotel Blue Horizon und beim Hotel Blue Bay gute Surfstationen (s. S. 150). Dort wurde 2005 die Europameisterschaft im Windsurfen ausgetragen.

Ein international bekanntes Starkwindrevier ist der **Prasonísi Beach** ganz im Süden der Insel, wo das Hotel Light House als ein Treffpunkt der wahren Könner gilt (s. S. 223).

Ein dritter beliebter Spot ist **Fánes/Kalavárda** (s. S. 153) südlich von Kremastí mit dem Hotel Nautica Blue, der auch viel Wind bietet, aber noch nicht überlaufen ist.

Tauchen

Schnorcheln ist überall erlaubt, Scuba Diving (Tauchen mit Pressluftflasche) jedoch nur in Begleitung autorisierter Lehrer. Auf dem Meeresboden liegen nämlich noch viele antike Reste, und die Behörden nehmen das Bergungs- und Ausfuhrverbot sehr genau. Der beliebteste Tauchspot sind die Felsküste bei Kallithéa. Anfänger-Kurse (PADI oder CMSA) kann man am Mandráki-Hafen buchen und über einige große Hotels in Faliráki, Kiotári und Ialyssós. Renommierte Tauchschulen sind:

Die schönsten Strände

Grundsätzlich ist zu beachten, dass die Strände an der Ostküste an der windabgewandten Seite liegen und leicht glühend heiß werden, während an den Badeplätzen an der Westküste eine meist recht steife Brise herrscht und ganz im Süden einem schon mal das Badelaken davonflattern kann … Quallen oder Seeigel sind aber eigentlich nirgendwo ein Problem. Fast überall werden Sonnenliegen vermietet (ca. 8 €/Tag für zwei Liegen plus Schirm).

Tsambíka Beach (Ostküste, zwischen Kolýmbia und Archángelos): So idyllisch gibt sich Rhodos selten: langer feiner Sandstrand, klares hellgrünes Wasser, fantastisches Panorama, keine Hotelbauten. Dafür warten auf die Ausflügler nur einige einfache Tavernen, sogar Duschen sind installiert.

Líndos Beach (Ostküste; gute Busverbindung): Wenn auch völlig überlaufen, ist der Strand doch der schönste von Rhodos. In dem kreisrunden Naturhafen hat man eine tolle, flache, sandige Badebucht. Auch an Tavernen herrscht kein Mangel; es werden Pedalos vermietet und Wasserski angeboten.

Thérmes Kallithéa (Ostküste; nördlich von Faliráki): An der Felsküste südlich der Thermen gibt es die besten Schnorchelreviere von Rhodos. Beach Bars vermieten Sonnenliegen auf den Felsen: sehr idyllisch und noch ganz ruhig.

Faliráki (Ostküste; 14 km von Rhodos; gute Busverbindungen): Blaue Bretterstege erschließen den flachen Sandstrand. Viele Aktivsportangebote und Surfschulen.

Rhodos-Stadt: Seit über 60 Jahren tummeln sich am Elli Beach die Badegäste, und zwischen dem alten Sprungturm und den jungen *kamáki*, den griechischen Papagalli, fühlt man sich wie am Strand von St. Tropez.

Stegná (Ostküste, unterhalb von Archángelos): Trotz Neubauten spürt man noch ein wenig vom Inselflair der 1970er Jahre, viele einfache Tavernen.

Old Kámiros (Westküste): Die weite Bucht direkt am Abzweig zur antiken Stätte Kámiros hat einen breiten Sandstrand, in der Taverne gibt es sogar einen Kinderspielplatz.

Die Bucht von Líndos zählt zu den schönsten Badeplätzen der Insel

DiveMed: 33 Lisavonas, Rhodos-Stadt, Tel. 2241 061 115, Mob. 932 319 040, www.divemedcollege.com.
Waterhoppers: 29 Perikleous, Rhodos-Stadt, Tel. 2241 038 146, Mob. 697 250 0971, www.waterhoppers.com.

Wandern

Geführte Wanderreisen mit der Alpin-Schule Innsbruck (www.asi.at) kann man z. B. bei Jahn und TUI buchen. Für Wanderungen sind eigentlich nur die Frühjahrsmonate April und Mai geeignet, doch auch dann sollte man an Sonnenhut, Schutzcreme und ausreichende Wasservorräte denken. Selbst in dichter bewaldeten Regionen geht man auf den modernen Forstwegen oft in praller Sonne. Spuren haben auch die großen Waldbrände seit den späten 1990er-Jahren hinterlassen. Feste Schuhe und lange Hosen schützen vor den vielen Disteln und auch vor Schlangen.

Regelrechte **Wanderkarten** gibt es leider nicht, die üblichen Rhodos-Karten geben die alten Eselpfade und auch die Forstwege nur sehr ungenau wieder. Nur wenige Wege sind regelgerecht markiert, auch wenn das in letzter Zeit verbessert worden ist. Nicht wenige Forstwege enden urplötzlich im Nichts oder vor schroffen Felshängen. Vorsicht auch bei den trockenen Flussbetten im Landesinneren: Bei Regen können sie sich in Minuten mit reißenden Wassermassen füllen.

Ein beliebter Pfad führt durch das üppig bewaldete **Profitis Ilías-Massiv:** vom Ort Sálakos steigt ein markierter Weg (zunächst ein teils recht steiler Pfad, dann eher einfache Forststraße) hoch zum Gipfel.

Hanspeter Weiß aus 47661 Issum verdanke ich folgende Wandertipps:

Ein gut markierter Weg führt vom Ort Ágios Isídoros auf den Gipfel des vollkommen kahlen Berges **Attávyros** (1216 m). Der Pfad beginnt an der Straße von Laérma kommend unmittelbar am Ortseingangsschild rechter Hand und führt in großem Bogen über niedrigere Nebengipfel in rund 3 Std. zum Gipfel. Gekennzeichnet ist der 9 km lange Weg durch rote und blaue Ziffern als auch durch rote Pfeile. Auf dem Gipfel finden sich antike Ruinen, wohl Reste eines Zeus- oder Apollon-Heiligtums; der Blick reicht weit bis zu den umliegenden Inseln. Für den Rückweg muss man ebenfalls 3 Std. rechnen; erforderlich sind also entsprechende Ausdauer und gutes Schuhwerk.

Ein Pfad nach **Épta Pigés** (›Sieben Quellen‹) beginnt auf Höhe des Ortes Archángelos rechts an der Hauptstraße Richtung Líndos (blaues Schild: 7 Piges; weißes Schild: Agios Lazaros). Man geht erst über Asphalt, später ist der Pfad mit roten Punkten und Pfeilen markiert. Zumeist durch lichte Ölbaumhaine, teils auch ein Stück Trampelpfad, erreicht man in 90 Min. den lauschigen Quellteich im Wald.

Reisen mit Kindern

Die Griechen sind sprichwörtlich kinderfreundlich und sehr tolerant. Griechische Kinder pflegen im Sommer bis spät in die Nacht auf Straßen und Plätzen herumzutollen – dafür müssen sie zwischen 13 und 16 Uhr ins Bett. Angesichts der Gefahren durch die intensive Sonneneinstrahlung (selbst durch T-Shirts hindurch kann Kinderhaut geschädigt werden) ist das ein durchaus nachahmenswertes Beispiel.

Die großen Luxusanlagen sind sehr auf Kinder eingestellt und bieten für die Kleinsten in der Regel viel Unterhaltung und Aktionen im Kinderclub. Die hektische Inselhauptstadt mit ihrem Großstadtverkehr ist für Kinder natürlich nicht so geeignet – besser

Durch die Gassen von Líndos und auf die Akropolis kann man mit Eseln reiten

wählt man z. B. Kolýmbia. Aber auch die privat vermieteten Apartments in der Strandebene sind für Familien eine gute Wahl.

Windeln und Kleinkindnahrung sind in einigen großen modernen Supermärkten (nach Standorten am besten den Hotelier fragen) erhältlich. Zwischen Mai und September sollte man **Moskito-Netze** mitnehmen, denn die Mücken von Rhodos hinterlassen Beulen so groß wie ein Fingernagel. Stets sollte man auch an **Sonnenschutzcreme** mit hohem Schutzfaktor denken; **Badeschuhe** sind für Kinder auch an Sandstränden vorteilhaft.

Für Kinder ab fünf Jahren bietet Rhodos viele **Ausflugsziele,** die eine abwechslungsreiche Natur und historische Entdeckungen verbinden: von den Pfauen von Épta Pigés (s. S. 184) bis zu Ritterburgen wie Monólithos (s. S. 239), von der Straußenfarm beim Schmetterlingstal Petaloúdes (s. S. 227) bis zu den geheimnisvollen antiken Gräbern im Rodiní-Tal bei Rhodos-Stadt (s. S. 141).

Einen ganzen Tag kann man allein am Strand von Líndos verbringen, dem kinderfreundlichsten und schönsten Badeplatz der Insel (s. S. 208). Auch der Eselritt hinauf zur Akropolis wird bestimmt zu einer bleibenden Erinnerung werden.

Etwas größere Kinder finden aber wohl die Felsstrände rund um Thérmes Kallithéa (s. S. 167) spannender, wo man schnorcheln und viele Unterwasserentdeckungen machen kann. Wer ein Profi werden will, kann ab 12 Jahren zudem einen richtigen Tauchschein erwerben. Drei- oder Viertageskurse bieten die beiden Tauchschulen von Rhodos (s. S. 33).

Feste und Unterhaltung

Die großen Feste

Ostern

Im Festkalender ist Ostern *(páska)* das bedeutendste Ereignis, nicht Weihnachten wie bei uns. Fast alle Griechen fahren dann in ihre Heimatdörfer, selbst viele Auswanderer kehren heim. Es findet nicht zeitgleich mit unserem Osterfest statt, da die Orthodoxie den Tag nach dem Julianischen Kalender berechnet (Daten s. S. 41).

Am **Karfreitag** *(megáli paraskévi)* wird dem Tod Christi mit teils über fünfstündigen Gottesdiensten am Nachmittag gedacht; abends findet der Umzug mit dem Epitáfios-Tuch als symbolischem Grab Christi statt.

Die wichtigste Messe ist der lange Auferstehungsgottesdienst von Samstag auf Sonntag. Kurz vor Mitternacht werden alle Lichter gelöscht, der Priester entzündet eine Kerze und bestätigt mit dem Ruf: »Christus ist auferstanden« (Christós anésti) das Mysterium dieser Feier. Alle Gläubigen entzünden an diesem einen Licht ihre Kerzen und bestätigen »Wahrhaftig, er ist auferstanden« (Alithós anésti).

Am **Sonntag** finden prachtvolle Prozessionen der kirchlichen Würdenträger statt. Die Kinder bekommen Spielzeug, man isst rot gefärbte Eier (zur Erinnerung an das Blut Christi) und Mandelgebäck; mittags wird das Osterlamm am Spieß gebraten.

Kímissis

Das Fest zum Todestag Mariens am 15. August nennt man in Griechenland Kímisis tís Theotókou, ›Entschlafung der Muttergottes‹. Nach orthodoxer

Festkalender

22./23. April: Ágios Geórgios in Malóna

20./21. Mai: Ágios Konstántinos, ein großes, sehr religiöses Fest beim Kloster Moní Thárri

14./15. Juni: Profítis Ámos in Faliráki

16./17. Juli: Agía Marína in Koskinoú

19./20. Juli: Profítis Ilías in Sálakos

26./27. Juli: Ágios Pandélimonos in Siána

29./30. Juli: Ágios Soúlas bei Soroní (an der Straße nach Eleoúsa, großes Volksfest mit Tanz und Eselrennen

5./6. August: Metamórfosis in Kiotári, das größte Fest des südlichen Rhodos

14./15. August: Kímissis tís Theotókou u. a. in Afándou, Émbona; das größte in Kremastí

21./22. August: Panagía (›Allheilige‹ Maria) im Kloster Ipsenís bei Lárdos

7./8. September: Geníssi tís Theotókou (Mariä Geburt); große Wallfahrt nach Kýra Tsambíka und Fest im Kloster Tsambíka

13./14. September: Tímios Stávros (Heilig-Kreuz) in Kalythiés und Apóllona

17./18. Oktober: Ágios Loúkas in Afándou

7./8. November: Míchail Archángelos in Archángelos, Rhodos-Neustadt und in Panormítis auf der Insel Sými

14. November: Konstántinos Idréos, der Stadtpatron von Rhodos-Stadt. Zur Prozession erscheinen der Erzbischof und alle Bischöfe des Dodekanes

Das Blumenfest

Sprichwörtlich ist der Blumenreichtum der ›Roseninsel‹ – so hat Rhodos-Stadt ein Blumenfest ins Leben gerufen, das alljährlich mit einer Parade blumengeschmückter Wagen gefeiert wird. Meist findet es sonntags um den 27. Mai statt, man achte auf die Ankündigungsplakate (auf Englisch).

Vorstellung ist Maria nicht leibhaftig ›zum Himmel gefahren‹, sondern wie ein jeder Mensch gestorben: Daher kann man in Griechenland nicht den katholischen Begriff ›Mariä Himmelfahrt‹ verwenden.

Kímisis ist das wichtigste Marienfest des Jahres und wird in vielen Orten mit besonders großen *panigíri* (Kirchweihfesten) gefeiert. Früher tanzte und feierte man in der warmen Sommernacht bis in den frühen Morgen, heute hat die Intensität aufgrund des Tourismus aber abgenommen: Viele junge Leute haben keine Zeit, sondern müssen ihren Job machen.

Panigíri (Heiligenfeste)

Eine besondere griechische Form sind die Panigíri, die Feste zu Ehren bedeutender Heiliger. Vor allem dörfliche Panigíri werden zu Ehren des örtlichen Kirchenheiligen als fröhliche Volksfeste mit Musik und Tanz begangen. Mit Kind und Kegel, Sack und Pack zieht man zur Kirche, oft auch zu einer etwas außerhalb im Wald gelegenen Kapelle. Dort wird dann gegrillt, getrunken, man singt Volkslieder, oft spielt auch eine kleine Truppe zum Tanz auf.

Abends ziehen die Nachtschwärmer durch die Gassen der Altstadt von Rhodos

Man beachte aber: In der Regel findet das Hauptfest jeweils am Vorabend des Festtages statt und zieht sich bis spät in die Nacht. Am eigentlichen Festtag gibt es dann eine Prozession oder auch nur eine Messe.

Nationalfeiertage

Am **25. März** *(ikóssi pénde martíou)* gedenkt man des Beginns des Freiheitskampfes gegen die Osmanen im Jahr 1821.

Am 28. Oktober ist der ›**Óchi**‹-Tag *(méra tu óchi)*, der an die Ablehnung eines Ultimatums von Mussolini auf die Öffnung von Stützpunkten für die italienische Armee im Jahr 1940 erinnert. Nach diesem ›Nein‹ (gr. *óchi)* marschierten die Italiener in Griechenland ein, das so in den Zweiten Weltkrieg hineingezogen wurde. Diese Nationalfeiertage werden mit Militärparaden und Gottesdiensten begangen. Auf der Platia Evdomis Martiou in Rhodos-Stadt gibt es große Paraden, an denen der Klerus im vollen Ornat, Polizei, Feuerwehr und Kinder in historischen Trachten oder ihren Schuluniformen teilnehmen.

Ähnlich ist das Programm am **Dodekanes-Feiertag** am 7. März, der an die Vereinigung der Inselgruppe mit Griechenland 1947 erinnert.

Ausgehen

Wenn man nicht in reinen Hotelstandorten wie Kolýmbia, Kiotári oder Vlícha wohnt, hat man auf Rhodos sehr viel Gelegenheit, das Nachtleben zu genießen. Absolutes Zentrum des ›Clubbing‹ ist Faliráki, obwohl dort (um es ehrlich zu sagen) Twens der britischen Arbeiterschicht den Ton angeben.

Etwas schicker und internationaler geht es abends in Líndos zu, wo ebenfalls eher jüngere Leute zu finden sind. Die Neustadt von Rhodos hat zwar einen schlechten Ruf, doch gibt es hier neben den Touristenbars zahlreiche nette Lokale der Studenten der Ägäis-Universität. Echte Discos sind aber auch dort selten, verbreiteter sind kleinere Music-Bars, wo ein DJ das Musikprogramm macht, wo aber nur selten getanzt wird.

Ansonsten bewegt sich das Nachtleben eher in bescheidenem Rahmen, man findet aber immer eine Bar, die bis Mitternacht geöffnet hat. Nicht verpassen sollte man die Altstadt von Rhodos, wo man bis spät abends zwischen guten Restaurants, lauschigen Bars und zahlreichen Boutiquen bummeln kann.

Mein Tipp

Griechische Nächte

Ein Eckpfeiler des rhodischen Nachtlebens sind die sogenannten ›Griechischen Nächte‹, die fast alle größeren Hotels mindestens einmal wöchentlich veranstalten. Da werden Folklore-Tänze, Sketche und allerhand Akrobatik präsentiert, zum Schluss kann man meist beim Sirtáki mittanzen. Da dies leider meist rund um den Pool stattfindet, ist an eine Nachtruhe vor 1 Uhr nicht zu denken. Als nützlich kann sich da die Mitnahme von Ohropax erweisen. Authentischer sind die Musiknächte der **Taverne Mimakos** kurz vor Afándou aus Richtung Faliráki (s. S. 180). Im großen Restaurant auf einem Hügel gibt es nicht nur gutes griechisches Essen, sondern auch sehenswerte Live-Shows mit Musik und Tanz. Auch viele Einheimische kommen an Wochenenden dorthin.

Reiseinfos von A bis Z

Adressen

In Griechenland werden die Hausnummern wie in Frankreich vor den Straßennamen gestellt. In Adressangaben entfällt häufig der Begriff ›Straße‹ (gr. *odós),* man gibt nur den Eigennamen an (z. B. 62 Omirou). In großen Städten wie z. B. Ródos (Rhodos-Stadt) gibt man immer auch den Stadtteil an, der häufig nach der lokalen Kirche benannt ist (z. B. Analypsi, Rodini, Old Town = Altstadt).

Ärztliche Versorgung

Die Ärzte sprechen gut Englisch, selten auch Deutsch. Im **Notfall** wendet man sich am besten an den Hotelier, der das nächste Erste-Hilfe-Zentrum *(Kentro Ygieias)* benachrichtigen kann. Alle kleinen Inseln wie Sými oder Chálki verfügen über ein solches Arztzentrum, wo man im Notfall kostenlos behandelt wird. Bei niedergelassenen Ärzten muss bar bezahlt werden; die Kassen erstatten die Kosten später gegen Vorlage der Quittung nach gültigen deutschen Sätzen. Eine Auslandskrankenversicherung wird empfohlen als Schutz vor hohen Kosten bei Unfall, Heimtransport oder Tod.

Ein gutes **Krankenhaus** gibt es nahe Rhodos-Stadt oberhalb von Ixiá (mit 24-Std.-Notdienst-Ambulanz). Anfahrt mit dem Auto von Rhodos-Stadt Richtung Akropolis, dann Richtung Pastída (ausgeschildert: Nosokomio). Von der Néa Agorá fahren die Stadtbusse Nr. 2 und Nr. 6. Tel. Zentrale: 2241 080 000.

Apotheken

Bei kleineren Malaisen muss man nicht zum Arzt gehen, da kann auch die Apotheke *(farmakíon,* gr. ΦAPMAKEION, mit grünem Kreuz gekennzeichnet) weiterhelfen. Der Apotheker übernimmt auch beratende Aufgaben. Man erhält viele Medikamente (Pille, Viagra etc.) rezeptfrei zu günstigen Preisen. Geöffnet sind Apotheken Mo, Di, Do, Fr 8–13, 17–21 Uhr sowie Mi, Sa 8–14 Uhr; Notdienst-Adressen hängen jeweils im Fenster aus.

Diplomatische Vertretungen

... von Deutschland
Botschaft in Athen
3 Karaoli & Dimitriou
10675 Kolónaki
Tel. +30 210 728 5111
Fax +30 210 728 5335
www.griechenland.diplo.de

... von Österreich
Botschaft in Athen
4 Leoforos Vasilissis Sofias
10674 Athen
Tel. +30 210 725 7270
Fax +30 210 725 7292
athen-ob@bmeia.gv.at

... der Schweiz
Botschaft in Athen
2 Odos Iassiou
11521 Athen
Tel. +30 210 723 0364
Fax +30 210 724 9209
ath.vertretung@eda.admin.ch

... von Griechenland
Botschaft in Deutschland
10117 Berlin, Jägerstr. 54
Tel. 030 20 62 60
Fax 030 20 62 64 44
www.mfa.gr/berlin

Botschaft in Österreich
1040 Wien, Argentinierstr. 14
Tel. +43 1 5 06 15
Fax +43 1 5 05 62 17
www.mfa.gr/vienna

Botschaft in der Schweiz
3015 Bern, Weltpoststrasse 4, PF 72
Tel. +41 31 3 56 14 14
Fax +41 31 3 68 12 72
www.mfa.gr/bern

Elektrizität

Die Netzspannung beträgt 220 Volt. Flachstecker passen in der Regel, für Schukostecker benötigt man aber häufig einen Adapter.

Feiertage

An Feiertagen sind Geschäfte, Behörden und Museen geschlossen, Souvenirshops und Reisebüros bleiben aber geöffnet.
1. Januar: Neujahr (protochrónia)
6. Januar: Taufe Christi (epiphanía), Wasserweihe an den Häfen, die Jungen tauchen nach einem Kreuz, das der Priester ins Wasser wirft.
Rosenmontag (káthari déftera): 27. Feb. 2017, 19. Feb. 2018, 11. März 2019. Viele Familien fahren zum Picknick aufs Land oder ans Meer.
7. März: Dodekanes-Feiertag. Jahrestag des Anschlusses des vorher italienischen Dodekanes an Griechenland.
25. März: Nationalfeiertag
Karfreitag (megáli paraskévi)
Ostersonntag (páska): 16. April 2017, 8. April 2018, 28. April 2019
1. Mai: Tag der Arbeit (protomáia)
Pfingstmontag (Pendikósti): 5. Juni 2017, 28. Mai 2018, 17. Juni 2019
15. August: Kímissis tis Theotókou, Mariä Entschlafung. Die orthodoxe Kirche glaubt nicht an die leibliche Himmelfahrt Marias.

28. Oktober: Nationalfeiertag, ›Ochi-Tag‹. Ochi (Nein) sagte Griechenland zu Mussolinis Kapitulationsaufforderung 1940 und trat damit in den Zweiten Weltkrieg ein.
24. Dezember: Heiligabend (paramóni christoujénnon), Feiertag ab Mittag
25. Dezember: Weihnachten (christoujénna)
Silvester (vrádi tis protochrónias), Feiertag ab Mittag

FKK und ›oben ohne‹

Ein Paradies für textilfreies Sonnenbaden ist Rhodos nicht unbedingt. Griechische Familien sehen es nicht gern, dass ihre Kinder an die Strände ziehen, um dort blanke Busen zu begaffen. An den touristischen Stränden ist ›oben ohne‹ zwar möglich, doch wird es von den Gigolos oft als direkte Einladung verstanden. Ganz ›ohne‹ ist nur in einer Nacktbadezone bei Faliráki (eine Bucht Richtung Ládiko) gestattet.

Als beleidigend empfinden viele Griechen aber auch jene Urlauber, die in Strandkleidung durch ihre Dörfer flanieren.

Fotografieren

Absolutes **Fotografier- und Filmverbot** besteht in der Nähe aller militärischen Anlagen. In den Museen darf man fotografieren und filmen, mit Stativ und Blitzlicht jedoch nur gegen eine Sondergebühr. In Kirchen sollte man beim Gottesdienst auf den Schnappschuss lieber verzichten.

Zubehör für Digitalkameras ist in Fotoläden (Rhodos-Stadt, Faliráki etc.) erhältlich, vielfach gibt es günstige Schnellentwicklungsangebote. Analog-Filme sind jedoch nicht zu bekommen, da sollte man bei Bedarf ausreichende Vorräte mitnehmen.

Geld

In Griechenland gilt der Euro, der hier landessprachlich *evró* (oder englisch *juro*) genannt wird, der Cent heißt offiziell *lepta*. Devisen dürfen in unbegrenzter Höhe eingeführt werden, übersteigt der Wert mehr als 1000 US-$, sollte der Betrag beim Zoll deklariert werden.

Bargeld erhält man mit der Bankkarte (Maestro ist weit, VPay eher selten verbreitet) an Bankautomaten (ATM), die es in allen größeren Orten gibt. Allerdings hebt man besser einmal eine größere Summe ab, da die Gebühren pro Transaktion bis zu 8 € betragen. Über den jeweiligen Höchstbetrag informieren Sie sich bei Ihrer Bank. Über Kreditkarten rechnen die besseren Hotels und Restaurants, viele Modegeschäfte und natürlich die Mietwagenbüros ab.

Gesundheitsvorsorge

Stets Sonnencreme mit hohem Lichtschutzfaktor (20 bis 30) benutzen. Die häufigste Erkrankung von Urlaubern ist tatsächlich Sonnenbrand. Im Hochsommer ist die Mitnahme von Moskitonetzen (v. a. für Kinder!) empfehlenswert.

Um Durchfall zu vermeiden, sollten Sie nur mäßig kalte Getränke trinken und nicht zu viel Eis essen (aber: bei Temperaturen über 30 °C muss man täglich 2 Liter Flüssigkeit trinken!). Zumeist hilft eine Diät mit Salzgebäck und Cola. Halten die Beschwerden länger als drei Tage an, sollte man sich in der Apotheke (s. S. 40) ein Medikament besorgen (Durchfall = *diárria*).

Kiosk

Im griechischen Kiosk bekommt man (fast) alles. Der *períptero* ist Mittelpunkt des Dorfes und beliebter Treffpunkt in der Stadt und vom Boden bis zur Decke voll gepropft mit all dem, was man im Alltag so braucht: Zigaretten, Süßigkeiten, Getränke Zeitungen, Schreibwaren, bis hin zu Kondomen (gr. *profilaktiká*) und Briefmarken.

Kirchenbesuche

Griechische **Kirchen** bergen oft wahre Schätze der byzantinischen Sakralkunst, gleichzeitig lassen sie ungebrochene Frömmigkeit der Orthodoxie erfahrbar werden. Entsprechend der Heiligkeit des Ortes sollte die Kleidung des Besuchers ausfallen. Knie, Schulter und Oberkörper müssen bedeckt sein. Am Eingang von häufig besuchten Kirchen werden dafür Tücher oder Röcke bereitgehalten.

Da viele einsame **Kapellen** von Ikonenräubern in der Vergangenheit regelrecht ausgeplündert wurden, sind heute die meisten Kirchen verschlossen. In der Regel verwahrt ein Anwohner in der Nachbarschaft den Schlüssel. Man fragt »Pjós échi to klidí, parakaló?« (Wer hat den Schlüssel, bitte?).

Der Verwalter oder der Priester, der Papa, erwartet für seine Mühe eine Spende an die Kirche, die man in das Sammelkästchen am Eingang wirft. Dort liegen meist auch dünne Kerzen aus, die gegen eine Spende entzündet werden dürfen.

Bei **Klosterbesuchen** ist eine Mittagsruhe von 13 bis 17 Uhr zu beachten. Frauen werden nur eingelassen, wenn sie einen Rock tragen, doch auch hier wird meist Kleidung verliehen. Eine Spende ist in den Klöstern ebenfalls gern gesehen, erst recht, wenn die Mönche den Gast geführt oder gar mit einer Kleinigkeit bewirtet haben.

Museen

Die Museen und Ausgrabungsstätten sind oft nicht günstig (bedeutende Stätten wie z. B. Líndos 6 € pro Person). Am Eingang werden oft gute Infobroschüren verkauft. **Kernöffnungszeiten** sind Di bis So 8.30–15 Uhr, geschlossen jeweils montags. In der Saison (Juni bis Sept.) gelten erweiterte Öffnungszeiten: tgl. bis 19 oder sogar 20 Uhr. Letzter Eintritt jeweils 30 Min. vor Schließzeit.

Günstiger ins Museum
Gegen Vorlage eines internationalen Studentenausweises (ISIC) zahlt man in Museen oft nur den halben Eintrittspreis. Im Winterhalbjahr muss man sonntags überhaupt keinen Eintritt zahlen.

Notruf

Feuerwehr/Ambulanz/Polizei: 112 (kostenfrei an allen Telefonzellen)
Handy-Notruf: 112
Sperrung von Handys, Bank- und Kreditkarten: +49 116 116
Notarzt: Am besten bitten Sie einen Taxifahrer oder Hotelier um Hilfe.

Öffnungszeiten

Geschäfte: Mo–Sa 8.30–14.30 Uhr, Di, Do und Fr auch 18–21.30 Uhr. **Supermärkte** Mo–Fr 8–22 Uhr, Sa 8–18 Uhr, manche auch So 9–13 Uhr. **Souvenirshops** bis 23 Uhr.
Postämter: Hauptpost Rhodos-Neustadt, Mo–Sa 7–20 Uhr, Dorfbüros Mo–Fr 7.30–14.30 Uhr.
Restaurants meist tgl. 9.30–15.30 und 18–24 Uhr.
Museen: Meist Di–So 8–15 Uhr, in der Saison mitunter auch Mo.

Post (ELTA)

Briefmarken (*grammatósima*) gibt es auch am Kiosk und in Souvenirläden. Eine Postkarte oder ein Standardbrief bis 20 g in andere EU-Staaten kosten 85 Cent. Die Post nach Deutschland wird per Luftpost befördert und braucht etwa eine Woche.
Hauptpost Rhodos: Platia Eleftherias (gegenüber der Kirche Evangelísmos) Mo bis Fr 7.30–20 Uhr

Rauchen

In allen Büros und Geschäften, in Bussen und Taxis sowie in den öffentlichen Räumen von Hotels und in den geschlossenen Bereichen von Cafés und Tavernen ist das Rauchen verboten. Auf Schiffen darf nur an Deck geraucht werden. Allerdings wurde das Gesetz 2011 gelockert, sodass jetzt in Discos, Bars, Casinos und traditionellen Musikclubs wieder geraucht werden darf.

Reisekasse und Preise

Griechenland war vor dem EU-Beitritt bzw. der Euro-Einführung ein sehr preiswertes Reiseziel, hat heute jedoch fast deutsches Niveau. Dazu ist es seit der Euro-Einführung in den touristischen Bereichen zu teils drastischen Preiserhöhungen gekommen – für zwei Liegen plus Schirm am Strand werden heute 8 € verlangt.

Privatzimmer kosten 30–70 € ohne Frühstück für zwei Personen, in den Hotels der Mittelklasse (s. S. 27) kommt man für 60–115 € unter. Die Preise einfacher Tavernen liegen unter denen deutscher Restaurants; in touristischen Lokalen nicht selten sogar darüber. Vor allem bei Fischplatten kann man unliebsame Überraschungen erleben.

Reisen mit Handicap

Nur die Top-Hotels sind behinderten-gerecht gebaut. Ansonsten ist Rhodos ein sehr schwieriges Terrain, weder Busse noch Museen oder Restaurants sind gut auf Rollstuhlfahrer einge-stellt. Reisende mit Gehbehinderun-gen sind daher auf jeden Fall auf eine Begleitperson angewiesen.

Sicherheit

Griechenland darf immer noch als das ungefährlichste Reiseland Europas gelten. Auch Betrügereien von Souve-nirhändlern, Taxifahrern etc. sind sehr selten, nur zur Hochsaison in den Tou-ristenzentren sollte man etwas mehr aufpassen. Kopien aller wichtigen Do-kumente (Ausweise, Kfz-Papiere etc.) sind im Verlustfall hilfreich und sparen viel Zeit bei der Ausfertigung der Er-satzpapiere.

Die griechische Polizei ist – zumin-dest wenn es sich nicht um ernste Kriminalität wie z. B. Rauschgiftde-likte (!) handelt – sehr zurückhaltend. Polizei-Büros gibt es in Rhodos-Stadt, Líndos, Archángelos, Kremastí, Ialys-sós und am Flughafen. Notruf: Tel. 100 oder 112. An die Touristenpolizei kann man sich bei ernsthaften Be-schwerden und Betrugsangelegenhei-ten wenden.

Touristenpolizei Rhodos:
Alex. Papagou, Tel. 2241 027 423

Souvenirs

Rhodos-Stadt (vor allem die Altstadt) und Líndos sind die großen Souve-nirmärkte auf Rhodos. Neben Kitsch und Massenware kann man auch sehr schönes Kunsthandwerk (Keramik, Schmuck, Holzschnitzereien, handge-knüpfte Teppiche) mit künstlerischem Anspruch finden.

In der Altstadt von Rhodos ver-kaufen zahlreiche Läden zudem Lederkleidung und Pelzmäntel. Da-rüber hinaus gibt es Kupfer- und Messingarbeiten sowie Schwämme und man kann Heiligen-Ikonen kau-fen oder sich selbst von Malern in Farbe oder in Schwarzweiß porträ-tieren lassen.

In Líndos bieten die Frauen kunst-voll gestickte Decken an, in den Bergdörfern Siána und Émbona auch Webteppiche, die aber teilweise doch keine Handarbeit, sondern Fa-brikware sind.

Mein Tipp

Echte Schwämme
Ein ganz besonderes Mitbringsel von Rhodos sind echte Schwämme – schließlich sind die Dodekanes-Inseln historisch ein Zentrum der Schwamm-taucherei gewesen. Man findet sie oft in Souvenirläden in den großen Tou-ristenorten, besonders günstig aber kauft man von einem Boot am Koló-na-Hafen vor dem Marine-Tor von Rhodos-Stadt oder auf der Insel Sými (s. S. 248).

Telefonieren

Von **Telefonzellen** kann man nur mit-tels spezieller Wertkarten *(tilekárta)* telefonieren, die bei der OTE, aber auch an Kiosken oder in Supermärk-ten erhältlich sind (zu 3 €, 6 € und 9 €). Für Gespräche vom Hotelzimmer zahlt man erhebliche Aufschläge (bis 200 %).

Hauptzentrale der OTE:
Odos Amerikis,
tgl. 8–23 Uhr.

Handy

Mit dem eigenen **Mobiltelefon** kann man im GSM Roaming auf ganz Rhodos und auch auf den kleinen Nachbarinseln problemlos telefonieren. Die Tarife (innerhalb der Europazone) sind inzwischen relativ günstig, doch zahlt man für eingehende Anrufe die Verbindung aus dem Heimatland. Wer viel telefonieren will, kann eine Prepaid-Karte kaufen, z. B. vom Marktführer Cosmote oder von Vodafone. Dabei muss der Personalausweis vorgelegt werden.

Auch wenn man innerhalb Griechenlands mit einem deutschen Teilnehmer telefonieren will, muss man die internationale Vorwahl (+49) mitwählen. Bei griechischen Nummern ist das nicht nötig. Griechen ruft man übrigens besser auf dem Handy an als übers Festnetz. Deutsche Handys suchen sich automatisch ein Partnernetz, aber Achtung bei der Netzwahl: Manche griechischen Betreiber (wie z. B. Panafon) setzen viele Werbe-SMS ab, die erhebliche Kosten verursachen können. Grundsätzlich sollte man auch die Mailboxfunktionen ausschalten, um unnötige Kosten zu vermeiden.

Internationale Vorwahlen

Griechenland: 00 (+) 30
Deutschland: 00 (+) 49
Schweiz: 00 (+) 41
Österreich: 00 (+) 43
Bei Gesprächen nach A, CH, D entfällt die führende Null der Vorwahl. Bei Gesprächen nach Griechenland ist anschließend die vollständige zehnstellige Rufnummer zu wählen.

Telefonieren im Land

Es gibt keine Ortsvorwahlen. Bei innergriechischen Gesprächen ist stets die zehnstellige Nummer zu wählen. Bei den Angaben der **Telefonnummer** herrscht viel Durcheinander. Seit der Umstellung 2002 sind alle Nummern zehnstellig, doch werden auf Visitenkarten und Prospekten immer noch oft nur die letzten fünf Nummern, der eigentliche Anschluss, angegeben. Davor muss man immer wählen: 2 + die letzten drei Ziffern der alten Vorwahl + 0.
alte Vorwahl Rhodos-Nord:241
alte Vorwahl Rhodos-Süd: 244

Toiletten

Der Standard griechischer Toiletten ist berüchtigt, oft fehlen die Sitzbrillen ganz. Auf Rhodos besitzen aber die meisten modernen Restaurants akzeptable ›stille Örtchen‹. Das Papier wirft man stets in einen nebenstehenden Eimer (damit es nicht im Meer wieder auftaucht). Toilettentüren sind durch die Aufschrift ΑΝΔΡΩΝ (Männer) oder ΓΥΝΑΙΚΩΝ (Frauen) oder durch Piktogramme gekennzeichnet.

Trinkgeld

In den touristischen und den modernen Lokalen und Kneipen ist Trinkgeld gern gesehen; man lässt es beim Gehen einfach auf dem Tisch liegen. Beträge unter 1 Euro wirken jedoch eher beleidigend – viel oder gar nicht lautet die Devise. In traditionellen Kafénia sind Trinkgelder, jedenfalls für den Wirt selbst, eher unüblich.

Auch Taxifahrer, Hotelboys und Reiseleiter erwarten ein Trinkgeld.

Zeit

Griechenland gehört zur osteuropäischen Zeitzone (OEZ). Man stellt die Uhr bei der Einreise also um eine Stunde vor. Und das ganzjährig, denn auch in Griechenland gilt die EU-Sommerzeit-Regelung.

Panorama – Daten, Essays, Hintergründe

Als sei seit dem Mittelalter nichts verändert worden: die Ritterstraße in Rhodos-Stadt

Steckbrief Rhodos

Daten und Fakten

Fläche: Mit ca. 1400 km² ist Rhodos (gr. Ródos) die viertgrößte griechische Insel (nach Kreta, Evia und Lesbos).

Hauptstadt: Rhodos-Stadt, ca. 70 000 Einwohner (Schätzung 2010).

Sprachen: Griechisch, Englisch ist sehr verbreitet.

Landesvorwahl: 00 (oder +) 30

Zeitzone: OEZ = MEZ+1, es gilt die EU-Sommerzeit

Internationale Vorwahl: 00 (oder+) 33

Geografie und Natur

Etwa auf Höhe von Líndos überschreitet Rhodos den 36. Breitengrad, liegt damit auf gleicher Höhe wie Malta und Gibraltar, nördlicher aber als Kreta, dem es das Südende zukehrt. Die Nordspitze weist zum türkischen Festland, mit dem die Insel früher in enger Beziehung stand.

Durch die kaum 18 km breite Meerenge zwischen der Nordwestküste und dem kleinasiatischen Festland fuhren seit frühester Zeit die Handelsschiffe auf der Route nach Ägypten, was der Stadt Rhodos enorme strategische Bedeutung gab. Die Ostküste schaut aufs inselfreie Meer, das bald auf Tiefen über 4000 m abfällt, die Westküste ist der Inselgruppe des Dodekanes zugewandt. Der Name bedeutet auf Griechisch ›Zwölf Inseln‹; man bezeichnet damit die kleineren Inseln nahe der kleinasiatischen Küste. Rhodos gehört historisch nicht dazu, ist aber heute die Hauptstadt der Region Südliche Ägäis.

Die höchste Erhebung ist der Óros Attávyros mit 1216 m Höhe. Der Rest der Insel erscheint gemäßigt hügelig mit Höhen zwischen 400 und 600 m. Bis auf wenige Ausnahmen ist Rhodos sehr grün, ganz im Gegensatz zu den anderen Dodekanes-Inseln, die wie andere Ägäis-Inseln aus weiten, kahlen Geröllflächen bestehen.

Geschichte und Kultur

In der Antike war die 408 v. Chr. gegründete Stadt Rhodos zusammen mit Athen die bedeutendste griechische Stadt, berühmt als Handelsmacht, für ihr künstlerisches Schaffen und den »Koloss von Rhodos«, eines der sieben Weltwunder.

Im Mittelalter war die Insel ab 1309 Sitz des autonomen Ritterordens der Hospitaller (Johanniter, später Malteser), der Rhodos-Stadt zu einer einzigartigen spätgotischen Festung ausbaute. Unter osmanischer Herrschaft seit 1522 siedelte sich eine große jüdische Gemeinde an, aus der im 19. Jh. bedeutende Bankhäuser hervorgingen. Die Griechen von Líndos beherrschten den Handel zwischen Venedig und Istanbul.

1912 besetzte Italien Rhodos und die Dodekanes-Inseln und betrieb bis 1943 eine sehr intensive Kolonisierungs- und Modernisierungspolitik. Erst nach dem Zweiten Weltkrieg kam Rhodos zu Griechenland.

Staat und Verwaltung

Griechenland ist mit der Verfassung von 1975 Republik geworden. Das

Land gliedert sich seit 2010 in 13 Regionalbezirke *(Periféria),* diese sind zu 7 Direktionen *(Apokendoméni Diíkisi)* zusammengefasst. Rhodos bildet jetzt mit Sými, Tílos, Chálki und Kastellórizo einen Regionalbezirk innerhalb der Direktion Südägäis (gr. *Notio Aigaio).* Aufgrund der erzwungenen Sparmaßnahmen im Verlauf der Schuldenkrise sind die Regierungen Griechenlands seit 2010 sehr instabil. Seit 2015 regiert Ministerpräsident Alexis Tsipras von der Linkspartei Syriza in einer Koalition mit der nationalpopulistischen ANEL.

Wirtschaft und Tourismus

Nach offiziellen Zahlen erwirtschaftete Griechenland pro Einwohner ein Bruttoinlandsprodukt von ca. 18 900 US-$ (2015), das entspricht einem Rückgang um ca. 35 % seit 2009. Fast alle ökonomisch potenten Betriebe konzentrieren sich im Großraum Athen; die ländlichen und gebirgigen Regionen sind stark unterentwickelt. Wichtigster Devisenbringer ist der Tourismus mit ca. 16 % des BIP und bis zu 20 Mio. Besuchern per anno. Größter Importpartner ist Deutschland mit 10 %, größer Exportpartner die Türkei mit 12 %. Der Agrarsektor schrumpft stark und macht nur noch 3,8 % des BIP aus, die Industrie erwirtschaftet lediglich 13,3 %. Die Arbeitslosenquote betrug 2015 ca. 25 %, die der unter 25-Jährigen sogar unglaubliche 50 %. Die Staatsverschuldung lag 2015 weiterhin sehr hoch um ca. 175 % des BIP.

Bevölkerung

Der Regionalbezirk *(Periphéria)* Rhodos hat rund 120 000 Einwohner, davon leben allein etwa 70 000 in Rhodos-Stadt. Im Gegensatz zu den meisten anderen griechischen Inseln weist das ökonomisch sehr aktive Rhodos ein Bevölkerungswachstum auf (plus 15 000 in 10 Jahren). Von den 11 Mio. Einwohnern Griechenlands sind 98 % Griechen, daneben gibt es kleine albanische, bulgarische und türkische (u. a. auf Rhodos) Minderheiten. Über 6 Mio. Griechen leben im Ausland, hauptsächlich in USA, Kanada und Australien.

Religion

Alle Griechen sind von Geburt an Mitglieder der griechisch-orthodoxen Kirche. Rhodos ist Sitz eines Metropoliten (Erzbischofs), der auch für die Inseln Sými, Chálki, Tílos und Níssyros zuständig ist. Die Metropolie untersteht jedoch nicht der griechischen Kirche, sondern dem Ökumenischen Patriarchen von Konstantinopel (Istanbul). Die türkischstämmigen Einwohner auf Rhodos bilden eine durch den Lausanner Vertrag von 1923 geschützte muslimische Minderheit – allerdings hat ihre Zahl seit dem Zypern-Konflikt 1974 durch Abwanderung in die Türkei und aktuell auch Überalterung sehr stark abgenommen.

Die Inseln des Dodekanes

49

Vorgeschichte

Ab 6000 v. Chr. Erste nachgewiesene Besiedlung, von Kleinasien aus.

um 2000 v. Chr. Auf den Inseln siedeln Karer; Kanaaniter und Phöniker unterhalten Handelsstützpunkte auf Rhodos; ihnen folgen ab 1700 die Minoer aus Kreta (mittelhelladische Kultur).

1450 v. Chr. Die mykenischen Achäer vom Peloponnes, das Volk der homerischen Mythen, verdrängen die Minoer.

1000 v. Chr. Die Dorer wandern über die Peloponnes-Halbinsel und Kreta nach Rhodos ein und gründen die Städte Líndos, Ialyssós und Kámiros.

Archaische Periode (1000–500 v. Chr.)

8. Jh. v. Chr. Die drei dorischen Städte von Rhodos schließen sich mit Kós, Knidos und Halikarnassos zum dorischen Sechsstädtebund (Hexapolis) zusammen.

690 v. Chr. Rhodos unterhält Handelsbeziehungen im ganzen Mittelmeerraum und gründet Kolonien in Sizilien und an der Südküste Kleinasiens.

550 v. Chr. Der Tyrann Kleoboulos, der zu den Sieben Weisen der Antike gezählt wird, lässt in Líndos den ersten steinernen Athena-Tempel errichten.

Klassische Periode (500–336 v. Chr.)

480 v. Chr. In den Perserkriegen steht Rhodos auf Seiten der Perser, nach deren Niederlage wird es ein Vasall Athens und gehört ab 477 v. Chr. dem Delisch-Attischen Seebund an.

430 v. Chr. Beim Ausbruch des Peloponnesischen Krieges kommt es in Rhodos zum Bürgerkrieg, die Demokraten kämpfen für Athen, die Oligarchen mit den Spartanern.

408 v. Chr. Gründung der neuen Stadt Rhodos, die bald zu einem bedeutenden Handelshafen aufsteigt.

357 v. Chr. Rhodos wird durch den karischen Herrscher Maussollos aus Halikarnassos (heute Bodrum) in ein Bündnis mit den Persern und zum Abfall von Athen gezwungen.

Hellenismus (336–42 v. Chr.)

334 v. Chr. Das mit Persien verbündete Rhodos unterwirft sich Alexander dem Großen, kann seine Monopolstellung im Handel mit Ägypten jedoch halten.

305 v. Chr.	Demetrios, Sohn des kleinasiatischen Alexander-Nachfolgers Antigonos, belagert die Stadt Rhodos acht Monate erfolglos. Als Siegesmal errichten die Rhodier anschließend eine monumentale Helios-Statue am Hafen, den »Koloss von Rhodos«.
3. Jh. v. Chr.	Aufgrund des wirtschaftlichen Aufstiegs wird Rhodos ein Zentrum des hellenistischen Kunstschaffens (»Laokoon-Gruppe«, »Nike von Samothrake«).
227 v. Chr.	Ein Erdbeben stürzt den Koloss um; das Orakel zu Delphi bestärkt die Rhodier, die Trümmer einfach liegen zu lassen.
200 v. Chr.	Rhodos ruft die Römer gegen Makedonien zu Hilfe. Nach deren Sieg erhält es Gebiete auf dem kleinasiatischen Festland (Karien, Lykien).
167 v. Chr.	Rhodos verärgert die Römer durch mangelnde Unterstützung im Krieg gegen König Perseus von Makedonien. Rhodos verliert sein Handelsmonopol und auch die Festlandgebiete in Lykien und Karien.

Römische Zeit (42 v. Chr.–395 n. Chr.)

42 v. Chr.	Im Bürgerkrieg nach der Ermordung Caesars plündert Cassius die Stadt Rhodos.
70	Kaiser Vespasian gliedert Rhodos als Teil der Provinz Asia Minor in das römische Reich ein.
155	Große Teile der antiken Stadt fallen einem Erdbeben zum Opfer. In der wirtschaftlichen Krise des Römischen Reichs im 3. Jh. beginnt die Verödung der einstigen Metropole.

Oströmische (Byzantinische) Zeit (330–1309)

330	Kaiser Konstantin der Große verlegt die Hauptstadt in den Osten nach Konstatinopel und lässt Tausende Statuen aus Kleinasien dorthin schaffen. Rhodos verliert zahllose hellenistische Kunstwerke, aber auch die monumentale bronzene Athena-Statue von Líndos.
653/54	Während der arabischen Besetzung Kretas wird Rhodos wiederholt von den ›Sarazenen‹ (Arabern) geplündert, auch die Trümmer des Kolosses werden fortgeschafft.

Johanniterzeit (1309–1522)

1309	Die Ritter des Ordens des hl. Johannes (die Johanniter), durch Saladin aus Palästina vertrieben, erobern Rhodos und errichten einen eigenen, nur dem Papst unterstellten Staat.

1444	Erfolglose Belagerung von Rhodos durch die muslimischen Mamluken aus Ägypten.
1453	Konstantinopel wird durch die türkischen Osmanen erobert, Ende des Byzantinischen Reichs.
1480	Zweite erfolglose Belagerung von Rhodos durch den Osmanen-Sultan Mehmed II. Fatih, den ›Eroberer‹ von Konstantinopel.
1522	Dritte Belagerung von Rhodos durch Sultan Süleyman; nach sechs Monaten muss der Orden Rhodos am 1. Januar 1523 verlassen.

Osmanische Zeit (1523–1912)

1523	Direkt nach Übernahme der Stadt Rhodos beginnen die Türken mit dem Bau der Süleyman-Moschee. In den folgenden Jahrhunderten bleibt das mittelalterliche Baubild fast unverändert bestehen, nur viele Moscheen entstehen neu.
1571	Nach der osmanischen Niederlage in der Seeschlacht von Lepanto versuchen die griechischen Rhodier den Aufstand. Die Verschwörung scheitert, der orthodoxe Metropolit wird gepfählt.
1832	Gründung des neugriechischen Staates unter König Otto I. von Bayern; Rhodos aber bleibt wie alle Inseln vor der Küste Kleinasiens weiterhin türkisch.

Osmanische Grabsteine auf dem türkischen Friedhof in Rhodos-Neustadt

Italienische Zeit (1912–1943)

1912 Die Italiener erobern Rhodos. Durch den Vertrag von Lausanne 1923, der den griechisch-türkischen Krieg beendet, fällt der Dodekanes an Italien unter Benito Mussolini.

1943 Nach dem Waffenstillstand der Italiener mit den Alliierten besetzen deutsche Truppen die Insel; sie kapitulieren auf Rhodos erst nach dem Fall von Berlin – am 8. Mai 1945.

Neugriechische Zeit

1947 Rhodos und die Dodekanes-Inseln fallen an Griechenland.

1967–1974 Militärdiktatur in Griechenland; brutale Verfolgung linksgerichteter Oppositioneller. Die Junta stürzt, nachdem sie einen Putsch auf Zypern angezettelt hat und ein Krieg mit der Türkei auszubrechen droht.

1975 Ende der griechischen Monarchie durch Volksabstimmung.

1981 Griechenland wird EG-Mitglied.

1999 Das älteste Luxushotel von Rhodos, das ›Hotel des Roses‹ (Grande Albergo delle Rose), erbaut in den 1930er-Jahren unter den Italienern, wird als Casino wiedereröffnet.

2001 Durch Sparpolitik (und Buchungstricks) gelingt Griechenland nachträglich der Beitritt zur Europäischen Währungsunion.

2008/09 Die ND wird durch ihre Sparpolitik immer unpopulärer; Buchungstricks verschleiern die enorme Staatsverschuldung.

2010 Nach Offenlegung der tatsächlichen Staatsverschuldung durch die neue PASOK-Regierung kann Griechenland sich nicht mehr refinanzieren, bis 2012 klettert das Staatsdefizit auf 170 % des BIP. Griechenland befindet sich faktisch im Staatsbankrott, die Staatsschulden steigen bis 2015 auf rund 478 Mrd. Euro.

2015 Bei vorgezogenen Neuwahlen verlieren die Altparteien Nea Demokratia und PASOK massiv Wählerstimmen, stärkste Kraft wird die Linkspartei Syriza, die mit Alexis Tsipras auch den Ministerpräsidenten stellt. Im August werden die ostägäischen Inseln aufgrund ihrer nicht sicherbaren Seegrenzen von einem Flüchtlingsstrom überrollt.

2016 Das Flüchtlingsabkommen der EU mit der Türkei Mitte März sieht die Rückführung illegal Einreisender in die Türkei vor.

Wie ein Delfin (mit Rhodos-Stadt auf der langen Schnauze, Líndos als Brust- und Monólithos als Rückenflosse) taucht die Insel aus dem Meer auf. Lang gestreckt schließt sie die Ägäis, das Meer der griechischen Inseln, gegen das offene Mittelmeer im Süden ab. Auf halber Länge, etwa auf Höhe von Líndos, quert Rhodos den 36. Breitengrad, liegt damit auf gleicher Höhe wie Malta und Gibraltar, nördlicher aber als Kreta, dem es das Südende zukehrt. Die Nordspitze weist zum türkischen Festland, mit dem die Insel in der Vergangenheit oft in enger Beziehung stand.

Insgesamt hat Rhodos keine so buchtenreichen Küsten wie die meisten anderen Inseln der Ägäis. Es überwiegen gerade, kilometerlange Küsten, die einzigen Naturhäfen liegen bei den alten Städten Rhodos und Líndos. An der dem Méltemi-Nordwind ausgesetzte Westküste überwiegen grobe Kiesel. Im Süden werden unerschlossene Kieselstrände von Steilfelsen unterbrochen, sandiger sind die Strände vor allem an der Ostküste.

Das Inselinnere wölbt sich hügelreich zu sanften, bewaldeten Kuppen, über die sich als höchster Berg der

Rhodos – die grüne Insel

Durch die kaum 18 km breite Meerenge zwischen der Nordwestküste und dem kleinasiatischen Festland fuhren seit frühester Zeit die Handelsschiffe auf der Route nach Ägypten, was der Stadt Rhodos seit ihrer Gründung 408 v. Chr. enorme strategische Bedeutung gab. Die Ostküste schaut aufs inselfreie Meer, das bald auf Tiefen über 4000 m abfällt, die Westküste hingegen ist der Inselgruppe des Dodekanes zugewandt. Dieser Name bedeutet auf Griechisch ›Zwölf Inseln‹; man bezeichnet damit die kleineren Inseln nahe der kleinasiatischen Küste. Rhodos gehört historisch nicht dazu, ist aber die größte Stadt und ein Verkehrsknotenpunkt der Ägäischen Inseln.

Grüne Wälder, überragt vom Attavýros

kahle Attávyros auf 1215 m erhebt. Neben diesem Brocken aus Granitgestein bestehen viele der Hügel aus quartären Sedimenten, also abgelagerten Sandmassen, durchsetzt von Meereskieseln und Muscheln. Diese geologische Struktur gab wohl Anlass zum Mythos von der von Göttervater Zeus aus dem Meer gehobenen Insel Rhodos (s. S. 58).

Obwohl das Land fruchtbar ist, ist das Inland nur wenig besiedelt; die meisten Dörfer leiden unter Abwanderung. Mit zunehmender Entfernung zur Hauptstadt sinkt die Zahl der Einwohner (und Touristen) pro Quadratkilometer, bis sie zum Schluss, an der Südspitze, fast gegen Null tendiert. Seit dem Ausbau der Küstenstraße jedoch, die Rhodos asphaltiert einmal ganz umrundet,

Der Granatapfel
›Rhodos, die Roseninsel‹ – dieser werbeträchtige Slogan geht auf einen Irrtum zurück: *ródinos* ist das griechische Wort für ›rosa‹, aus dem Namen ›Die Rosige‹ wurde irgendwann ›Die Roseninsel‹, auch wenn es auf Rhodos kaum Rosen gibt. Der Wortstamm selbst ist aber viel älter: Eine Insel *rhod* taucht schon in Überlieferungen der Phöniker auf, in deren Sprache das Wort den Granatapfel *(Punica granatum)* bezeichnet. Dieser bis zu 5 m hohe Strauch trägt große, gefüllte rote Blüten mit gelben Staubfäden; im Herbst reifen die apfelförmigen Früchte mit süß-saurem Fruchtfleisch und dicken Kernen. In hellenistischer Zeit erscheinen Abbildungen seiner Blüte, die der der Rose sehr ähnlich sieht, auf rhodischen Münzen. Bis heute wächst der Granatapfel auf Rhodos in Vorgärten und an Wegrändern: Er ist eine uralte Symbolpflanze der Insel.

wird auch der Süden häufiger besucht. Doch während Küstenweiler wie Kiotári und Gennádi vom Hotelbau profitieren, dämmern die Orte im Landesinneren weiterhin im Dornröschenschlaf dahin – im Süden wie im Norden.

Eine grüne Insel

Die rhodische Landschaft erscheint grün und großzügig: Sie ist nicht von Terrassenmauern und kleinen Ackerparzellen geprägt wie die meisten Ägäis-Inseln. Zwar besitzt Rhodos wie alle griechischen Inseln keine ganzjährig wasserführenden Flüsse, aber doch zahlreiche Quellen, die noch im Sommer Wasser spenden. Statt felsigem Karstland herrscht eine üppige Pflanzenwelt vor. Die großen Waldzonen im wenig besiedelten Landesinneren haben ein für griechische Inseln ungewöhnlich grünes Gesamtbild zur Folge.

Typisch mediterran ist hingegen die Pflanzengesellschaft der Macchia, die den natürlichen Bewuchs von Ödlandflächen darstellt. Sie wird griechisch *frygána* genannt und traditionell als Weide für Ziegen und Schafe genutzt.

Pflanzen der Frygána

Die Frygána besteht aus ganz speziell an das Klima angepassten Arten. In der langen regenlosen Zeit des Mittelmeersommers können nur solche Pflanzen überdauern, die bestimmte Methoden der Anpassung entwickelt haben: Zwiebeln oder Knollen, um Wasser zu speichern (z. B. Iris, Orchideen), Blattformen wie Hartlaub oder Dornen, die wenig Wasser verdunsten lassen (z. B. Wacholder, Disteln).

An Wegesrändern sieht man häufig die **Dornbibernelle,** deren grüne Stengel mit roten Beeren neben blattlosen dornigen Seitenästen stehen. Dichte Polster bildet auch der würzig duftende **Thymian** und der wilde **Oregano.** Fast eine Charakterpflanze auf Rhodos ist der gelb blühende **Ginster,** der an den Straßenrändern oft riesige Polster bildet. Besonders hoch wachsende

Arten der Frygána sind die bis zu 2 m hohe **Kermeseiche** mit dornig gezähnten Blättern und die sehr ähnliche **Steineiche.** Aus den hellrosa Früchten des bis zu 5 m hohen **Erdbeerbaums** mit langen, derben Blättern wird traditionell ein Likör hergestellt.

Kiefern und Oliven

An den Bergen Profítis Ilías und Psínthos stehen zumeist **Aleppokiefern,** ein bis zu 20 m hoher Nadelbaum mit lichter Krone und bis zu 15 cm langen Nadeln. Daneben sind **Edelkastanie** und **Zypresse** vertreten, Letztere ist auch häufig als heiliger Baum an Friedhöfen oder neben Kapellen zu finden. Wasserliebende Bäume wie **Platanen** und **Eukalyptus** sind vielfach in den Dörfern als Schattenspender angepflanzt worden.

Am häufigsten vertreten ist der **Olivenbaum,** der bis in etwa 400 m Höhe in großen Hainen angebaut wird. Die Ernte der Ölfrüchte erfordert größere Arbeitsleistungen nur von November bis März, zu einer Zeit also, wenn die Urlauber wieder fort sind. In der Tat sind viele Land besitzende Rhodier auf diese bequeme Nebenerwerbslandwirtschaft umgestiegen, seit es im Tourismus so viel Geld zu verdienen gibt.

Exoten am Wegesrand

Imposant ist die **Agave** mit ihrer Bodenrosette aus dickfleischigen wachsgrünlichen Blättern, die unter südlicher Sonne bis zu 2 m hoch werden. Nach etwa 10 Jahren bildet die aus Mittelamerika stammende Pflanze einen bis zu 8 m hohen Blütenstand (etwa an der Straße nach Triánda zu sehen), nach der Blüte stirbt sie ab.

Essbar, aber nur mit Vorsicht zu genießen, sind die süßen Früchte der **Opuntie,** des Feigenkaktus. Die kaktusähnliche, aus Mexiko stammende Pflanze kann bis zu 5 m hoch werden. Die Früchte sind süß und lecker, aber ebenso wie die dickfleischigen Blätter von Polstern winziger Stacheln mit Widerhaken besetzt, die schlimme Hautentzündungen verursachen können.

Inseln rings um Rhodos

Auch die Inseln rings um Rhodos haben durch den Tourismus einen deutlichen Aufschwung erlebt. Zur beliebtesten Ausflugsinsel hat sich dabei das mit seiner neoklassizistischen Architektur so reizvolle Sými gemausert. Aber auch die Vulkaninsel Níssyros im Norden wird gern besucht, während Chálki vor der Westküste oder Kastellórizo weit im Osten vor der türkischen Küste Refugien für sehr stille Urlaubstage sind.

Diese Inseln zeichnet im Gegensatz zu Rhodos die ökologische Mangelsituation aller ägäischen Inseln aus. Weit dehnen sich die Geröllhänge, auf denen man sich kaum eine Pflanze vorstellen kann, auf denen aber nach den Regenfällen des Winters eine farbenprächtige Blumendecke sprießt.

Karibik-Muscheln
Auf Rhodos werden oft prachtvolle Muscheln verkauft. Aber Achtung: Sie stammen zumeist aus der Karibik oder Südostasien, viele Sorten fallen unter die Bestimmungen des Washingtoner Artenschutzabkommens. Wenn man sie mitnimmt, kann es erhebliche Probleme mit dem Zoll geben.

Wo Helios die Nymphe Rhode küsste – von Mythen und Göttern

Rhodos, die Sonneninsel – das ist nicht nur auf das gute Wetter gemünzt. Die Insel galt in mythischer Vorzeit als Besitz des Sonnengottes Helios, der bis in römische Zeit als oberster Gott der Insel verehrt wurde.

Folgt man geduldig den Spuren der bis ans Ende des zweiten Jahrtausends zurückreichenden Überlieferung, entwirrt die von den späteren Dichtern aufgezeichneten Götterstammbäume, dann fügt sich das Puzzle zu einem Nachhall frühester Geschichte zusammen: von erster Besiedlung, Kämpfen um Landgewinn, Städtegründungen.

Die ersten Götter von Rhodos – so überliefert Diodorus Siculus – waren die **Telchinen,** und zwar lange bevor Zeus als Göttervater auf dem Olymp residierte. Sie beherrschten geheime Künste und schmiedeten für den Titan Kronos, den Vater des Zeus, die gezackte Sichel, mit der ihn der Sohn später entmannte. Der Meeresgott Poseidon, der Bruder des Zeus, wuchs bei ihnen auf, und ihm gaben sie den Dreizack, mit dem er Quellen aus dem Felsen schlagen konnte.

Rhode

Auf Rhodos zeugte Poseidon mit Halia, einer Schwester der Telchinen, sechs Söhne und die Nymphe Rhode, die der Insel ihren Namen gab. Nach dieser Überlieferung besaß Rhodos also eine kleinasiatische Urbevölkerung, die vor

Büste des Sonnengottes Helios im Archäologischen Museum

den griechischen Stämmen die Kunst der Metallverarbeitung beherrschte.

Die sechs Söhne des Poseidon scheinen ähnlich streitsüchtig wie ihr Vater gewesen zu sein. Als sie jedoch die Aphrodite, ursprünglich eine zyprische Göttin , beleidigten, stürzte diese sie in den Wahnsinn, sodass sie sogar ihre eigene Mutter vergewaltigten. Darauf schickte Poseidon eine Flut, die die Unholde von der Insel Rhodos vertilgte. Nur Rhode blieb als Erbin zurück.

Helios

Zu dieser Zeit spielt wohl die Geschichte, die der Dichter Pindar in seiner 7. Olympischen Ode überliefert. Da hatte Zeus gerade alle Länder unter den Göttern verteilt, Helios, der den Sonnenwagen über das Firmament lenkte, jedoch vergessen. Zeus wollte die Welt schon erneut aufteilen, doch Helios meinte, er habe auf seinem Wege ein neues Land gesehen, das gerade aus dem Meer aufsteige – dieses wolle er haben. Zeus erfüllte diesen Wunsch, und Helios heiratete die Nymphe Rhode, die ihm sieben Söhne gebar.

Die **Heliaden** waren berühmt für ihre Fertigkeiten in der Astronomie und der Schifffahrt, was man als besondere Eigenschaften auch den Phönikern zusprechen kann, die auf der Insel bereits vor Ankuft der ersten Griechen Stützpunkte errichtet hatten.

Athena

Anspruch auf die Gründung der drei rhodischen Städte erheben zwar auch die Heliaden, doch muss auch noch von den **Danaiden** die Rede sein. Dies waren die Töchter des Danaos, die aus Libyen vor der Verfolgung des König

Aigyptos fliehen mussten. Sie kamen zuerst nach Rhodos, wo sie ihrer Schutzgöttin Athena einen Tempel errichteten. Drei der Töchter, Linda, Kameira und Ialyssa starben auf Rhodos, nach ihnen sollen die drei rhodischen Städte der Antike benannt sein.

Tatsächlich könnte es sein, dass der Kult der Athene zusammen mit dem Ölbaum, ihrer heiligen Pflanze, aus Libyen nach Griechenland eingeführt wurde – so wie auch ihre Tracht, die Ägis, noch heute in libyschen Sahara-Oasen getragen wird. Der Athena-Tempel auf der Akropolis von Líndos wäre dann der erste Griechenlands. Damit ließe sich erklären, dass es auch der einzige war, in dem nur feuerlose Opfer dargebracht wurden.

Tlepolemos

Von der mykenischen Einwanderung von der Peloponnes nach Rhodos erzählt schließlich Homer. In der Ilias, dem Bericht des Kampfs um Troia, befindet sich unter den Griechen auch Tlepolemos, einer der Söhne des Herakles, der nach Rhodos gezogen war und dort als König herrschte: »Und Tlepolemos, der Heraklide, der tüchtige und große / Führte aus Rhodos neun Schiffe der Rhodier«. Vor Troia fällt er dann im Zweikampf gegen den lykischen Helden Sarpedon, einen Bruder des kretischen Königs Minos.

Pausanias überliefert im Nachgang eine kleine Anekdote über Tlepolemos' Frau Polyxo, die sich aus Trauer über den Tod ihres Gemahls an der Ursache ihres Leids, der schönen Helena, rächte. Helena soll nach der Zerstörung Troias nach Rhodos gekommen sein, um der Athena Lindia zu opfern. Dabei ließ Polyxo sie von ihren Dienerinnen ermorden.

Lange Nächte und eine kleine Freiheit – die Fischer

Jedes Mal, wenn die Fähre von Kálymnos nach Rhodos in Tílos Halt macht, steht Manoli am Anleger. Neben ihm stapeln sich flache Holzkisten, jede einzelne unter der schweren Plastikfolie voll mit dem, was das Meer nachts hergab.

Manoli ist Fischer, und mit ihm stehen auch die anderen Fischer von Tílos am Kai. Seit dem Morgen haben sie aus ihren Netzen die beste Ware aussortiert und mit Eis gepackt, zwei Kästen sind es diesmal gewesen. Wenn die Fähre beladen wird, schleppen Manolis und seine Kollegen die triefenden Kästen an Bord, vier Stunden später sind sie in Rhodos. Dort werden sie von einem Zwischenhändler in Empfang genommen, der den Wert der Ware berechnet. 9 € das Kilo erhält Manoli für einen guten Speisefisch wie etwa die

Barboúnia, die rote Meerbarbe, für ca. 36 € das Kilo wird der Fisch dann im Restaurant verkauft.

Arme Teufel

Fischer werden »nur die armen Teufel, die Landlosen und die auch sonst keinen nahrhaften Beruf finden«, schrieb Johannes Gaitanides 1959 über den Beruf von Manoli; viel geändert hat sich bis heute nicht. Die Fischer sind gänzlich abhängig von Zwischenhändlern, die die Preise diktieren. Ihre Arbeit auf den kleinen Booten ist immer noch gefährlich und findet zu einer Zeit statt, wenn andere Leute längst schlafen. Frühestens gegen 21 Uhr, häufig aber erst um 2 Uhr morgens fahren die Fischer los. Vormittags müssen sie die Netze säubern, da bleibt nur eine lange Siesta zur Erholung, und dann geht es wieder raus. Dieser Arbeitsrhythmus trennt den Fischer vom Rest des Dorfes; schon der antike Philosoph Platon verspottete die ›Sklavenarbeit‹ auf dem Meer.

Viel hat sie noch nie eingebracht. Die Ägäis ist ein relativ fischarmes Meer; die jahrzehntelange Dynamitfischerei tat ein Übriges. Heute lohnt sich auch diese barbarische Methode nicht mehr, die sämtliche Fischbrut vernichtet und manchen Fischer verstümmelt hat. Aus dem früheren Volksnahrungsmittel wurde so ein Luxusartikel. So muss heute Fisch sogar importiert werden, z. B. aus Ägypten, bzw. in Aquafarmen gezüchtet werden. Allein für die Goldbrasse (Dorade, gr. *tsipóura)* wird derzeit das Verhältnis von Wildfang zu Zuchtfisch schon auf 1:3 geschätzt.

Der Mann und das Meer

Fischer sind heute meist Träumer, Leute, die nicht mittun wollen beim großen Run auf das Geld. So wie Yannis aus Kássos. Auf Léros ist er geboren, sagt er, aber dort sei es zu hektisch, Fisch gäbe es dort auch nicht mehr viel. So ist er nach Kássos gekommen, hat ein kleines Haus, ein Boot, Frau und Kinder – und viel Zeit. Yannis hat sich auf Hummerfang spezialisiert. Der *ástakos* bringt in Rhodos gutes Geld, um 20 € pro Stück, die Touristen in den großen Ferienzentren auf Rhodos, Kós oder Kreta zahlen zwischen 70 und 95 € pro Kilo. Yannis weiß die besten Plätze, wo er mit dem Grundschleppnetz in einer Nacht so viele Tiere fängt, dass es für eine Woche reicht.

Grundschleppnetze vernichten bei ihrer Fahrt über den Meeresboden zwar die Laichgründe der Fische und

sind daher nur sechs Monate im Jahr erlaubt – allerdings ist das Meer groß und die Polizei weit weg.

Die meisten Fischer auf den Inseln fahren mit kleinen Motorbooten aufs Meer, gerade mal 3 x 8 m messend. Zwei oder drei Mann Besatzung reichen aus, um das nur 1,20 m breite, aber bis zu 500 m lange Schleppnetz zu Wasser zu lassen und nach zwei Stunden Fahrt wieder an Bord zu ziehen. Doch die Ausbeute, die die Männer auf der Rückfahrt aus dem Netz klauben, ist karg.

Das ist wohl auch der Grund, der Yannis nach Kássos verschlagen hat: »Was soll ich in Rhodos den Touristen nachlaufen und vor den Hotelbossen dort buckeln? Hier bin ich mein eigener Herr …«, sagt er, angelt noch einen Happen gegrillten Oktopus vom Teller und lacht.

Der Oktopus

Der achtarmige Tintenfisch oder Krake, gr. *achtapódi,* kann leicht von Schnorcheltauchern gejagt werden und ist ebenso wie der Seeigel ein beliebter Bestandteil der Küche griechischer Familien am Meer. Sollte man mal probieren, wenn er in einer Taverne auf der Karte steht.

Oliven – das griechische Lebenselixier

Ende Oktober sind die meisten Rhodier ganz froh, dass nun fast alle Touristen wieder nach Hause gefahren sind. Denn im November beginnt die Olivenernte – das Öl der Oliven ist einer der bedeutendsten Verdienstzweige auf der Insel, die zu großen Teilen von Ölbäumen bedeckt ist.

Diese Bäume sind bis heute nicht in den Händen großer Grundbesitzer konzentriert – fast jede rhodische Familie besitzt einige Bäume, zum Teil an mehreren verschiedenen Stellen rund um das Dorf verstreut oder sogar weiter entfernt. Die Ernte beginnt nach den ersten Regenfällen Mitte November, denn die Früchte sollen sich noch einmal richtig vollsaugen können, und ist sehr mühsam: Sie vollzieht sich zumeist immer noch so, wie sie schon ein Vasenmaler im 6. Jh. v. Chr. dargestellt hat: Die einen schlagen die Früchte mit Stöcken von den Zweigen, die anderen sammeln sie mit gebeugtem Rücken auf. Wer einmal bei der Ernte helfen will, sollte sich das gut überlegen. Und den Bericht meines Freundes Hans-Georg lesen, der in einem Dorf auf Rhodos ein Haus gekauft hat – und natürlich ein Stück Land mit ein paar Olivenbäumen dazubekommen hat.

Ernte mit Schmerzen

»Heute waren wir den dritten Tag Olivenpflücken – man glaubt nicht, wie das auf den Rücken geht. Pflücken ist auch sowieso der falsche Ausdruck. Denn einer schlägt mit einem langen Stock oben im Baum gegen die Zweige, bis die Oliven herunterfallen, und das gemeine Fußvolk (also wir) kriecht auf allen Vieren im Acker herum und sammelt alles auf. Unter vielen Bäumen sprießen Gras und grüne Kräuter bis zu 30 cm hoch und die heruntergefallenen Oliven müssen dazwischen herausgesucht werden. Manchmal liegen die Oliven auch zwischen Steinen, manchmal auch noch in kleinen Dorngewächsen versteckt, die die Finger zerstechen. Aber ›unsere‹ Oliven haben wir nach zwei Tagen alle von den Bäumen: ca. 180 kg. Das wird so zwischen 45 und 50 Liter Öl geben.

Da unser griechischer Freund Giorgos geholfen hat, geht es aber weiter. Jetzt sind seine 80 Bäume dran … Zunächst werden unter jedem Baum die heruntergefallenen Oliven aufgesammelt. Denn mindestens ein Drittel liegt schon unten. Dann werden große Netze ausgelegt, und Giorgos und Stergos bearbeiten mit langen Teleskopstangen, unten ein kleiner Elektromotor und oben eine rotierende Welle mit Plastikschnüren, jeden einzelnen Zweig. Das geht viel schneller als mit dem Holzstock – ist aber genau so mühsam.

Ob sich der ganze Aufwand lohnt? Mit fünf Personen sammelt man am Tag ungefähr 10 Kisten. Diese 250 kg Oliven bringen 60 Liter Öl. In der Olivenpresse bekommt man dafür 180 €. Den Stundenlohn für fünf Personen mit jeweils sechs Stunden rechnet man sich besser nicht aus. Zumal davon noch die Kosten für das Düngen, das Pflügen der Olivenhaine im Frühjahr und für das Zurückschneiden der Bäume im Januar den kargen Ertrag weiter schmälern.«

Oliven als Lebenselixier

Die Olivenernte ist auf Rhodos wohl mehr ein Hobby. Denkbar nur, wenn die Familie es allein macht. Doch wie sieht die Realität aus? Die Alten, die Rentner, die noch in den Dörfern wohnen, machen heute die Hauptarbeit. Die Kinder, wenn sie denn überhaupt noch auf Rhodos leben, helfen an wenigen Tagen – haben ihre Jobs in der Stadt und oft auch kein Interesse. Es steht zu befürchten, dass die landschaftsprägenden Olivenhaine nicht mehr lange bestehen werden. Und doch pflanzen die älteren Griechen, unbeeindruckt von dieser Entwicklung, wie seit Generationen, weiter und weiter neue, große Olivenhaine an.

Denn ohne Olivenöl ist der Grieche bzw. die Küche der Griechen undenkbar. Um die 16 kg verbraucht ein Grieche davon jährlich, und in bäuerlichen Gemeinden wird der Verbrauch noch viel höher liegen. Es ist ein echtes Lebensexilier, dessen gesundheitsfördernde Wirkung die Verfechter der Mittelmeerküche immer wieder herausstellen. In Griechenland gilt es zudem als eine Art Viagra des Bauern, ein Aphrodisiakum für Sie und Ihn. Frischverheirateten gibt man Brot mit dem allerbestem Öl, dem sogenannten Tropföl aus den ersten Sekunden der Pressung, mit in die Hochzeitsnacht.

Griechisches Olivenöl

Das Öl, das man auf Rhodos in den Dörfern kaufen kann, stammt aus den Olivenpressfabriken, in die die Bauern ihre Oliven bringen – ist aber 100 % pur Rhodos. Der Säuregehalt liegt bei 0,5 bis 0,7 mg/kg, also im Bereich »natives Olivenöl Extra«, die beste Sorte. Da die Produktion nicht in den Händen einiger großer Firmen ist, gibt es auch keinen Anlass, Ölpanscherei, wie sie in Italien bekannt wurde, zu befürchten.

Am Finanztropf Europas?
Griechenland und die Brüsseler Politik

Dass Griechenland seine Wirtschaft schon immer nur mit enormen Transferzahlungen aus den EU-Töpfen stützen konnte, war Insidern eigentlich bereits vor den ›Rettungsschirmen‹ seit dem Jahr 2010 klar. Nicht nur die Strukturbeihilfen von fast 10 Mrd. € pro Jahr, auch die in den griechischen Haushalt gepumpten Staatsanleihen kamen zu größten Teilen aus Europa.

Das Problem begann auch keinesfalls erst mit dem Beitritt Griechenlands zur Eurozone im Jahr 2001. Bereits Anfang der 1990er-Jahre war das Land für die EU Sorgenkind und Prügelknabe zugleich. Für Brüssel hatte sich das 10-Millionen-Volk seit dem EU-Beitritt finanziell als ein Fass ohne Boden erwiesen. Zwischen 1980 und 1993 kassierte das Land Netto-Einnahmen von 16 Mrd. €

aus den verschiedenen Strukturhilfefonds, doch das Geld versickerte im Dickicht dunkler Kanäle von Ämterpatronage und bürokratischer Unfähigkeit. Das Land hielt sich als Schlusslicht in Europa und wurde in kurzer Zeit sogar von Portugal überholt.

Tricksen für Wohlstand

Nach 1996 griff Ministerpräsident Simitis, vom Internationalen Währungsfonds unter Druck gesetzt, in die Trickkiste: Mit einigen Sparreformen und einem sehr halbherzigen Subventionsabbau besänftigte er den Internationalen Währungsfond – und hinter den Kulissen ließ er die griechische Zentralbank mit gerissenen Buchungstricks die Zahlen frisieren. Schon damals lag die Quote der Staatsverschuldung bei ungeheuerlichen 110 % des Bruttoinlandprodukts – das Land hatte also mehr Schulden, als alle Griechen in einem Jahr an Werten erzeugten. Doch bei scheinbar verbesserten sonstigen Strukturdaten und einer Wachstumsrate von fast 4 % ließen sich die EU-Regierungschefs nicht lange bitten und beglückten auch Griechenland mit dem Euro. Pikanterweise war der Bruder von Ministerpräsident Simitis, Spíro Simitis, damals gerade Datenschutzbeauftragter in Hessen, eingesetzt noch von Hans Eichel – und der war als Finanzminister auf deutscher Seite für die Euro-Einführung zuständig und gut mit beiden Simitis-Brüdern befreundet.

suchen. Der Staat, das waren die anderen, die Muslime, die Christen mussten zusammenhalten. Ja, sogar ganz offiziell bildeten sie einen Staat im Staat, *millet* genannt und geführt von den Bischöfen. Da versucht man eben, mit allen Mitteln zu tricksen, spuckt sich gegenseitig nicht in die Suppe – und zahlt freiwillig möglichst gar nichts.

Und das im Kleinen wie im Großen: Da kassiert die Strandkneipe 8 € für zwei Sonnenliegen und gibt keine Kassenbons raus; am Jahresende hat man nur 9000 € verdient und zahlt keine Steuern. Da lassen Ärzte die Swimmingpools ihrer Villen (dafür wäre eine Luxussteuer fällig) mit Spezialfolien überdecken und melden auch die 5-Millionen-Euro-Jacht im Hafen nicht an (spart wieder eine Luxussteuer); am Jahresende deklarieren sie 13 000 € Verdienst und zahlen auch keine Steuern. Auf 30 Mrd. € Verlust durch Steuerhinterziehung schätzt man den Schaden für die griechische Volkswirtschaft, auf 36 Mrd. € sogar die Höhe der nicht gezahlten Steuerschulden. Der Staat bekommt das Problem nicht in den Griff, weil niemand, auch kein Beamter, den Armen oder den Reichen schaden möchte.

Korruption und Nepotismus

Das ist ein schönes Beispiel für das, was man seit dem 19. Jh. schon als ›griechische Malaise‹ beschrieben hat. Beziehungen und Freundschaften sind Schmierstoffe für die eigene Karriere; man lässt die Reichen und Mächtigen gewähren, um auf ihre Hilfe hoffen zu können; Wahlstimmen werden in diesem System ebenso ›verkauft‹ wie Ämter, Jobs oder Genehmigungen. Die Ursprünge für dieses System – in Griechenland sagt man *rousféti*, Patronage – sind wohl im Osmanischen Reich zu

Man möchte sagen, dass die Griechen, besser viele Griechen, noch nicht in der modernen Welt angekommen sind. Könnte aber auch sein, dass sie eine vorteilhaftere Umgehensweise mit einem globalisierten Finanzsystem haben, in dem binnen eines Jahres allein in Deutschland 120 000 000 000 € auf wundersame Weise einfach verschwinden.

Griechischer Ausverkauf

Die aktuelle Krise kann man wohl auch nur verstehen, wenn man etwas weiter zurückblickt. Denn letztlich ist die Wirtschaft Griechenlands schon durch den EU-Beitritt 1980 ruiniert worden. Das Land erlebte einen fulminanten Modernisierungsschub, durch den seine Märkte für ausländische Produkte geöffnet wurden. Zuerst eroberte ›Westware‹ den Zigarettenmarkt, dann brach der einheimische Biermarkt ein. 1987 meldete Fix, die letzte der traditionsreichen Bierbrauereien, die noch auf die Bayern im Gefolge des ersten Königs Otto zurückgingen, Konkurs an. Die wenigen leistungsfähigen Firmen wurden von ausländischen Investoren aufgekauft (z. B. die Metaxa-Werke, die inzwischen in der Hand der französischen Gruppe Rémy Cointreau sind).

Zum Schluss blieb nicht einmal der Nahrungsmittelsektor verschont. Unglaublich, aber wahr: Das Agrarland Griechenland führt billig holländische Tomaten, französisches Maisöl und dänischen ›Schafskäse‹ aus Kuhmilch ein, die eigenen Produkte werden teuer in Europa verkauft. Im Gegenzug kam ausländisches Kapital in gewaltigem Umfang ins Land, um Luxushotels zu bauen; große Flächen wurden mit Ferienvillen ins Ausland verkauft.

Export statt Selbstversorgung, Auslandsinvestition statt nachhaltigem Wachstum – letztlich hat dieses Standardrezept der EU Hellas an den Tropf der Finanzhilfen gebracht. Und da soll sich keiner wundern, wenn die Griechen nehmen, was sie kriegen können.

Rhodos und die griechische Krise

Viele Rhodos-Urlauber meckern auf Bewertungsportalen und in Leserbriefen über die teilweise völlig überzogenen Preise vor allem in den ›schönen‹ Lokalen. Nun muss man zugeben, dass die Logik der Griechen durchaus nachvollziehbar ist: Wenn die Urlauber extra nach Rhodos ans Meer, in die Sonne, an die schönen Strände, zu den zauberhaften historischen Bauten fahren, dann darf ein Aperol Spritz auch durchaus teurer sein als auf der Düsseldorfer Kö, denn sonst könnten die Leute ja auch dort bleiben. Leider können die Preise 2016 noch höher liegen, denn seit Oktober 2015 hat Rhodos seine Vergünstigung einer abgesenkten Mehrwertsteuer verloren. 11 % zusätzlich werden jetzt vom Staat abgeschöpft. Dies war eine der Auflagen des dritten ›Rettungspakets‹, das in Hellas Memorandum heißt. Erstmalig treffen diese von der Troika erzwungenen Maßnahmen nun den Tourismus, den wichtigsten Wirtschaftszweig des Landes. Nachdem die vorherigen Maßnahmen schon zu einem Einbruch der Wirtschaftsleistung um 30 % seit 2009 geführt haben, könnte das Desaster nun noch größer werden. Die umstrittenen volkswirtschaftlichen Maßnahmen, die die EU Hellas aufzwingt, wird aber vor allem die bislang noch günstigen ländlichen Wirte treffen, die bislang äußerst knapp kalkuliert haben und vielfach Produkte aus eigenem Anbau servieren.

Echt und ursprünglich – das orthodoxe Christentum

Die Orthodoxie repräsentiert in einer streng konservativen Form das frühe Christentum der spätantiken ökumenischen Konzilien. Die westlichen (lateinischen) Kirchen sind in ihren Augen häretische Abweichler vom wahren Glauben – Ketzer also.

Dabei beruft sich die orthodoxe Kirche auf das Zweite Nikäische Konzil aus dem Jahr 787, als die Bischöfe der gesamten Christenheit das letzte Mal versammelt waren. Ihr gilt alles, was danach im Westen an Glaubensneuerungen verkündet wurde, als ungültig. Politische Differenzen und der Filioque-Streit (die Frage, ob der Hl. Geist nur von Gott oder auch von Christus ausgeht) führten 1054 zur offenen Kirchenspaltung, dem ›Schisma‹. Diese ist bis heute nicht überwunden; eine Chance dafür bestünde

wohl auch erst, wenn der Unfehlbarkeitsanspruch des lateinischen Papstes revidiert würde.

Was ist anders

Orthodoxe Christen erkennen weder die Führungsrolle des Papstes an, noch intellektuelle Zumutungen wie die unbefleckte Empfängnis, die Himmelfahrt, das Priesterzölibat oder das Fegefeuer. Das Abendmahl wird in beiderlei Gestalt (Brot und Wein als Leib und Blut Christi) gespendet, die Taufe durch dreimaliges vollständiges Untertauchen vollzogen.

Der wesentlichste Unterschied jedoch ist das Fehlen eschatologischer Vorstellungen: Statt eine Heilserlösung am Ende der Geschichte zu erhoffen, feiert der orthodoxe Christ in der Litur-

folgt, teilweise mit blutigen Massakern. Erst 843 wurde der Bilderstreit zugunsten der Ikonenverehrung beendet und zugleich die radikal ikonoklastische Sekte der Paulikinaer vernichtet.

Die Ikone bzw. die Ausmalung von Kirchen wird bis heute nicht als ›Kunst‹ verstanden, sondern als Vergegenwärtigung einer ewigen Wahrheit – und folgt daher festen Darstellungsregeln. So lässt sich kein Unterschied ausmachen, ob eine Kirchenausmalung Hunderte von Jahren alt ist oder neueren Datums wie in der Kirche Ágios Nektários im Wald bei Kolýmbia (s. S. 230).

gie die Vergöttlichung der Welt, aufgrund der er in mystischer Weise Gott schauen und erkennen kann.

Die Orthodoxie ist daher nicht rational, aber auch nicht gewalttätig. Kreuzzüge und Mission sind ihr fremd, sie bietet nur eine Chance für das Mysterium der Erlösung.

Geheimnis der Ikonen

Als Ikonen bezeichet man die heiligen Bilder der orthodoxen Kirchen. Sie stellen geheiligte Personen oder biblische Szenen dar, und das in einer festen, seit über 1000 Jahren überlieferten Weise. Diese Bilder werden in den Kirchen und auch im Alltag intensiv verehrt, sollen sie doch die Gegenwart des Göttlichen in der Welt darstellen.

Um die Frage, ob die Ikone eine spirituelle Qualität habe und daher verehrt werden dürfe, tobte im 8. Jh. eine erbitterte Auseinandersetzung. Unter Hinweis auf das Bilderverbot des Alten Testaments verbot das 5. Konzil von Konstantinopel 754 die Bilderverehrung als Götzendienst. Das führte zum sogenannte Ikonoklasmus, der systematischen Zerstörung aller bildlichen Darstellungen in Kirchen und Klöstern. Auch die Bilderverehrer wurden ver-

Liturgie und Feste

Das wichtigste Fest der Orthodoxie ist das Osterfest (s. S. 37) als Fest der Auferstehung. Da der Termin nach dem antiken Julianischen Kalender berechnet wird, liegt es mitunter bis zu fünf Wochen nach dem westlichen Osterfest. Nachgeordnet folgen gleichrangig die Feiern des Zwölf-Feste-Zyklus, der von Mariä Geburt (Génesis tis Theotokoú, 8. Sept.) über z.B. Weihnachten, Taufe Christi und Pfingsten bis zu Mariä Entschlafung (Kímisis tis Theotokoú, 15. Aug.) reicht.

Die Liturgie der Messfeiern ist geprägt von lang dauernden Gesängen, Vorlesungen sowie Gebeten und geht bis ins 4. Jh. zurück. An hohen Feiertagen wird die sogenannte. Basilius-Liturgie über zweieinhalb, an Ostern die Göttliche Liturgie über fünf Stunden gefeiert, sonst begnügt man sich mit der Chrysostomos-Liturgie über eineinhalb Stunden. Auch der Gesang gilt als Gebet, daher gibt es keine Instrumentalmusik in der orthodoxen Kirche, denn Dinge können nicht beten.

Große Kirche im Bergdorf Siána

Die Ikone von Moní Skiádi

Jedes Jahr zu Beginn der Fastenzeit geht eine rhodische Marienikone auf Reisen: das uralte, heilige Bild der Gottesmutter von Moní Skiádi, einem Kloster in der Macchia-Einsamkeit des südlichen Rhodos. Die Gläubigen sind davon überzeugt, dass der Evangelist Lukas diese Ikone eigenhändig und mit Einwilligung Mariens malte.

Mehr noch – sie gilt wie viele andere Ikonen in der so wenig rationellen Welt der Orthodoxie auch als eine der drei Lukas-Ikonen, für die die Engel selbst ihm das Holz brachten. Drei Eremiten fanden die Ikone einst – wahrscheinlich im 9. oder 10. Jh. – an der Küste von Rhodos, nachdem sie mehrere Nächte lang von Ferne einen eigenartigen Lichtschein am Ufersaum gesehen hatten.

Sie nahmen sie mit in ihre Einsiedelei, doch die Ikone verschwand auf wundersame Weise wieder. Die frommen Männer machten sich auf die Suche und fanden sie dort wieder, wo heute das Kloster Skiádi in der Macchia-Einsamkeit des südlichen Rhodos steht.

Der größte Teil des Klosters entstand zwar erst 1861, doch der Altarraum ist deutlich älter und geht auf eine Kreuzkuppelkirche aus dem 13. Jh. zurück.

Maria unterwegs

Seit wann die Marienikone von Skiádi alljährlich in der Fasten- und Osterzeit auf Reisen geht, weiß niemand zu sagen – es dürfte sich aber um eine sehr alte Tradition handeln. Ihr erstes

Ziel ist die kleine Nachbarinsel Chálki. Die Insulaner holen sie in der ersten Fastenwoche ab und dürfen sie bis Gründonnerstag behalten. Am nächsten Tag bringen sie sie ins Kloster zurück, wo sie am darauffolgenden Lazarus-Samstag von Priestern und Gläubigen aus Monólithos abgeholt wird. Jetzt wechselt sie fast jeden Tag den Ort, wird über Émbona und Ágios Isídoros weitergereicht nach Ístrio, Arnítha und Apolakkiá. Am Karsamstag kehrt sie kurz ins Kloster Skiádi zurück, verbringt aber schon die Nacht zum Ostersonntag in Kattaviá. Nach Ostern gelangt sie schließlich noch nach Váti, Asklipío, Lachaniá und Mesanagrós, wo sie rechtzeitig zum Panigíri des Dorfes am Thomas-Sonntag eintrifft. Am Montag nach dem Ostermontag endet ihre Reise schließlich wieder im Kloster Skiádi.

Gottesdienste finden selbstredend in jedem Dorf statt, wenn die Marienikone anwesend ist. In vielen Dörfern wird sie in einer Prozession von Haus zu Haus und zum Friedhof getragen. In manchen Dörfern übernachtet sie in der Kirche, in anderen wird das Recht, sie unter dem eigenen Dach aufnehmen zu dürfen, an den Meistbietenden versteigert.

Das große Fest

Ein besonders großes Fest zu Ehren der Gottesmutter von Skiádi wird am Thomas-Sonntag und dem Montag danach am kleinen Kirchlein Ágios Thomás unterhalb der Straße von Lachaniá nach Mesanagrós begangen. Die winzige Kapelle mit Freskenresten aus dem 14. oder 15. Jh. steht in einem schattigen Zypressenwald. Unter den Bäumen sind Bänke und Tische aufgestellt, aus einem Brunnen sprudelt glasklares Wasser. Zicklein und Lämmer werden gegrillt, Musik spielt auf. Auf dem kreisrunden, mit weißen Kringeln bemalten Vorplatz der Kapelle wird an beiden Tagen bis weit nach Mitternacht getanzt.

Man hat ja allen Grund zur Freude: Aus der geistigen Anwesenheit der Gottesmutter, die die Ikone garantiert, schöpft man Vertrauen in das kommende Jahr. Und sollte doch etwas schiefgehen, kann man immer noch zu Maria ins Kloster pilgern und sich von ihr ein Wunder erhoffen. Schließlich hat man durch die Gastfreundschaft, die man der Ikone erwies, ja ein persönliches Verhältnis zu ihr geschaffen, das im sozialen System Griechenlands viele Parallelen hat – Freunde helfen einander, Beziehungen sind alles.

Klaus Bötig

Die Ikone der Panagía Skiádi

Das heilige Bild ist fast völlig von einem Oklad, einer Platte aus getriebenem, teilweise vergoldetem Silber bedeckt, das im Relief die Zeichnung des darunterliegenden Bildes wiedergibt. Nur die Gesichter von Maria und dem Christuskind blieben frei – sie sind vom Ruß der Jahrhunderte schon ganz geschwärzt. An der rechten Wange von Maria erkennt man aber einen Ritz – wie eine Wunde. Dieser soll entstanden sein, als ein türkischer Polizeioffizier die Wundertätigkeit der Ikone anzweifelte und mit seinem Schwert hineinstach. Der Offizier soll daraufhin schwer krank geworden sein und erst wieder genesen, als er zum Christentum konvertierte und die Ikone um Vergebung anflehte.

Mehr als nur Sirtáki – griechische Tänze und Musik

Wer denkt beim Thema griechischer Musik nicht an den Sirtáki und Alexis Zorbas? Doch tatsächlich soll es über 150 regional verschiedene Tänze geben. Obwohl fast alle Griechen noch die alten Tänze beherrschen, umfasst das Spektrum griechischer Musik heute auch internationale Strömungen von Dance-Pop bis Rap.

Griechischer Tanz

Bei allen ›Griechischen Nächten‹ in den Hotels ist der Part, wo man den Sirtáki mittanzen kann, der Höhepunkt der Show. Doch der Sirtáki ist nur eine Illusion der Traumfabrik Hollywood: Den Namen ›kleiner Sirtos‹ hat er vom *Sírtos*, dem nationalgriechischen Reigentanz, die Schritte vom *Chassápikos*, dem ›Metzgertanz‹ aus Kleinasien, und die Musik entstammt dem *Rembétes*-Milieu des Athener Subproletariats der 1920er-Jahre. Dieses Kunstprodukt, für Anthony Quinn zurechtgeschnidert von Mikis Theodorakis, ist seit der Uraufführung des Alexis Zorbas 1964 zum griechischen Tanz schlechthin geworden. Zwar lernen alle griechischen Kinder in der Schule ihre regionalen Volkstänze, doch wird der Sirtáki heute auch von den Griechen als Nationaltanz begriffen und auf Festen und bei Hochzeiten getanzt.

Ein bekannter traditioneller Tanz ist der *Kalamatianós,* ein Reihentanz im 7/8-Takt, der ursprünglich vom Peloponnes stammt. Die Tänzer fassen sich an den Schultern und bewegen sich in langer, an einer Seite geöffneter Reihe im Kreis. Schon der Grundschritt mit den typischen überkreuzten Schritten ist ziemlich kompliziert. Nach jeder

Runde löst sich der äußere Tänzer aus der Reihe, tanzt je nach Können ein längeres Solo und fügt sich auf der anderen Seite wieder in die Kette ein.

Ähnlich sind die typischen Tänze von Rhodos, die ebenfalls nur von Laute und der stets etwas klagenden Lyra begleitet werden. Dazu zählen der *Rodítikos Pidichtós,* ursprünglich aus Kreta stammend, der *Toúrtsikos* (›Türkentanz‹), der Hochzeitstanz *Spervéri* und der *Soústa,* auch *Stavratós* genannt, weil die Tänzer in der Reihe sich mit den gekreuzten Armen halten.

Volksmusik

Wie die Religion hat auch die griechische Volksmusik eine stark nationalistische Komponente und ist daher in der modernen Kultur überaus prä-

sent. Auch bei der Jugend behauptet sie gegenüber US-amerikanischer Popmusik das Feld unangefochten. Bei Festen tanzen Jung und Alt gemeinsam, während die privaten Radiosender hauptsächlich griechische Musik spielen.

Die wichtigsten Instrumente der Volkslieder *(laikó tragoúdia)* sind die

> **Tänze auf Rhodos**
> Eine gute Gelegenheit, alte Tänze von den Dodekanes-Inseln zu sehen, bietet Anfang Juli das Festival Kremastis mit Vorführungen im Kloster **Moní Agios Soúlas**. An einem Sonntag Ende Juli gibt es eine weitere Gelegenheit beim Fest des **Klosters Kimissiéos Agiás Annís** bei Kalavárda.

73

bouzouki, eine Langhalslaute mit drei Doppelsaiten, und die *sandouri*, eine Art Hackbrett. In der traditionellen Musik spielen noch die *lyra,* die auf den Knien wie eine Geige gestrichen wird, und die *daouli,* eine große Basstrommel, eine Rolle. Dazu kommen heute natürlich auch Gitarren, Keyboard und Schlagzeug.

Die volkstümliche Musik hat ihre Wurzeln in der Antike und der byzantinischen Kultur. Man kann sie in drei Bereiche gliedern. Erstens die alten Volksweisen wie die Hirtenlieder oder die Stegreifdichtung der Mantinades.

Zum zweiten die Schlagermusik, die zum Teil auf Elementen des Rebétiko beruht, der Musik der entwurzelten Flüchtlinge aus Kleinasien seit 1923. Gassenhauer wie »O Dromos« von Manos Loizos, »Frangosyriani« von Syros Vamvakaris, »Stalia Stalia« von Giorgos Zambetas oder das unvermeidliche »Pou Nai Ta Xronia« von Stavros Kougoumtzis sind dafür gute Beispiele.

Der dritte Bereich ist die moderne Popmusik von heute, wo griechische Texte und Melodien mit den internationalen Musikstilen gemixt werden. Techno, House, HipHop, das alles können die Griechen auch, und sie machen es auch griechisch.

Mal reinhören

Eine besondere Rolle unter den Pop-Größen nimmt Sakis Rouvas (geb. 1972 auf Korfu) ein. In seiner Jugend gehörte er zum Leichtathlethik-Nationalteam, seit 1991 sorgt er mit Pop-Balladen für Hits in Griechenland und Zypern. In Europa kennt man den durchtrainierten Schönling, der es schon auf die Titelseite des griechischen Men's Health geschafft hat, von seinen ESC-Teilnahmen 2004 und 2009. Nach dem Sieg Griechenlands 2005 moderierte er die Show in Athen im nächsten Jahr. Der Einfluss seiner sexualisierten Tanzauftritte der 1990er-Jahre wird gern mit dem von Michael Jackson verglichen. Wichtiger war aber sein Friedenskonzert 1997 in Nicosia (Zypern), das ihm gar Morddrohungen einbrachte. Die damit entfachte gesellschaftliche Kontroverse trug aber zur Entspannung des griechisch-türkischen Verhältnisses zwei Jahre später bei.

Die 1957 auf Zypern geborene Ana Vissi gilt als erfolgreichste griechische Sängerin nach Haris Alexiou. Das Fitnesswunder – vergleichbar mit Madonna – nahm dreimal am ESC teil (seit 1980) und hatte großen Anteil an der Einführung westlicher Pop-Elemente in die griechische Laiko-Musik.

Der erfolgreichste griechische Sänger aller Zeiten aber ist George (Yorgos) Dalaras (geb. 1949 in Pireas), der seit 1969 die Musikszene mit mehr als 1 Mio. verkauften Alben beherrscht. Als Sohn eines Rembétiko-Sängers hatte er einigen Anteil an der Wiederbelebung des Genres in den 1980er-Jahren.

CD-Tipps
Traditionelle Musik, teils Rembetiko, teils Regionalmusik, präsentiert die CD »Panorama« von Marios & Julie. Einen Überblick über den griechischen Schlager gibt die Doppel-CD »Apo Kardias, Live at Zygos« von George (Yorgos) Dalaras, der seit den 1970er-Jahren zu den bekanntesten griechischen Sängern zählt. Beide Platten sind bei Amazon erhältlich. Auf Rhodos wird man bei Manuel's Music Center in Faliráki (s. S. 174) fündig, wo es auch viele Sampler mit aktuellem Greek Pop gibt.

Das antike Florenz – rhodische Keramik und Skulptur

Die Insel Rhodos war in der Antike nicht nur politisch ein Schwergewicht, sondern auch künstlerisch. Neben einer kunsthistorisch bedeutenden Keramikproduktion brachte Rhodos vor allem fantastische Statuen hervor.

Rhodische Keramik

Die rhodische Keramik, heute ein beliebtes, wenn auch nicht immer stilechtes Souvenir, soll schon durch die Phöniker auf die Insel gebracht worden sein. Eine erste Blüte, von der zahlreiche Vasen aus Grabhöhlen bei Triánda und Exóchi (nahe Lárdos) geborgen werden konnten, erlebte die Keramikproduktion in der mykenischen Epoche (1450–1200 v. Chr.). Im Archäologischen Museum sind schöne Henkelkannen zu sehen, oft mit stilisierten Meerestieren wie dem Oktopus geschmückt.

Nach den *dark ages,* den dunklen Jahrhunderten, die dem Ende der mykenischen Kultur folgten, gewann die rhodische Keramik wieder in der geometrischen Epoche im 9./8. Jh. v. Chr. an Bedeutung. Es herrschten Verzierungen mit rechtwinkligen Mäanderbändern vor, die schon früher als im übrigen Hellas von Tier- und auch Menschendarstellungen des orientalisierenden Stils aufgelockert wurden.

Im 7. Jh. brachte der Handel mit den orientalischen Hochkulturen auch künstlerische Einflüsse nach Rhodos. Hier entwickelte sich eine eigenständige Form des orientalisierenden Stils, der durch die Motivfülle der phönikischen und ägyptischen Kunst beeinflusst ist. Vom 7. bis 6. Jh. v. Chr.

tauchen Tiermotive auf, häufig Steinböcke und Damhirsche.

Nachdem der orientalisierende Stil in der Fikellura-Phase mit vorherrschenden Palmetten- und Lotusmotiven ausklang, büßte Rhodos seine künstlerische Sonderstellung ein. Seit dem 5. Jh. wurde schwarz- und rotfigurige Keramik aus Attika nach Rhodos exportiert und kopiert.

Die Laokoon-Gruppe

Während der hellenistischen Epoche, als der künstlerische Horizont der Griechen sich durch die Eroberungen Alexanders des Großen erweiterte und das erbliche Königtum der Diadochen die Stadtstaaterei ablöste, blieb Rhodos der einzige griechische Freistaat. Im 3. Jh. v. Chr. beherrschten Rhodier den gesamten Handel im östlichen Mittelmeer. Rhodos brachte nicht nur eine eigene Bildhauerschule hervor, sondern auch führende Wissenschaftler und Philosophen.

Der Rhodier Deinokrates wurde Architekt Alexanders (sein Plan, den Athos-Berg als gigantische Alexanderbüste zu modellieren, scheiterte jedoch). Der Rhodier Chares, ein Schüler des Lysippos, des Michelangelo dieser Zeit, entwarf die riesige Helios-Statue, den ›Koloss‹ (s. S. 77). Rhodische Bildhauer schufen monumentale Statuengruppen, in denen die realistische Darstellung zu einer geradezu fiktionalen Abbildungsschärfe übersteigert wird: Die »Nike von Samothrake« (heute im Louvre), der »Farnesische Stier« (Neapel) und die »Laokoon-Gruppe« (Vatikan) überschreiten in ihrer fantasmagorischen Dramatik die Realität.

Die »Laokoon-Gruppe«, deren Original 1506 im Palast Neros in Rom wiederentdeckt wurde, ist im Großmeisterpalast von Rhodos-Stadt als Kopie zu sehen. Ihre Schöpfer waren die Rhodier Hagesandros, Polydoros, Athanodoros. Dargestellt wird der Tod des Laokoon und seiner Söhne. Laokoon, Apollonpriester in Troia, warnt die Troianer davor, das hölzerne Pferd des Odysseus in die Stadt zu holen. Athena, die auf Seiten der Griechen steht, lässt ihn daraufhin durch Schlangen töten: eine Szene menschlicher Ohnmacht, die hier in fast voyeuristischer Art präsentiert wird.

Das 1. Jh. v. Chr., in dem diese Statue entstand, kann auch als das ›römische‹ der rhodischen Geschichte gelten. Cicero, Pompeius, Caesar und der spätere Kaiser Tiberius wählen Rhodos wie viele andere vornehme Römer als Urlaubsziel und besuchen die rhetorische Universität. 3000 Statuen sollen die Stadt damals verschönert haben. Geblieben ist von dieser Pracht nichts. Erst Cassius (s. S. 51) ließ die schönsten Stücke nach Rom schaffen, dann raffte Konstantin der Große den Rest zusammen, darunter die altehrwürdige Athena-Statue aus Líndos, um damit seine neue Hauptstadt Konstantinopel zu schmücken.

Ein Weltwunder der Antike – der Koloss von Rhodos

In der von Antipatros von Sidon (2. Jh. v. Chr.) überlieferten Aufzählung der sieben Weltwunder war neben bis heute unvergänglichen Monumenten wie den Pyramiden auch ein Wunderwerk verzeichnet, das es schon damals gar nicht mehr gab – die Riesenstatue des Gottes Helios auf Rhodos.

Dieses Meisterstück der antiken Bildhauerkunst, die größte Bronzestatue des Altertums, stand kaum mehr als 60 Jahre lang aufrecht, scheint aber eindrucksvoll genug gewesen zu sein, den Dichter selbst vom Hörensagen zu fesseln. Es war ein Siegesmal, mit dem die freie Republik Rhodos ihren erfolgreichen Kampf gegen den Makedonen Demetrios feierte, dem die Zeitgenossen den Beinamen Poliorketes gaben: ›Städtebelagerer‹.

Man schrieb das Jahr 305 v. Chr. Alexander der Große war vor 18 Jahren gestorben, seine Nachfolger, die Diadochen, kämpften um das Erbe. Antigonos Monophtalmos, der älteste General Alexanders, herrschte als König in Kleinasien, Ptolemaios in Ägypten. So war es unvermeidlich, dass die Rhodier, deren wichtigster Handelspartner Ägypten war, zwischen die Fronten gerieten. Ihr oberster Grundsatz hieß Neutralität, beharrlich lehnten sie es ab, Antigonos gegen Ptolemaios zu unterstützen. Schließlich erschien des Antigonos Sohn Demetrios mit 370 Schiffen vor Rhodos.

Es wurde ein spektakulärer Kampf, eine Belagerung, bei der überlegene Technik gegen Überlebenswillen und List schließlich den Kürzeren zog. Demetrios ließ eine gigantische Maschine bauen, Helepolis, ›Städtebezwingerin‹, genannt. Das Ungetüm maß 22 m im Quadrat und war 9 Stockwerke (über 30 m) hoch. Dieser ›Koloss‹ mit Katapulten, Zugbrücken und Schießscharten, durch ein Bewässerungssystem gegen Brandpfeile geschützt, benötigte 3400 Mann Besatzung. Es besaß einen 55 m langen Rammbock, der von allein 1000 Mann bedient werden musste.

Als das Ungeheuer vorrückte, begriffen die Rhodier, dass dies das Ende wäre, wenn … ja, wenn ihr Stadtbaumeister Diognetes nicht die ebenso einfache wie geniale Idee gehabt hätte, das gesamte Kloakensystem der Stadt umzuleiten, genau in den Weg des Ungetüms. Der Angriff scheiterte also, drastisch gesagt, in der Scheiße, Demetrios musste Rhodos seine Neutralität lassen und zog unverrichteter Dinge wieder ab.

Die Rhodier hingegen beschlossen, aus Anlass dieses Sieges eine Statue zu errichten, die dem Koloss, den sie bezwangen, ebenbürtig war. Bei Chares von Líndos, Schüler des berühmten Bildhauers Lysipp, gaben sie eine gewaltige Bronzestatue zu Ehren ihres obersten Stadtgottes Helios in Auftrag. Der Bau dauerte 12 Jahre (bis 292 v. Chr.) und verschlang 300 Talente, umgerechnet etwa 600 000 Euro. 36 m soll das Werk hoch gewesen sein (zum Vergleich: die Freiheitsstatue in New York misst 41 m). Der Koloss stand jedoch nur wenig länger als zwei Generationen. Schon 227 v. Chr. (oder 226) wurde er durch ein Erdbeben umgestürzt. Als die Rhodier planten, ihn wieder aufzubauen, hinderte sie der Spruch des Orakels zu Delphi: »Was gut ruht, soll man nicht bewegen.« So geschah es, die Trümmer blieben liegen und konnten daher von Plinius beschrieben werden: die Finger von der Größe mannshoher Statuen, die Daumen, die kaum ein Mann allein umfassen konn-

te. Noch einmal Jahrhunderte später, während der Eroberung von Rhodos durch die Araber im Jahre 654, kaufte ein syrischer Jude den Metallschrott und ließ ihn auf 900 Kamelen abtransportieren und einschmelzen.

Wie der Koloss tatsächlich ausgesehen und wo er gestanden hat, ist nicht überliefert. So wie ihn der Wiener Hofarchitekt Fischer von Erlach 1721 in seiner Kupferstichsammlung dargestellt hat, breitbeinig über der Hafeneinfahrt, mit einer Fackel in der hoch erhobenen Rechten, sah die Statue bestimmt nicht aus. Eine solche Konstruktion wäre viel zu instabil gewesen. Die Forscher gehen daher von einer dritten Stütze aus, wahrscheinlich ein Umhang, der über den Arm fallend bis zur Erde reichte. Ein später Besucher der Trümmer, der frühbyzantinische Geschichtsschreiber Philon, berichtete von Marmorblöcken, die im Inneren der Figur für Stabilität sorgten. Diese Blöcke werden aber nur bis zu den Knien gereicht haben, darüber dürfte sich ein Eisengerüst erhoben haben, an dem die Bronzeplatten befestigt waren. Tatsächlich soll der Koloss beim Einsturz an den Knien abgeknickt sein – nicht an den Knöcheln, der eigentlich instabilsten Stelle.

Wo stand der Koloss?

Als Standort wurde der Mandráki-Hafen lange angezweifelt. Neuere archäologische Untersuchungen am Außenkai des Nikolaus-Forts (Ágios Nikólaos-Kastell) haben jetzt aber hellenistische Baureste nachgewiesen, die für den Unterbau des Kolosses gehalten werden. Die Position an der Hafeneinfahrt dürfte also eine Funktion als Leuchtturm untermauern.

Der Ritterorden des hl. Johannes

Der Ritterorden, der das Gesicht und die Geschichte von Rhodos nachhaltig beeinflusste, ging nach dem ersten Kreuzzug aus einer Krankenpflegebruderschaft in Jerusalem hervor. Der ›Orden vom Hospital des hl. Johannes zu Jerusalem‹ herrschte zwar nur zwei Jahrhunderte, von 1309 bis Neujahr 1523, auf der Insel, doch sind seine Festungsbauten, meist am Ende des 15. Jh. errichtet, die beeindruckendsten Attraktionen von Rhodos.

Die Gründungszeit

Nach der Eroberung Jerusalems während des Ersten Kreuzzugs und der Errichtung eines christlichen Königreichs in Palästina schwoll der Strom der Pilger zu den heiligen Stätten an, die häufig Strapazen und Kosten unterschätzten. Um kranken oder in Not geratenen Pilgern zu helfen, gründete der französische Benediktinermönch Gérard ein Hospiz nahe der Grabeskirche, das Johannes dem Täufer geweiht wurde. Dieses Hospital übernahm rasch auch organisatorische Aufgaben – als eine Art mittelalterliche Touristeninformation.

Erst unter dem zweiten Ordensmeister, dem Franzosen Raymond du Puy (1120–1160), engagierten sich die Hospitaller, wie sie damals genannt wurden, auch im militärischen Kampf gegen die ›Ungläubigen‹. Spätestens jetzt wird der Orden auch eigene Schiffe ausgerüstet haben, die Pilger und Nachschub für die Stützpunkte in ›Outremer‹ überschifften. Der Orden baute Dependencen in allen wichtigen Mittelmeerhäfen auf, warb um Kundschaft, stelle Bürgen – und übernahm dann sogar Kreditorenfunktionen zur Finanzierung des Aufenthalts der Pilger.

Doch offiziell machte erst eine päpstliche Bulle des Jahres 1154 aus der Bruderschaft einen Ritterorden mit verbindlichem Gelübde. Im Verlauf des 13. Jh. wandelten sich die Hospitaller in einen adeligen Kampforden. Immer mehr verarmte Landadelige, Zweitgeborene oder illegitime Söhne strömten ihm zu, Ritter, die »als Söldner höherer Ordnung eine gesicherte Existenz suchten« (Hans Prutz). Bald besaß der Orden des hl. Johannes mehr Festungen als alle anderen Ritterorden in den Kreuzfahrerstaaten. Militärisch hingegen gerieten die Christen gegenüber den islamischen Reichen ins Hintertreffen. Ende des 12. Jh. war Jerusalem beim Angriff der Araber unter Saladin gefallen, bis 1275 gingen auch die meisten anderen Festungen in Palästina und Syrien verloren. 1291 eroberten die Mamluken schließlich Akkon, den letzten Stützpunkt der Christen im Heiligen Land; die Johanniter mussten sich auf ihre Stützpunkte auf Zypern zurückziehen, wo sie unter den fränkischen Königen größere Kommenden (Landwirtschaftsgüter) besaßen.

Unter päpstlicher Protektion schloss Großmeister Fulques de Villaret (1305–1319) mit dem genuesischen Adeligen Vignolo dei Vignoli, der als Pirat und Sklavenhändler in der Ägäis sein Glück suchte, ein Bündnis zur Eroberung der Insel Rhodos. Diese wurde seit dem Jahr 1300 von dem türkischen Stammesführer Mençe Bey beherrscht, stand offiziell aber noch unter der Lehnsherrschaft des byzantinischen Kaisers. Der Kriegszug gegen die ›schismatischen Griechen‹ (so sagte die päpstliche Rechtfertigung, die den Hospitallern bereits die lehensunab-hängige Herrschaft über die Insel zusicherte) begann 1306 mit der Eroberung der Burg Feráklos und endete nach dreijähriger Belagerung mit der Einnahme der befestigten Stadt Rhodos. Die Ritter vom Hospital zu Jerusalem konnten auf ihrer eigenen Insel nun einen souveränen Staat aufbauen, zumal da Vignolo ohne Nachkommen starb und der Orden rasch auch alle näheren Inseln des Dodekanes in seinen Besitz bringen konnte.

Die Struktur

Schon auf Zypern hatte sich der Johanniterorden eine Struktur gegeben, die ihn von den anderen Ritterorden unterschied. Um die Ritter aus den unterschiedlichen Herkunftsländern zu organisieren, entwickelte sich die Struktur der ›Zungen‹ (frz. *langue*). Damit sind Sprachgruppen gemeint, die gleichzeitig – zu einer Zeit, als der Begriff Nationalstaat noch nicht existierte – eine Organisationsform darstellten, die die lehnsherrschaftliche Struktur der europäischen Ländereien widerspiegelte.

Dieses Prinzip lässt sich an den französischen Rittern gut verdeutlichen. So gab es seit den Anfängen drei französischsprachige Zungen: die älteste und mächtigste war die Zunge der Provence, denn dort besaß der Orden besonders große Ländereien. Diese Zunge war selbstständig gegenüber der Zunge von Frankreich, weil die Provence damals unabhängig von der französischen (›fränkischen‹) Krone war. Gleiches gilt für die Zunge der Auvergne, die lehensrechtlich zum selbstständigen Fürstentum Aquitanien gehörte. Eine ähnliche Zersplitterung betraf die iberischen Zungen, wo einmal Kastilien und einmal das alte Aragón vertreten war, auch als beide Reiche schon längst vereint waren. Daneben waren Deutsche, Dänen, Böhmen und Polen in der kleinen und wenig bedeutenden Zunge von Deutschland zusammengefasst.

Aber nicht nur politisch, auch militärisch war der Orden streng hierarchisch strukturiert. Oberster Würdenträger war der Magnus Magister (Großmeister), der auf Lebenszeit aus der Kapitelversammlung gewählt wurde. Unter ihm gab es verschiedene Ämter, z. B. den Magnus Comendator (Großkommandant), der für die Finanzen zuständig war. Große Bedeutung hatte auch das Amt des Admiratus, des obersten Flottenkommandanten, das traditionell einem Italiener zustand. Denn besonders seit der Eroberung des Inselstützpunktes Rhodos waren die Ritter auf eine schlagkräftige Galeerenflotte angewiesen, zumal sich der Kampf gegen die ›Ungläubigen‹ mehr und mehr aufs Wasser verlagerte. Oder um es weniger vornehm auszudrücken: Der Orden spezialisierte sich unter dem Deckmantel des Glaubenskrieges auf die Piraterie und lebte nicht schlecht davon.

Die Johanniter auf Rhodos

Gleich nach der Eroberung von Rhodos begann der Ausbau der alten byzantinischen Stadt, von der nach 200 Jahren wechselvoller Kämpfe zwischen Sarazenen und Christen wenig mehr als einige Kirchen erhalten geblieben waren. Die Mauern wurden neu errichtet, der Großmeisterpalast ausgebaut, das Hafenbecken befestigt.

Im Schutz der mächtigen Johanniter-Festung etablierte sich ein großer Markt – ein Warenumschlagsplatz zwischen Italien und den Orientländern.

Wie im Mittelalter: die Ritterstraße in der Altstadt von Rhodos

Genuesische und Florentiner Handelshäuser richteten Niederlassungen ein; im Hafen stapelten sich Holz aus Kleinarmenien, Stoffballen von Seide und Kamelhaar, Zucker aus Zypern, Korallen aus dem Indischen Ozean sowie exotische Gewürze wie Pfeffer und Safran für die Küchen der europäischen Fürsten.

Aber auch ihre eigentliche Bestimmung, die Pflege der Pilger, vernachlässigten die Ritter nicht. Großmeister Roger de Pins ließ schon um 1350 ein großes Krankenhaus, das heutige Alte Hospital, errichten.

Während die ›Rhodiser‹ im 14. Jh. noch etliche Festungen an der kleinasiatischen Seite erwarben (Bodrum, Smyrna), gerieten sie durch das Erstarken der islamischen Reiche der ägyptischen Mamluken in Ägypten und der türkischen Osmanen im 15. Jh. wieder unter Druck. 1441 musste eine große Belagerung der Mamluken abgewehrt werden. Aber erst nach der furchtbaren Belagerung von 1480 begann der fieberhafte Ausbau der Stadt zu dem heutigen Bild. Damals war Sultan Mehmet II., der Eroberer von Konstantinopel, mit 70 000 Männern vergeblich gegen die Mauern angerannt.

Aber es war klar, dass sie wiederkommen würden; der Orden rief sofort die besten Architekten nach Rhodos. Aus den letzten 40 Jahren der Ordensherrschaft stammen daher nahezu alle wichtigen Bauten, die heute erhalten sind. Der tatkräftige Großmeister d'Aubusson organisierte enorme Geldspenden, mit denen nicht nur die Mauern, sondern auch die von der türkischen Artillerie zerschossenen Paläste erneuert wurden.

Dass Rhodos dann doch verloren ging, hing mit den politischen Wirren in Europa zusammen. Als 1520 ein weiterer Angriff drohte, sah Frankreich in den Osmanen bereits einen Verbündeten gegen das Habsburger-Reich Karls V., Italien war durch die Kriegszüge der Franzosen ausgeblutet. Die Ritter standen allein einer türkischen Übermacht gegenüber.

Nach der Belagerung und darauffolgendem Abzug (s. S. 85) erhielt der Orden 1530 die Insel Malta südlich von Sizilien als Lehen. Die Ritter nannten sich fortan nur Malteser – und kämpften weiterhin gegen die Türken und die Korsaren, bis 1798, als Napoleon sie wieder einmal vertrieb. Damals brach der Orden, inzwischen nur noch ein Relikt des Mittelalters, gänzlich zusammen. Erst 1860 kam es auf Veranlassung des Papstes zu einer Wiederbelebung unter der alten Idee der Krankenpflege.

Heute ist es das pflegerische Wirken, das den altehrwürdigen Orden am Leben hält. Der katholische Malteser-Hilfsdienst und die evangelische Johanniter-Unfallhilfe sind die letzten Sprösslinge dieses Kreuzritter-Ordens, der nicht nur auf Rhodos ein bedeutender historischer Faktor war. Die Malteser beanspruchen sogar noch den Status eines unabhängigen Staates: Sie besitzen ein eigenterritoriales Gebiet beim Heiligen Stuhl (Vatikan-Stadt) und werden auch von etwa 30 Regierungen als souverän anerkannt.

Zum Weiterlesen
Eine gute Veröffentlichung über die Ritterzeit auf Rhodos ist im Archäologischen Museum von Rhodos erhältlich: Elias Kollias, »The City of Rhodes«, hrsg. vom griechischen Kulturministerium, 1988. Das Buch enthält auch viele historische Stiche, die Rhodos in türkischer Zeit zeigen.

Ein Kampf mit dem Drachen

Lindwürmer und Drachen – solche Bestien aus den Heldenliedern des Mittelalters hat der aufgeklärte Mensch von heute als Fantasterei abzutun sich angewöhnt. Und doch, ein Körnchen Wahrheit könnte ja dran sein. Einen ›Drachen‹ gab es immerhin, der hauste auf Rhodos und lebte nicht schlecht von Schafen, Hirten und frommen Pilgern, die in der Marienkirche von Filérimos beten wollten.

Die Geschichte trug sich Anfang des 14. Jh. zu, sie gelangte dann durch Jerusalem-Pilger nach Deutschland und wurde schließlich von Friedrich Schiller verewigt.

Was rennt das Volk, was wälzt sich dort
Die langen Gassen brausend fort?
Stürzt Rhodus unter Feuers Flammen?

So hebt die Ballade an. Nein, es ist der Ritter Dieudonné de Gozon, ein junger Novize aus der Provence. Er war aus Abenteuerlust in den Ritterorden eingetreten und hatte auf Rhodos von dem Untier erfahren, das das Landvolk in Furcht und Schrecken versetzte. Ein echter Drachen – und die Chance, ein Held zu werden, wird er sich gedacht haben. Doch seine Bitte, gegen das Mordtier kämpfen zu dürfen, lehnte der strenge Großmeister Foulques de

Grabplatte mit Drachen im Archäologischen Museum von Rhodos

Villaret ab – immerhin hatten schon fünf andere Ritter ihren Mut mit dem Leben büßen müssen.

Dieudonné aber gab keine Ruhe. Er ließ eine Drachenfigur bauen, gegen die er sein Pferd und zwei Kampfdoggen führte, um sie an den furchterregenden Anblick zu gewöhnen.

Lang strecket sich der Hals hervor,
und gräßlich, wie ein Höllenthor,
Eröffnet sich des Rachens Weite

Der Kampf

Nach dreimonatigem Training geht es frischgemut dem Lindwurm entgegen, auch ohne die Zustimmung des Großmeisters. Doch vor dem echten Drachen scheuen Doggen und Pferd, der Ritter stürzt zu Boden – *Schon seh ich seinen Rachen gähnen, / Es haut nach mir mit grimmen Zähnen* – aber der forsche Held kann dem Untier sein Schwert in die Seite bohren: *Hin sinkt es und begräbt im Falle / Mich mit des Leibes Riesenhalle.*

Das Schreckenstier ist tot, das Volk jubelt, der Großmeister aber zürnt ob der Eigenmächtigkeit des Novizen: *Muth zeiget auch der Mameluck, Gehorsam ist des Christen Schmuck.* Erst als Dieudonné den Orden verlassen will, rehabilitiert ihn der Großmeister.

> **Extinctor Draconis**
> Der junge Ritter de Gozon wurde später selbst Großmeister und starb 1353, geehrt mit dem Beinamen ›Extinctor Draconis‹, Drachentöter. Der Kopf des Untiers soll bis zum Untergang des Ritterstaates an einem der Stadttore von Rhodos-Stadt gehangen haben.

Dieudonné de Gozons Karriere war nach diesem Husarenstück fast vorprogrammiert: 1346, gut 30 Jahre später, wurde er selbst zum Großmeister des Ordens gewählt.

Was für ein Tier da auf Rhodos wütete, auch darüber lässt sich etwas erfahren. So heißt es über den Einzug des Drachentöters in der Stadt:

Bringt man geschleppt ein Unge-
heuer,
Ein Drache scheint es von Gestalt,
Mit weitem Krokodilesrachen.

Wie aber kommt ein Krokodil nach Rhodos? Die wahrscheinlichste Lösung ist wohl die, dass ein ägyptisches Mamlukenschiff ein Jungtier aus dem Nildelta entweder als blinden Passagier oder als Maskottchen mitbrachte und, als es immer gefräßiger wurde, vor der Küste von Rhodos ins Wasser warf.

Ungefähr bei Filérimos muss das Tier die Insel erreicht haben und sich dann in eine feucht-kühle Schlucht unterhalb des Klosters zurückgezogen haben. Dort wuchs es weiter, sonnte sich auf den Felsen und griff arglose Passanten und Pilger an:

So hielt er, wie der Höllendrache,
Am Fuß des Gotteshauses Wache,
Und kam der Pilgrim hergewallt
Und lenkte in die Unglücksstraße,
Hervorbrach aus dem Hinterhalt
Der Feind und trug ihn fort zum
Fraße.

Die Darstellung, die der Franzose Rottiers noch im Jahr 1826 auf einem Fresko in einem Ritterpalast sah, beeindruckte ihn vor allem durch die Größe des gefräßigen Reptils. Doch tatsächlich können Nil-Krokodile – gute Ernährung vorausgesetzt – eine Länge von bis zu 6 m erreichen.

Die Belagerung von Rhodos 1522

Als am 13. Juni 1522 ein türkisches Schiff in den Hafen von Rhodos segelte, da wusste jeder in der Stadt, jeder Ritter, jeder Bürger, jedes Kind, dass es nun auf Leben und Tod ging. Das Schiff trug die Flagge des Sultans Süleyman, des gerade 28 Jahre alten Osmanen, der seit zwei Jahren über das größte Reich der alten Welt herrschte.

Die Botschaft, die es überbrachte, lautete kurz und bündig, der Großmeister möge Rhodos dem Sultan übergeben, andernfalls würde die gesamte Einwohnerschaft, ›ob Groß, ob Klein, über die Klinge springen‹. Natürlich schickte Großmeister Philippe Villiers de l'Isle Adam den Emissär mit einer kühlen Antwort wieder zurück, doch realistisch betrachtet war seine Position aussichtslos. Süleymans Vater, Se-

lim der Gestrenge, hatte Syrien, Arabien und Ägypten erobert; ihm selbst war ein Jahr zuvor die Einnahme von Belgrad gelungen. Sein Herrschaftsgebiet reichte jetzt rund um das östliche Mittelmeer – und da störte ihn der Johanniterstaat, der die Schifffahrtslinie zwischen Istanbul und Alexandria gefährdete. Der Angriff auf Rhodos war eine wichtige Etappe seiner Eroberungspläne, die ihn 1529 bis vor Wien und 1534 bis nach Algier führten.

Der Angriff beginnt

Der Orden konnte zur Verteidigung nur etwa 600 Ritter und 4500 griechische und genuesische Söldner aufbringen. Am 24. Juni kreuzte die türkische Armada von etwa 300 Schiffen vor Rhodos auf. Mehr als zwei

Wochen brauchte der Oberbefehlshaber Mustafa Pascha, um seine 140 000 Mann starke Truppe mitsamt der schweren Artillerie auszuladen und in Stellung gehen zu lassen. »Die hand ghan 3 gwaltigy leger und das gschütz an 4 orten«, berichtet der Chronist. Am 12. Juli begann dann die Kanonade, wobei vor allem die schweren Basilisken mit ihren mehr als 100 Pfund schweren Steinkugeln die erst vor einigen Jahren fertiggestellten Bastionen furchtbar erschütterten.

Der Beschuss traf die Stadt von allen Seiten. Erstes Ziel der türkischen Kanoniere war der Turm der Johannes-Kirche, der höchste Beobachtungsposten der Stadt, der am 10. August zusammenstürzte. Als Nächstes ließ der Sultan die Kanonen gegen das Nikolaus-Fort auf der Mühlenmole richten, das den Mandráki-Hafen schützte. Allein bis Ende August verschossen die Türken nach Schätzungen etwa 3000 Steinkugeln und über 7000 eiserne Kugeln. Doch der Sturm auf das strategisch wichtige Hafenfort schlug fehl – so konnten später immer wieder Schiffe den Hafen erreichen.

Sturm auf die Mauern

Am 4. September begannen die Janitscharen einen großen Angriff gegen die englische Bastion. Die Mauern dort waren durch unterirdisch vorgetriebene Stollen schon zur Hälfte eingestürzt. So wäre der Einbruch in die Stadt fast gelungen, doch das Deckungsfeuer von der Koskinoú-Bastion konnte diesen Angriff zurückschlagen. Auch ein Sturm am 9. September scheiterte – insgesamt verloren die Türken bei diesen ersten Angriffen etwa 12 000 Mann, der Orden lediglich 250, darunter acht Ritter.

Nach diesen Misserfolgen änderte Mustafa Pascha, der um seinen Kopf zu fürchten begann, die Taktik und befahl für den 24. September einen Sturm auf alle Bastionen zur gleichen Zeit. Im türkischen Heer wurde die Parole ausgegeben, »Stein und Grund dem Padischa, Blut und Gut den Siegern zur Beute«. Fünf Stunden dauerte das Gemetzel, und an

Das Marine-Tor am Hafen ist eines der mächtigsten der Stadt

den Bastionen der Engländer und der Spanier standen die Türken schon auf den Mauern. Doch mit dem Mut der Verzweiflung konnten die Ritter und 500 kampferprobte Kreter sie wieder abwehren. Diesmal belief sich der Blutzoll der Türken auf 15 000 Mann – und Mustafa Pascha soll sogar überlegt haben, sich vor dem Zorn seines Sultans ins Lager der Feinde zu retten.

Verrat und Verzweiflung

Den ganzen Oktober ging der Artilleriebeschuss weiter, doch konnten die Ritter einen Angriff nach dem nächsten erfolgreich abwehren. Aber auch aus den eigenen Reihen drohte Gefahr. Am 28. Oktober wurde ein Diener gefasst, als er mit einem Pfeil einen Brief zu den Türken schießen wollte. Die Nachricht trug die Handschrift des Ordenskanzlers Andrea d'Amaral, der den Türken gegen Zahlung von 6000 Goldstücken eine Pforte in der Mauer öffnen wollte. Trotz der bedrängten Lage fanden die Ritter Zeit genug, den kastilischen Ritter noch feierlich all seiner Ämter zu entheben, ehe er am 5. November enthauptet, sein Leib gevierteilt und die Stücke in jeder Himmelsrichtung auf die Mauer gespießt wurden.

Als aber am 30. November ein Schiff die Nachricht brachte, vom venezianischen Kreta sei keine weitere Hilfe zu erwarten, verließ die Verteidiger jeder Mut. Wahrscheinlich hat der Sultan von der schlechten Stimmung erfahren, jedenfalls schickte er am 7. Dezember einen Griechen mit einem Friedensangebot vor die Mauern. »Da ward er mit einer kartanen zu stucken geschossen, das man weder brief noch ihn gantz fand«, heißt es lakonisch in den Chroniken.

Doch am 9. Dezember verfassten die rhodischen Bürger eine Bittschrift an den Großmeister, die Lage sei aussichtslos, er möge Verhandlungen aufnehmen. Einen Tag später wurde Waffenruhe vereinbart. Der Sultan nutzte sie dazu, sein Angebot zur ehrenvollen Übergabe der Festung mit Pfeilen in die Stadt zu schießen. Andernfalls, drohte er, würde ›alles, bis zu den Katzen, in Stücke gehauen‹. Doch der Großmeister willigte erst ein, als deutlich wurde, dass die Pulvervorräte aufgebraucht waren und die Stadt noch einen Sturm nicht überstehen könnte.

Am 20. Dezember unterzeichnete de l'Isle Adam die Kapitulation, allerdings zu wirklich guten Bedingungen: freier Abzug, Schutz der Kirchen, keine Plünderung. Zum Abschluss des Kampfes um Rhodos, der mindestens 50 000 Menschenleben gekostet hatte, empfing der Sultan den Großmeister zum Abendessen und tröstete ihn mit dem Satz, es sei das Schicksal der Mächtigen, Völker und Reiche zu gewinnen – oder zu verlieren. Am 1. Januar 1523 verließen die 180 überlebenden Ritter mit etwa 4000 Italienern und Griechen die Stadt. Von einer 215 Jahre währenden Epoche waren nur rauchende Trümmer geblieben.

Wie die Johanniter zu Maltesern wurden
Auch nach dem Abzug ging die Geschichte des Ordens weiter: Unter den Brüdern, die mit dem Leben davonkamen, war auch ein junger Novize namens Jean de la Valette. Er wurde später Großmeister des Ordens und verteidigte 1565 die Insel Malta erfolgreich gegen denselben Mann, der ihm nun freien Abzug gewährt hatte.

Ein ganz normales Heldenleben – Alexandros Diakos

Wie wird man ein Held? In Griechenland, wo militärische Tradition und nationales Pathos bis heute ungebrochen blieben, sind Helden noch weniger abstrakt. Wie etwa Alexandros Diakos, dem am Mandráki-Hafen in Rhodos-Stadt ein Denkmal errichtet ist und dessen Name eine Straße in der Neustadt trägt. Auch auf Chálki begegnet man dem Namen wieder – der große Platz am Anleger ist nach ihm benannt. Dort steht eine Büste, die Alexandros in der griechischen Uniform zeigt.

Geboren wurde der dort so martialisch erscheinende Mann 1908 auf Chálki, in dem Haus, in dem heute sein Neffe Alex Sakellaridis die Pension ›Captain's House‹ betreibt. Der jedoch macht wenig Aufhebens um seinen berühmten Onkel – dann erzählt er doch, von einer ganz normalen Lebensgeschichte, die oben in den balkanischen Bergen endete. Alexandros ging zuerst auf Chálki zur Schule, dann in Rhodos, wo sich inzwischen die Italiener etabliert hatten. 1923 wird für den damals 15-Jährigen die Massenflucht der Griechen vom kleinasiatischen Festland zum prägenden Erlebnis, das Elend der Durchgangslager auf Rhodos, die Ohnmacht der griechischen Armee.

Mit 26 Jahren meldet sich Alexandros zum griechischen Militär. Dass dabei nicht nur Vaterlandsliebe eine Rolle spielte, dürfte klar sein, die beruflichen Chancen gut ausgebildeter Griechen waren unter den Italienern fast gleich Null – und wer nicht nur Fischer oder Bauer sein wollte, musste damals die Heimat verlassen. Dann kommt das Jahr 1939, und im fernen Europa beginnt der Krieg. Griechenland ist in Südeuropa in der Rolle Polens, unverhohlen zielt die italienische Politik auf die Annexion griechischen Territoriums. Als Widerpart Mussolinis agiert Ioannis Metaxas, der zwar selbst als Diktator das Königreich regiert, aber eher auf der Seite der westlichen Demokratien Bündnisse sucht.

1940 nehmen die Provokationen zu. Der Gouverneur von Rhodos, Cesare Maria de Vecchi, verbietet aus Schikane die griechischen Osterprozessionen auf dem Dodekanes. Am 15. August wird der Kreuzer Elli während der Marienprozession vor Tilos vor einem italienischen U-Boot versenkt. Am 28. Oktober schließlich kommt es zu dem berühmten griechischen ›Nein‹: Mussolini lässt Metaxas nachts um 3 Uhr auffordern, den Italienern Militärstützpunkte in Griechenland abzutreten, was dieser unverzüglich zurückweist. Das bedeutete Krieg.

Doch erstmals in diesem Krieg siegt die ›Achse‹ nicht. Die Griechen bringen die Italiener am Pindos-Gebirge zum Stehen und können im November 1940 sogar zu einer Gegenoffensive übergehen. Da aber lebt Alexandros Diakos schon nicht mehr. Er gehörte einer vorgeschobenen Einheit an, die als erste Feindberührung hatte. Der Trupp von 30 Mann schaffte es, den Vormarsch der Italiener an strategisch wichtiger Stelle aufzuhalten, bis Verstärkung eintraf. Alexandros starb Ende Oktober 1940 mit 32 Jahren als erster Grieche im Krieg gegen die Italiener.

Rhodos als deutsche Militärbasis

Rhodos und alle Dodekanes-Inseln waren italienisches Staatsgebiet, die deutsche Wehrmacht hielt Griechenland und Kreta besetzt. Sofort nach dem Sturz Mussolinis und dem Kriegsausscheiden Italiens versuchten die Briten, die Inseln zu besetzen. Sie stießen jedoch auf breiten deutschen Widerstand, sodass die Inseln bis auf Kastellórizo und Sými von der Wehrmacht übernommen wurden. Obwohl die italienischen Offiziere Widerstand organisierten, konnten 7500 deutsche Soldaten der ›Sturmdivision Rhodos‹ das 40 000 Mann starke italienische Kontingent entwaffnen. Jede Gegenwehr und vor allem Beteiligungen an Partisanenaktionen wurden mit der sofortigen Exekution bestraft. Als letzter Italiener wurde am 26. Dez. 1943 Pietro Carboni gefangen genommen und als Partisan hingerichtet. Als die Rumänien-Front dann im Juni 1944 vor dem Zusammenbruch stand und die Wehrmachtoffiziere sich mit ihren Truppen ›heim ins Reich‹ absetzen wollten, übernahm Otto Wagener das Kommando auf Rhodos. Dies war ein Nazi der ersten Stunde, der 1933 als Wirtschaftsminister im Gespräch war, dann aber seinen Einfluss bei Hitler verlor. Als Generalmajor errichtete Wagener ein Schreckensregiment auf Rhodos, war verantwortlich für die Deportation der rhodischen Juden, für über 1000 Todesurteile in 10 Monaten, die Errichtung des ›KZ Calitea‹, in dem bei zunehmend knapper werdenden Nahrungsvorräten fast 2000 Menschen schon wegen geringfügiger Vergehen wie Gemüsediebstahl dem Hungertod überlassen wurden. Wagener wollte zum Schluss Rhodos zur letzten Bastion der NS-Ideologie ausbauen, kapitulierte dann aber doch zum 9. Mai 1945. In Italien wurde er zu 15 Jahren Gefängnis verurteilt, kam aber bereits 1951 auf Intervention von Konrad Adenauer wieder frei.

Verfeindete Brüder – Griechen und Türken

Nur wenige Kilometer östlich von Rhodos zieht sich eine der heikelsten Grenzlinien der Welt durch die Ägäis. Bereits mehrfach seit den 1970er-Jahren standen Griechenland und die Türkei am Rande eines Krieges. Seit 1999 hat sich die Lage jedoch deutlich entspannt. Heute kommen sogar Griechen und Türken zum Besuch ›nach drüben‹.

Die ›Erbfeindschaft‹ zwischen Griechen und Türken ist alt, viel älter noch als die Staaten, in denen sie heute leben. In der Geschichte dieser beiden kulturell so ähnlichen Völker gibt es historisch weit zurückreichende Wurzeln dieses kollektiven ›Frontsyndroms‹.

Im 14. Jh. begann die Eroberung des griechischen Reiches von Byzanz durch das türkische Osmanenreich, die schließlich mit der vollständigen Besetzung Griechenlands und der Eroberung der Hauptstadt Konstantinopel (heute Istanbul) endete.

Alte Konflikte

Unter türkischer Fremdherrschaft ging es den Griechen zwar nicht unbedingt schlecht, doch wurde der Hass durch die ›Knabenlese‹ geschürt: Tausende von jungen Griechen wurden für das Janitscharen-Korps zwangsrekrutiert und erhielten eine islamische Eliteausbildung. Dass muslimische Griechen an der Hohen Pforte bald einflussreichste Positionen innehatten, erbitterte nicht nur die Türken, auch die orthodoxen Griechen fürchteten um den Bestand ihrer christlichen Volkstradition.

Das Motto ›Wer nicht für uns ist, ist gegen uns‹ legte die Grundlage für

Kulturrevolution mit YouTube und Facebook

Die Medien des Web 2.0 eignen sich als Kampfplatz, können aber auch Grenzen sprengen und Menschen verbinden. 2007 etwa begann auf Facebook ein virtueller Krieg, in dem Griechen und Türken sich mit allen erdenklichen Beleidigungen überzogen – dafür eignet sich das Medium ja hervorragend. Als man dem türkischen Nationalhelden Atatürk schließlich vorwarf, er sei schwul gewesen, sperrte die Türkei YouTube 2008 kurzerhand erstmals komplett. Inzwischen lässt sich jedoch auch ein neuer Trend beobachten: ein wachsendes Interesse auf beiden Seiten an der Musik des Nachbarlandes. »Ich wusste gar nicht, dass wir uns so ähnlich sind«, posten neuerdings türkische User auf griechische Popclips. Die Flüchtlingskrise 2015 und die diktatorische Entwicklung in der Türkei hat die Fronten zwar erneut verhärtet. Doch man möchte hoffen, dass über diese Wege – unkontrolliert von ewiggestrigen Nationalisten und Islamisten – eine neue Sichtweise auf den so ähnlichen Nachbarn möglich wird.

den verlustreichen Kampf, den die Griechen ab 1824 um ihre Befreiung – und nach der Staatsgründung 1832 um die Ausweitung ihres Territoriums führten. Über 100 Jahre zog sich die Kette der Aufstände, Kriege, Vergeltungsschläge und Unterdrückungsaktionen hin, sehr ähnlich übrigens den ›ethnischen Säuberungen‹ der 1990er-Jahre auf dem Balkan.

Die ›kleinasiatische Katastrophe‹

Bis schließlich Eleftherios Venizelos, der griechische Bismarck, für Kreta und Nordgriechenland (1913), Westthrakien und die Nordägäischen Inseln (1923) die ›Enossis‹ erreicht hatte, den Anschluss an das Mutterland. Für die Griechen reichte die politische Doktrin der ›Megali Idea‹, der ›Großen Vorstellung‹ von der Wiederherstellung des Byzantinischen Reichs, aber noch weiter. Doch griechische Truppen erlebten 1922 eine furchtbare Niederlage bei dem Versuch, die anatolische Küste zu besetzen. Diese ›kleinasiatische Kata-

strophe‹ endete mit einem ›Bevölkerungsaustausch‹, wie man die Vertreibung von ca. 1,3 Mio. Griechen und 400 000 Türken aus ihren alten Siedlungsgebieten diplomatisch nannte.

Der Zypernkonflikt

Ihren vorläufig letzten Ausbruch fand die Tragödie im Zypern-Konflikt, der seit dem Abzug der Briten 1955 schwelte, 1974 zur offenen militärischen Konfrontation und fast auch zu einem Krieg zwischen Griechenland und der Türkei führte – und bis heute nicht beigelegt ist. Wer den Konflikt dort verfolgt, weiß, dass ein friedlicher Ausgleich auf Zypern ähnlich schwierig ist wie der zwischen Israelis und Palästinensern.

Beim Krieg 1974 verließen jedenfalls auch die meisten türkischstämmigen Einwohner von Rhodos, das mit den anderen Dodekanes-Inseln 1947 nach dem Weltkrieg an Griechenland gefallen war, ihre Heimat und flohen in die Türkei. Ihre Häuser wurden gern von Griechen von der Nachbarinsel Kárpathos übernommen, die seit den 1980er-Jahren sehr aktiv im touristischen Geschäft als Tavernen- oder Pensionswirte waren. Inzwischen machen in diesen Häusern schicke Lounge-Bars für die Studenten der Ägäis-Universität auf.

Überwindung der Spaltung

Seit Anfang der 1980er-Jahre erleben Griechenland ebenso wie die Türkei einen fulminanten Tourismus-Boom, und der verträgt sich mit allzu martialischem Geklingel nicht. Der Konflikt schwelte aber auf unterster Ebene weiter. Bis heute streitet man über die Exploration von mutmaßlichen Erdölreserven in der Ägäis, über das Recht der Luftraumsicherung, über die 12-Meilen-Grenze der Hoheitsgewässer, und ganz unauffällig halten die Militärs ihre Geschützbunker Richtung Osten in Schuss.

Die Situation ist umso heikler, als beide Staaten der NATO angehören und beide wirtschaftlich stark mit der EU verflochten sind: Griechenland als EU-Mitglied, die Türkei in Assoziationsverträgen, wobei gerade die Griechen die Beitrittsverhandlungen mit der Türkei jahrelang verhinderten.

Die Dekade nach dem Jahr 2000 erlebte eine zunehmende Entspannung. Nach Jahrzehnten kam es wieder zu gegenseitigen Staatsbesuchen, auf Zypern wurden neue Übergänge in der letzten Mauer Europas geöffnet und auch der kleine Grenzverkehr zwischen den Ägäisinseln und der Türkei boomte. Erstmals seit 80 Jahren kamen wieder Griechen in die Türkei, knüpften die Menschen von beiden Seiten Kontakte – auch geschäftliche.

Zwar haben die Finanz- und Eurokrise, die Flüchtlingskrise und auch das Abrücken der Türkei von der EU neue Probleme geschaffen. Doch die Leute an den sich oft in Sichtweite gegenüberliegenden Küsten sind fast alle genervt von diesen Problemen und würden ihr Glück lieber in enger Kooperation suchen. Solche freundschaftlichen Beziehungen aber könnten der Region in der Tat ganz neue Impulse geben, obwohl aktuell (2015/2016) beide Seiten unter den so leicht überschreitbaren Seegrenzen leiden. Zusammenarbeit scheint heute notwendiger denn je.

Kultur der Ägäis

Ein Deutscher, der mal beim Griechen, mal beim Türken isst, der mal nach Rhodos, mal nach Marmaris fährt, weiß es längst: Hüben wie drüben ähnelt sich vieles bis aufs Haar, nicht nur der griechische Kaffee, der auch ein türkischer Mokka ist. Musikalisch bewies das die Griechin Natalia Dousopoulou, die im Duett mit dem Türken Mustafa Sandal die Charts stürmte und anschließend mit ihrem Soloalbum »You're my Music« Erfolge in beiden Ländern feierte. Neuester Trend: Die Wiederentdeckung der Wasserpfeife in der Türkei ist inzwischen auch in die Jugendszene Griechenlands übergesprungen.

Rhodier unter sich – Alltagsleben

Seinen Besuchern mutet Rhodos mitunter einen echten Zeitsprung zu, denn das Gefälle zwischen dem modernen Norden und dem rückständigen Süden ist enorm. Während Rhodos-Stadt eine dynamische, moderne Stadt mit einer lebenslustigen studentischen Jugend ist, kann man unten im Süden mitunter noch Esel und Frauen in den traditionellen schwarzen Kleidern und weißen Kopftüchern sehen.

Neben dem Tourismus hat vor allem der Aufbau der Humanwissenschaftlichen Fakultät der Universität der Ägäis in Rhodos seit Mitte der 1990er-Jahre für einen neuen Entwicklungsschub gesorgt. Sie umfasst Pädagogen, Ar-chäologen, Politologen und Linguisten und brachte zahlreiche junge Griechen in die Stadt, die zuvor fast völlig vom Tourismus der Nordeuropäer geprägt war. So entstanden typisch griechische Imbisslokale an der Odos Alexandrou Diakou, schicke Lounge-Bars an der Odos 25. Martiou und Party-Locations an der Platia Arionos in der Altstadt. Ihr Einfluss reicht bis tief in den Süden, wo heute am Strand von Kiotari Beachpartys gefeiert werden, die an Ibiza erinnern (s. S. 217).

Dagegen leiden die Dörfer im Bergland des Inselinneren, aber auch an den untouristischen Küsten erheblich unter Abwanderung. Die jungen Leute ziehen nach Rhodos-Stadt oder weiter nach Athen, die mittlere Generation versucht ein kleines Geschäft mit den wenigen Touristen, die auf individuellen Touren die Insel erkunden. Nur die Alten versuchen, die Traditionen aufrechtzuerhalten. Doch keiner möchte mehr in den alten Einraumhäusern wohnen, die immer mehr als Ruinen zerfallen. Auch die traditionellen Kafénia verlieren zunehmend an Kundschaft, die jüngeren Griechen treffen sich lieber im Internet-Café, das es jetzt in fast jedem Dorf gibt. Der modernste Ort der Insel ist Archángelos – an der zentralen Dorfstraße, an der früher nur einige Tavernen lagen, reihen sich heute Bars und echte Clubs. Diese Gasse dürfte inzwischen die wichtigste Single-Börse der Insel sein.

Zwischen den Dörfern gibt es darüber hinaus gewaltige Unterschiede. Manche sind sehr wohlhabend, wie z. B. Kalythiés, auf dessen Gebiet die Ferienstadt Faliráki steht, oder Ialyssós mit seinen großen Hotelzonen. Alle Einwohner profitieren von der »Euroschwemme«, selbst die (wenigen), die kein eigenes Hotel besitzen. Dörfer im Landesinneren oder an der touristisch bedeutungslosen südlichen Westküste sind auf die wenigen Ausflügler angewiesen, die aus Zufall anhalten. Ihre Einwohner schauen neidisch auf den Reichtum der anderen – erst recht in dramatischen Zeiten wie derzeit.

Für den Außenstehenden kaum zu erkennen, aber doch ein enormes soziales Problem ist die Trennung zwischen den echten Rhodiern und den ›Gastarbeitern‹ des Tourismus, also all den vielen Servicekräften, die nur für die Saison aus Athen, Pátra oder Thessaloníki nach Rhodos kommen. Auch Albaner, Serben und Bulgaren versuchten zu Zeiten der üppigen Eurozahlungen vor allem im Bausektor Arbeit auf Rhodos zu finden; heute sind es eher weniger. Zu den ›Fremden‹ zählen aber auch die großen Investoren, die an den Stränden ein Großhotel nach dem anderen hochziehen. Sie werden mit Ressentiments gesehen, weil sie den Tourismus kontrollieren, während die Einheimischen mit ihren kleinen Apartmenthäusern zunehmend Probleme haben, Gäste zu finden.

Dazu gibt es aus der Zeit der Zugehörigkeit von Rhodos zum Osmanischen Reich eine muslimische Minderheit. Sie ist relativ gut integriert, obwohl die Mehrheit der einst 2000 Menschen schon in den 1980er-Jahren in die Türkei ausgewandert ist und ihre Häuser (v. a. in der Altstadt von Rhodos) an Griechen zumeist von der Nachbarinsel Kárpathos verkauft hat.

Von Stolz und Ehre

Das Motto »Ich bin mein eigener Herr, und tue, was ich will« ist das bedeutendste Prinzip der griechischen Volksseele. Dabei wird Stolz zu reiner Selbststilisierung: Ohne die *philótimo,* was als ›Ehrliebe‹ oder besser ›Ehrsucht‹ zu übersetzen ist, kann man heute Griechenland, seine Politiker, seine Wirtschaftsbosse und seine Männer nicht verstehen. Die laute Diskussion im Kafenío, der überzogene Preis für die Taxifahrt, die Fopperei in der Motorradclique, der trickreich hochgezogene Neubau im Naturschutzgebiet, jedes Mal geht es nicht um den eigenen Vorteil, sondern auch darum, zu beweisen, was für ein ›toller Kerl‹ man ist.

Im Kafenío erlebt man solch eine ›Männlichkeit‹ zwischen aufgeblasener Selbstinszenierung und orientalischer Lethargie immer wieder. Die Frauen, so heißt das Klischee, sitzen zu Hause und haben nichts zu sagen. Tatsächlich sind griechische Frauen selbstbewusster, als man vermutet. Gerade die jüngere Generation lässt sich nicht mehr auf die alten Rollenmuster ein. Ihre Position zwischen Tradition und Liberalisierung wird dabei leicht zu einem schwierigen Balanceakt.

Trotz der Familienrechtsreform der PASOK ist es für eine Tochter weiterhin notwendig, ihre *príka* zu bekommen, wenn sie heiraten will: Die Mitgift bestand früher aus einem Haus, für das sich der Vater und die Söhne abschuften mussten; heute reicht auch eine Apartmentwohnung, die, frühzeitig hochgezogen, bis zur Heirat an Touristen vermietet wird. Auf der anderen Seite haben die Abtreibungszahlen in Griechenland Werte wie in den Niederlanden erreicht. Die Frauen von heute machen wie früher einen Bogen um das Kafenío der alten Männer – und fahren lieber auf den Mopeds der Jungen in die Disco.

Alltagsleben

Diese Touren – immer die Hauptstraße rauf und runter – gehören heute zur

Griechische Zeit

Wer erst um 11 Uhr das Hotel verlässt, hat kaum eine Chance, griechisches Alltagsleben mitzubekommen. Das beginnt spätestens um 6 Uhr morgens. In der Morgenkühle werden Besorgungen gemacht und alle schweren Arbeiten erledigt. Um 13 Uhr beginnt die Siesta, dann ist in den Bergdörfern kein Mensch mehr auf den Straßen zu sehen. Erst nach 17 Uhr beginnt das Leben wieder. Dieses Prinzip gilt zum Teil sogar in den Touristenorten, obwohl die Minimärkte natürlich geöffnet haben.

traditionellen *vólta,* der abendlichen Promenade, dem ›Sehen und gesehen werden‹. Das ist die Zeit, wenn es dunkelt um 19 Uhr, wenn es kühl genug ist, um aus dem Haus zu gehen, aber noch zu heiß, um zu essen. Dann ziehen Alte und Junge, Eltern mit den Kindern, die Mädchen- und Jungencliquen – kurz, alles, was Beine hat, auf die Promenade, man trifft Bekannte, schwatzt hier, tratscht dort …

Erst viel später, so gegen 21 Uhr, pflegen Griechen mit dem Abendessen zu beginnen, das sich leicht bis Mitternacht hinziehen kann. Dafür hat man seine Arbeiten schon früh morgens erledigt – nach der ›Siesta‹, die bis 16 Uhr, im Sommer bis 17 Uhr dauert, arbeitet so richtig keiner mehr: Es ist die Zeit, im Kafenío die Freunde zu treffen.

Als Fremder ist man dort immer willkommen, auch wenn die von der Fremdenverkehrswerbung angepriesene *philoxénia,* die traditionelle griechische Gastfreundschaft, kaum mehr zu finden ist. Der *xénos* (= Fremde), der früher gleichzeitig auch immer ein Gast war (für beide gibt es im Griechischen nur ein Wort), ist heute – im Massentourismus – ein *pelátos* geworden: ein Kunde. Doch sehr herzlich sind die Griechen zumeist auch heute noch, erst recht, wenn man sie nicht nur als Servicepersonal behandelt.

Jedes Geschäft ist, wie die Philoxénia, schließlich auch eine Sache der Ehre: In vielen Fällen reagieren Griechen dann sehr schroff, wenn die Urlauber die griechischen Ehrregeln verletzen – während wir nicht einmal wissen, dass wir uns gerade falsch benommen haben. So wäre es nicht schlecht, sich immer vor Augen zu halten, dass vieles ganz anders funktioniert in Griechenland und bei den Griechen – auch wenn es auf den ersten Blick so aussieht wie bei uns.

Essen in guter Gesellschaft – die Paréa

Allein geht kein Grieche essen – allein reicht auch ein Sesamkringel. Wenn schon in die Taverne, dann zu mehreren, zu vielen, mit viel Zeit, guter Laune und üppigen Speisen. Diese gute Gesellschaft nennt man in Griechenland Paréa.

Eine *paréa* ist leicht erklärt: Das ist die Gruppe, mit der man loszieht – gleichgültig, ob es die Großfamilie ist, die Freunde von der PASOK (oder der Néa Demokratía) oder die Clique der Gleichaltrigen – nur mehr als drei müssen es sein.

Was die Griechen unter viel Zeit verstehen, ist schon schwieriger zu erklären. Wenn am Nebentisch die dritte Touristengruppe gesättigt wieder gegangen ist und die griechische Paréa nebenan immer noch bei den Vorspeisen sitzt, dann kann man es vielleicht erahnen.

Bezahlen ist Ehrensache

In der Paréa bestellt nicht jeder für sich. Man ordert zusammen jede Menge Vorspeisen *(mezedes),* dazu frittierte Kartoffeln und verschiedene Fleischsorten vom Grill, Fisch oder Schmorgerichte. Davon kann dann jeder nehmen, wie er mag, fehlt etwas, wird es nachbestellt. Es sollte immer etwas übrig bleiben, damit jeder sieht, dass man es sich leisten kann. Zum Schluss entbrennt oft ein heißer Kampf um die Ehre, bezahlen zu dürfen. Wer immer schließlich darf, die anderen wissen genau, dass sie sich demnächst revanchieren können.

Je größer die Tischrunde, desto mehr fühlt sich der Grieche zuhause

97

Unterwegs auf Rhodos

Über Líndos, dem schönsten Dorf von Rhodos, thront eine mächtige Akropolis-Burg

Rhodos-Stadt

Highlight !

Die Altstadt von Rhodos: Die noch ganz von den Mauern der Ritterzeit geschützte Altstadt zählt zu den eindrucksvollsten Städten am Mittelmeer und gehört in ihrer Gesamtheit zum UNESCO-Welterbe. Die ehrwürdigen Bauten atmen Geschichte von 4000 Jahren, bieten heute aber die Kulisse für quirliges Urlaubsleben, Souvenirshops und trendige Bars. S. 103

Auf Entdeckungstour

Die Mauern von Rhodos: Die mittelalterlichen Wallanlagen kann man auf ihrer Krone und im Burggraben umrunden. S. 114

Jüdisches Rhodos: Die schön renovierte Synagoge verwahrt die Erinnerung an die einst so lebendige jüdische Gemeinde von Rhodos. S. 124

Kultur & Sehenswertes

Archäologisches Museum: Das ehrwürdige Hospital der Ritter verwahrt heute großartige antike Kunst. 5 S. 107

Großmeisterpalast (Palace of the Knights): Das Hauptquartier des Ritterordens der Johanniter. 7 S. 111

Kirche Ágios Fanoúrios: Die älteste Kirche der Stadt mit Fresken aus dem Mittelalter. 16 S. 120

Akropolis von Rhodos: Auf dem heiligen Bezirk auf dem Monte Smith steht nicht nur der antike Apollon-Tempel, von dort hat man auch einen wunderbaren Blick auf die Stadt. S. 138

Aktiv unterwegs

Elli Beach: Der schönste Strand der Neustadt lockt mit Beach-Bars, Tavernen, Sprungturm, Beach-Volleyball. 1 S. 136

Genießen & Atmosphäre

Sokrates-Straße: Diese marmorgepflasterte Straße ist die erste Einkaufsmeile der Insel – Souvenirs, Schmuck, griechische Produkte in Shops dicht an dicht. S. 117, 127

Speisen im Ritterambiente: In einem alten, abends romantisch illuminierten Ritterpalast serviert das Ippotikon eine feine griechische Küche mit guter Fischauswahl. 3 S. 123

Néa Agorá: Der ›Neue Markt‹ ist das schönste Gebäude der Neustadt. Im Inneren reihen sich zahlreiche urige Tavernen. 21 S. 128, 130

Abends & Nachts

Party auf dem Hamam Place: Die Altstadt ist abends eine einzige Kneipenmeile. Echte Partyjünger treffen sich aber in den Bars an der Platia Arionos, z. B. in der **Stoa Music Bar.** 4 S. 120

Zwischen den Mauern der Ritterzeit

Die mittelalterliche Festung Rhodos, militärisch nie eingenommen und immer noch nahezu unversehrt erhalten, lässt sich heute leicht erobern. Hier verschmelzen die Gotik der Ritterzeit, das orientalische Flair der türkischen Moscheen und die Weltoffenheit der Griechen, und jeder Spaziergang durch die engen Gassen wird zu einem Streifzug durch 2400 Jahre Geschichte.

Halbkreisförmig umschließt die 4 km lange Stadtmauer die Altstadt von Rhodos, die sich selbst schützend um den Embórikos-Hafen legt. Ganz dem Meer zugewandt, präsentiert sich das mittelalterliche Rhodos an den Landseiten wehrhaft abweisend. Die moderne Bebauung, im Norden das Hotel- und Einkaufsviertel, im Westen und Süden die Wohnviertel der Griechen, hält achtungsvoll Abstand, getrennt von der Ritterstadt durch den lichten Grüngürtel auf den alten Schanzenanlagen.

Mit dem antiken Rhodos, das einst bis zu 80 000 Menschen beherbergte, hat die heutige Stadtstruktur nur noch wenig gemein. Im Mittelalter war die Einwohnerzahl auf etwa 10 000 gesunken. Selbst heute leben hier nur rund 60 000 Griechen – und das auch nur im Sommer. Doch während die Neustadt von der Urlaubskultur aller Mittelmeerküsten geprägt ist, hat sich die Altstadt seit Jahrhunderten kaum verändert. Aber die Häuser dienen jetzt zumeist als Pensionen; in viele Handwerksläden von einst sind nun schicke Bars eingezogen.

Die Neustadt von Rhodos auf der Nordspitze der Insel setzt den Kontrapunkt zur mittelalterlichen Stadt. Sie war einst ein Vorzeigeprojekt des italienischen Tourismus, heute stellt sie eines der wichtigsten Ferienzentren Griechenlands dar. Doch das bringt auch Nachteile: den täglichen Verkehrsinfarkt und Auswüchse des Massentourismus. Dabei zeigt diese Hotelstadt nicht die uniforme Gesichtslosigkeit wie etwa Faliráki, sondern gewinnt durch die vielen Bauten aus der Italienerzeit durchaus

Auf der Sokrates-Straße trifft sich ganz Rhodos

einen besonderen Charme. Probleme bereiten der Stadtverwaltung allerdings vor allem die Hotelbauten der 1960er-Jahre: Keiner will dort mehr wohnen, abreißen ist zu teuer, und so stehen viele einfach leer und verfallen. Auf der anderen Seite gewinnt Rhodos auch ein besonderes Flair als Sitz der großen Ägäis-Universität; so leben hier für Griechenland überdurchschnittlich viele junge Leute.

Die Altstadt!

Der Spaziergang durch die mittelalterliche Altstadt von Rhodos mit ihren verwinkelten, romantischen Gassen zählt zu den schönsten Erlebnissen auf Rhodos. Man kann sich treiben lassen, es gibt an jeder Ecke etwas zu entdecken. Und auch wenn die Orientierung schwerfällt und man sich mehr als einmal verirrt glaubt, unerwartet führt die nächste Gasse doch wieder auf die Hauptachsen: die Sokrates-Straße (Odos Sokratous), die Orfeus-Straße (Odos Orféos) oder den Hippokrates-Platz (Platia Ippokratous).

Alle Inselbusse halten bei der Néa Agorá am Mandráki-Hafen (s. S. 128). Bis vor 100 Jahren noch war das ganze Gebiet vor der Altstadt unbebaut, bis die Italiener in den 1920er-Jahren diesen großen Marktkomplex in ihrem typischen orientalisierenden Kolonialstil errichteten.

Platia Symis

Vom Mandráki-Hafen betritt man die Altstadt durch das **Eleftherias-Tor,** das erst unter italienischer Verwaltung in die Stadtmauer gebrochen wurde. Das **Paulus-Tor** links ist aber ein Original und stammt vom Ende des 15. Jh. Dahinter liegen die Ágios Pávlos-Bas-

Rhodos-Altstadt

Sehenswert

1. Aphrodite-Tempel
2. Municipal Art Galery
3. Decorative Art Museum
4. Kirche Panagía tou Kastroú
5. Archäologisches Museum
6. Ritterstraße
7. Großmeisterpalast
8. Uhrturm
9. Süleyman-Moschee
10. Osmanische Bibliothek
11. Center of Contemporary Art
12. Kirche Panagía tou Bourgoú
13. Katharinen-Hospiz
14. Ibrahim-Moschee
15. Redjab-Moschee
16. Kirche Ágios Fanoúrios
17. Türkisches Bad (Hamam)
18. Mustafa-Moschee
19. Kirche Míchail Archángelos
20. Synagoge Kahal Shalom

Übernachten

1. Attiki
2. Domus
3. Olympos
4. Sophia
5. Spirit of the Knights

Essen & Trinken

1. Alexis
2. Hatzikeli
3. Ippotikon
4. Ta Kioupia
5. Ntinos
6. Oasis
7. Filippos
8. Plaka
9. Island Lipsi
10. Pizanias Kyriakos
11. Oionos Taverna

Einkaufen

1. Astero Antiques

Fortsetzung S. 106

Rhodos-Altstadt

tion und die kleine Halbinsel, auf der früher der 1863 durch ein Erdbeben eingestürzte Naillac-Turm stand.

Durch das Eleftherias-Tor gelangt man auf die Platia Symis; gegenüber liegen die eingezäunten Überreste eines **Aphrodite-Tempels** **1** . Der Bau war im gedrungenen dorischen Stil gehalten, heute sind aber nur Fundamente, Säulentrommeln und Gebälkstücke zu erkennen. Dieser Tempel gehört zu den wenigen Bauresten aus der Antike, die in der Altstadt noch zu sehen sind. Dokumentiert, wenn auch leider nicht zugänglich, ist auch noch ein weiterer Tempel im Garten der Städtischen Gemäldegalerie auf der rechten Straßenseite (vermutlich dem Dionysos geweiht). Die beiden Tempel geben Anlass zur Vermutung, dass hier einst die antike Staatsagora lag; erhöht Richtung Großmeisterpalast dürfte auch der Helios-Tempel für den Hauptgott der Insel gestanden haben.

Die **Municipal Art Gallery** **2** (Mo– Fr 8–21.30 Uhr, Eintritt 3 €) zeigt eine interessante Sammlung griechischer Kunst, derzeit auch wieder die Klassiker des 19. Jh., verbunden mit Namen wie Parthenis, Tsarouchis, Moralis etc. Beachtung verdient der naive Maler Theophilos (1868–1934), der als Autodidakt volkstümliche Szenen in einem eigenständigen Stil aufzeichnete. Weitere Beispiele griechischer Malerei werden im Kunstmuseum in der Neustadt verwahrt (s. S. 133).

Etwas weiter liegt das **Alte Ordenshospital,** das um 1350 erbaut wurde. In einem Seitentrakt ist heute das Volkskunstmuseum untergebracht (s. u.). Am Brunnen vor dem Hospital, der aus einem Taufbecken und einer Säule aus einer frühchristlichen Kirche bei Arnítha (Süd-Rhodos) zusammengesetzt wurde, erkennt man das achtspitzige Kreuz der Ritter des hl. Johannes, des späteren Malteserordens. Das große Gebäude gegenüber dem Alten Hospital mit einer Säulenloggia war die Herberge der Ritter der Auvergne, deren Haupteingang auf die Platia Mouson weist.

Decorative Art Museum **3**
Platia Argirokastrou, wg. Umbau 2015/2016 geschl.
In dem hübschen Volkskunstmuseum werden volkstümliche Möbel, Hausrat und Trachten aus rhodischen Dörfern und von umliegenden Inseln gezeigt. Neben geschnitzten Schränken, Soúfa-Podesten (s. S. 165) und der typisch kräftigfarbigen Webware von Rhodos ist vor allem die große Sammlung an Keramiktellern interessant.

Es sind nicht nur rhodische Eigenproduktionen, sondern Stücke, die von weither zusammengetragen wurden: türkische Ware aus Iznik, venezianische Stücke, spanische Fayencen und italienische Majolika. Im 19. Jh. waren die Teller das beliebteste Mitbringsel der Seefahrer von Líndos.

Platia Mouson
Mit dem ›Museumsplatz‹ beginnt der **Collachio,** das alte Ritterviertel, das früher durch Mauern vom Rest der Stadt abgetrennt war. Griechen und

Juden konnten diese ›Stadt in der Stadt‹ nur ausnahmsweise betreten, die Ritter hingegen durften sie nur zu zweit und auch nur hoch zu Ross verlassen – anscheinend wollte man so einem allzu engen Kontakt zu den Griechenmädchen vorbeugen.

Rings um den Platz stehen ehrwürdige Paläste: rechts das Neue Ordenshospital mit dem Archäologischen Museum (s. unten), gegenüber die gotische Kirche Panagía tou Kastroú (oder Virgin of the Castle, s. unten), daneben die Herberge der Engländer. Mit den Spirituosenhändlern in den Handelskontoren des Hospitals beginnt schon das geschäftige Rhodos der Souvenirhändler, die sich geradeaus entlang der Odos Apelou aneinanderreihen.

Kirche Panagía tou Kastroú 4
Derzeit geschlossen, das Byzantinische Museum ist in den Großmeisterpalast verlagert worden.
Die große Kirche schräg gegenüber dem Archäologischen Museum, die ›Allheilige Maria in der Burg‹, wurde im 11. Jh. begründet und im 14. Jh. unter dem Johanniterorden im gotischen Stil umgebaut. Von der Ausmalung im 14. Jh. ist eine Darstellung der hl. Lucia mit Krone und Heiligenkranz an der Westwand erhalten, die einem toskanischen Meister zugeschrieben wird.

Zwei weibliche Heiligenfiguren sowie eine Muttergottes mit Kind an den nordwestlichen Pfeilern werden der sog. kreto-venezianischen Schule zugerechnet. Diese Stilrichtung entstand aus der Verschmelzung abendländischer und byzantinischer Traditionen unter dem Einfluss der Venezianer, die damals Kreta beherrschten.

Archäologisches Museum 5
Tgl. 8–20 Uhr, im Winter nur Di–So bis 15 Uhr, Eintritt 8 €

Das Antiken-Museum von Rhodos zählt zu den bedeutendsten in Griechenland. Die Sammlung mit Exponaten aus der Antike wie aus dem Mittelalter ist im Neuen Hospital am Beginn der Ritterstraße untergebracht. Der mächtige Bau des Ritterhospitals mit seinem 51 m langen, über 5 m hohen Krankensaal wurde 1489 in Betrieb genommen und löste das alte Krankenhaus an der Platia Symis ab.

Das Relief über dem Eingang zeigt das Wappen des Großmeisters Fluvian, unter dem der Bau begonnen wurde. Dieses Hospital war damals eines der modernsten des Abendlandes. Der Orden des hl. Johannes war ja als Kran-

Mein Tipp

Die Altstadt erleben
Wer aus den Badeorten anreist, sollte am frühen Vormittag kommen, dann kann man noch das Archäologische Museum (s. o.) und den Großmeisterpalast (s. S. 111) besuchen, bevor man in einer Taverne essen geht (außer in der Hochsaison schließen die beiden Museen um 15 Uhr). Am besten kommt man in der Woche, da sonntags viele Läden der Neustadt und montags die meisten Museen geschlossen sind.
Am schönsten ist die Altstadt aber am frühen Abend, wenn die Sonne schräg durch die Gassen fällt, das typische Kieselsteinpflaster zum Glitzern bringt und die Mauern mit warmem Glanz überzieht. Dann geben sich hier die Nachtbummler ein Stelldichein, die das großartige Restaurantangebot nutzen. Auch zum Shopping ist dies keine schlechte Zeit, geöffnet ist nämlich fast bis Mitternacht.

Klassizistische Löwenskulptur im Hof des Archäologischen Museums

kenpflegebruderschaft in Jerusalem gegründet worden und beschäftigte sich Zeit seines Bestehens intensiv mit medizinischer Forschung (s. S. 79).

Der **Innenhof** ist von zweistöckigen, Schatten spendenden Arkaden umgeben. In der Mitte sieht man ein Mosaik aus der frühchristlichen Kirche von Arkássa auf Kárpathos und die schon sehr verwitterte Figur eines Löwen, der an einem Stierkopf nagt – sie stammt vom Ende der archaischen Epoche, spätes 6. Jh. v. Chr.

Im zweiten Stock erstreckt sich der große **Krankensaal** (I) über die ganze Breite der Hauptfassade. Aufgrund seiner Höhe war er auch im Sommer kühl, in den kleinen Verliesen an seinen Seiten lagen die Aborte. Heute

werden hier Grabsteine und Wappen aus der Ritterzeit gezeigt. Eine Grabplatte zeigt z. B. einen Ritter in der Mönchstracht aus dem frühen 15. Jh. Eine zweite Grabplatte, die des Pierre de la Pymorage, stammt von 1402 und zeigt einen Ritter in voller Rüstung.

In den Räumen, die sich im Südwesten an den Saal anschließen, sind römische und hellenistische Skulpturen ausgestellt, die alle von den Dodekanes-Inseln stammen. Besonders berühmt ist die »Kauernde Aphrodite« in Saal IV. Die Marmorkopie einer Bronze des 3. Jh., die 1928 im Hafenbecken von Rhodos gefunden worden war, zeigt die Göttin der Sinnlichkeit und der Schönheit, wie sie dem Bad entsteigt. Überrascht hebt sie die Haare

antiken Statuen von Rhodos nach Konstantinopel bringen sollten. 16 Jahrhunderte lang scheuerten dann die Kiesel der Brandungszone an ihr, bis sie 1929 aus dem Meer beim Hotel des Roses geborgen wurde.

Im gleichen Raum wird ein **Kopf des Helios** gezeigt, einst der Hauptgott von Rhodos und Gatte der mythischen Nymphe Rode (s. S. 58). Das Skulpturwerk stammt aus der 1. Hälfte des 2. Jh. v. Chr. und gehörte wahrscheinlich zum Fries am Haupttempel der Stadt.

Am Hinterkopf scheint ein vergoldeter Strahlenkranz aus Metall befestigt gewesen zu sein. Man hat vermutet, dass es sich um die Kopie des Kopfes des Kolosses handelte. Gute Gründe sprechen auch dafür, dass er einem Alexander-Porträt von Lysippos nachgebildet war: der typische Haarwirbel in der Kopfmitte, die leichte Linksneigung des Kopfes und die (nach Plutarch) »sehnsuchtsvolle Schwermut« des Blicks.

Die eindrucksvolle **Grabstele der Timarista und Krito** in Saal III, der früheren Küche des Hospitals, wurde geschaffen in der Mitte des 5. Jh. v. Chr. und in der Nekropole von Kámiros gefunden. Mutter und Tochter nehmen Abschied voneinander: Links Krito, die zur Mutter die rechte Hand hebt, als wollte sie sie festhalten, der Kopf ist in Trauer gesenkt. Rechts Timarista, die Verstorbene, sie hat wie tröstend den Arm auf die Schulter der Tochter gelegt, doch der Fuß ist schon auswärts gestellt – sie muss gehen.

Dieses Relief ist sehr ungewöhnlich. Zum einen wurden auf antiken Gräbern eher Totenbett-Szenen dargestellt, die die Toten beim letzten Mahl zeigen, zum anderen waren es fast immer Männer, ergraute Patriarchen oder junge Krieger, die so aufwendig geehrt wurden. Bemerkenswert ist

empor, um sich nach einem Beobachter umzuschauen. Dieser ›rhodische Typ‹ der Aphrodite war einer Abwandlung eines Originals des pergamenischen (oder bithynischen) Bildhauers Doidalses, dessen Entwurf bis in römische Zeit vielfach kopiert wurde.

Aphrodite als Mutter der Nymphe Rode, der die Insel ihren Namen verdankt, ist zudem in der lebensgroßen Figur einer **»Großen Aphrodite«** vertreten (Saal VI). Es handelt sich um eine abgewandelte Form der Venus von Milo mit nach hinten geflochtenen Haaren und bis unter die Scham heruntergelassenem Gewand. Diese ›unzüchtige‹ Statue versenkten die Gesandten des christlichen Kaisers Konstantin lieber im Meer, als sie die

Archäologisches Museum: Obergeschoss

die weitgespannten Reisekontakte von Rhodos vom 9. bis zum 4. Jh. v. Chr. Besonders bemerkenswert erscheinen die bemalten Amphoren im sogenannten rhodischen Fikellura-Stil, die schon um 500 v. Chr. Hirsche und Pfauen zeigen – bis heute die Wappentiere der Insel.

Schön ist auch der seit Kürzerem zugängliche Garten hinter dem Oberhof, wo zahlreiche monumentale Skulpturwerke und Sarkophage ausgestellt sind.

Ritterstraße 6

Die Odos Ippoton, die Ritterstraße, führt hinauf zum Großmeisterpalast. Seit 400 Jahren scheint sich hier nichts verändert zu haben, nicht eine einzige Reklametafel verschandelt die ockerfarbenen Bruchsteinmauern. Unter italienischer Verwaltung wurden die türkischen Holzanbauten wieder entfernt und die historischen Paläste in alter Form renoviert. Da eine Besichtigung der ›Herbergen‹ des Ordens, die als Verwaltungssitze dienen, zumeist nicht möglich ist, bleibt nur, die Fassaden mit den aufwendigen Wappenschildern der Ritter von Rhodos zu betrachten.

Fast alle Gebäude, darunter viele der ›Herbergen‹ des multinationalen Ordens des hl. Johannes, stammen aus den letzten 50 Jahren vor seiner Vertreibung. Die sogenannten Herbergen (Auberges) waren die Hauptgebäude der einzelnen Landsmannschaften

auch, dass die Gewänder der Frauen nicht dorisch sind, sondern dem ionischen Kulturkreis entstammen. So könnte es sich hier um eine bewusste Anlehnung an die Tradition der Sappho von Lesbos handeln, die nicht nur die erste Dichterin der Griechen war, sondern auch Schulen für Mädchen führte, in denen die empfindsame Dichtung gelehrt wurde.

Die **Kouros-Statuen** aus dem 6. Jh. v. Chr. gegenüber im selben Saal wurden ebenfalls in Kámiros gefunden. Die strengen Jünglingsstatuen sind typisch für die noch sehr statische Kunst der archaischen Epoche, die noch nicht zu den lebendigen Bewegungsformen der Klassik gefunden hatte. Ihre Haartracht ähnelte ägyptischen Vorbildern und weist auf die intensiven Kontakte zwischen Griechenland und dem Pharaonen-Reich in dieser Zeit hin.

Von Saal III ziehen sich 15 weitere Ausstellungsräume rund um den Innenhof, die **Funde aus den Nekropolen** und aus den Weihedepots von Ialysos und Kamiros verwahren. Vor allem Letztere belegen durch Opfergaben, die aus Ländern zwischen Italien, Ägypten und dem Iran stammen,

> **Das antike Rhodos:** Die antike Akropolis, einst das heilige Zentrum der Stadt, kann man vom Archäologischen Museum auf einem interessanten Spaziergang zu Fuß erreichen, wenn man über die Ritterstraße und schließlich die Voriou Ipirou auf den Stadthügel wandert (ca. 45 Min., s. S. 138).

der Ritter, die aus allen europäischen Regionen stammten und ›Zungen‹ (Langues) genannt wurden. Die Funktion der Herbergen wird aus einer Ordensregel deutlich: *Frates nostri per nationes una comediunt et congregantur* (»Unsere Brüder speisen und versammeln sich nach Nationen getrennt«). Die Herbergen dienten zugleich als Quartiere für die Pilger nach Jerusalem, die hier auf Rhodos häufig Station machten.

Gegenüber dem Neuen Ordenshospital mit dem Archäologischen Museum steht als erstes die **Herberge der Italiener,** über deren winzigem Hauptpforte das Wappen des Großmeisters del Carretto zu sehen ist. Direkt daneben folgt der **Palast der französischen Großmeister**; man erkennt das Wappen von d'Amboise und von de l'Isle Adam, jenes unglücklichen Ritters, der Rhodos den Türken übergeben musste.

Daran schließt sich die **Herberge der Franzosen** an, deren mächtige Gewölberäume mit Bogenportalen als Kontore dienten. Über dem Eingang das Wappen des Großmeisters d'Amboise, darüber folgt das Lilienwappen der französischen Könige und das mit einem Kardinalshut geschmückte Wappen von Pierre d'Aubusson, unter dem der Bau fertiggestellt wurde.

Hinter der Herberge biegt eine kleine Gasse ab, die meist verschlossen ist. Sie führt zum **Haus des Djem,** das ein sehr schönes Portal im – auf Rhodos seltenen – Stil der Renaissance besitzt und wohl erst nach 1511 erbaut wurde. Djem war ein türkischer Prinz, Bruder des Sultans Beyazıd, der diesem in den Nachfolgekämpfen unterlag und 1481 nach Rhodos flüchtete. Die Ritter empfingen ihn mit offenen Armen – und benutzten ihn als Geisel gegen die Türken. Schon 1489 wurde er an den Papst ausgeliefert, dann fiel er als Kriegsbeute an Karl VIII. von Frank-

reich, in dessen Feldlager er um 1504 starb. Ob Djem jemals dieses Haus betrat, ist also mehr als fraglich.

Gegenüber der Herberge der Franzosen steht der **Villaragut-Palast** von 1489 im Stil der katalanischen Gotik mit einem hübschen türkischen Brunnen im Hof. Kurz vor dem ersten Gewölbe, das die Ippoton überspannt, folgt rechts die **Kirche Agía Triáda** mit einem gotischen Baldachinerker. Sie stammt aus der Zeit um 1370. An der Fassade sind die Wappen der Großmeister de Villeneuve und de Gozon (des Drachentöters, s. S. 83) zu erkennen.

Der Gewölbetrakt über der Straße gehört schon zur **Herberge der Spanier,** die auf der linken Seite anschließt und mit dem Wappen des Großmeisters Fluvian zwischen 1421 und 1437 datiert.

Gegenüber steht dann als letzte die **Herberge der Provence,** die zuletzt 1518, vier Jahre vor dem Fall der Stadt, erneuert wurde. Über dem Eingang erkennt man die Wappen des französischen Königs, das Ordenswappen, das des Großmeisters del Carretto und des Provenzalen de Flota, der die Erneuerung wahrscheinlich bezahlt hat.

Die Ritterstraße mündet dann in eine hohe gotische Wandelhalle. Diesen Gang, der vom Großmeisterpalast rechts (s. unten) zur heute zerstörten Johannes-Kirche führte, haben die Italiener ebenfalls gänzlich neu gebaut.

Großmeisterpalast 7

Di–Fr 8–15, Juni–Sept. 8–19.40 und Sa–Mo 9–15.40 Uhr, Eintritt 6 €, Kinder frei

Der Großmeisterpalast (Palace of the Knights) war das Machtzentrum des Johanniterordens. Eine erste Festung wurde schon im 8. Jh. während des Arabersturms errichtet, im 14. Jh. bauten die Kreuzritter sie dann als Zita-

Die Süleyman-Moschee erinnert an die einst große muslimische Gemeinde der Stadt

delle aus. Doch das originale Gebäude wurde 1856 bei der Explosion des türkischen Pulvermagazins in der Johannes-Kirche stark beschädigt. Die Kirche lag auf der anderen Seite des Platzes, dort wo heute das klassizistische Schulgebäude steht. Der italienische Gouverneur de Vecchi begann 1937 mit dem Wiederaufbau. Um historische Treue ging es aber nicht; schließlich sollte der Palast der Repräsentation des faschistischen Italien dienen. Mussolini plante sogar, hier seine Sommerresidenz einzurichten. 1940 waren die Arbeiten beendet, aber wenig später mussten die Italiener ihre Großmachtträume schon begraben.

Der Haupteingang mit seinen mächtigen gebauchten Türmen gehört zu den wenigen erhaltenen Originalteilen des von den Italienern neu gebauten Palastes. In den Nischen des weiten Innenhofs stehen lebensgroße römische Statuen aus dem 2. und 1. Jh. v. Chr. Sie wurden von der Insel Kós hierher gebracht und sind in bemerkenswert gutem Erhaltungszustand.

Im Erdgeschoss wird eine Ausstellung zur Ordensherrschaft gezeigt, darunter auch die bedeutendsten Exponate aus byzantinischer Zeit, etwa doppelseitige Prozessionsikonen aus dem 14. Jh., die u. a. eine Kreuzigung und eine sehr seltene Darstellung des Säulenheiligen Simon Stylites zeigen. Eine Antikenausstellung zeigt Skulpturen, dokumentiert aber auch die Stadtanlage im Altertum.

Die oberen Räume sind mit antiken Marmorteilen und Bodenmosaiken von der Insel Kós ausgestattet. Daneben sind aber auch alle Einrichtungsgegenstände aus der Zeit des italienischen Gouverneurs de Vecchi, darunter ein riesiger Schreibtisch mit geschnitzten barbusigen Putten, erhalten. Der zweite Saal wird von einer Kopie der Laokoon-Gruppe beherrscht, die rhodische Bildhauer im 1. Jh. v. Chr. schufen (s. S. 76).

Die Mosaiken in den folgenden Räumen zeigen mythologische Gestalten, darunter den Kampf des Poseidon mit dem Giganten Polybotes (s. S. 273). Besonders schön das Mosaik mit den Porträts der neun Musen am Ende des Rundgangs, denen jeweils ein typischer Gegenstand beigefügt ist. Gut zu erkennen sind Thalia (komische Dichtung) mit einer lachenden Maske, Polyhymnia (Mimik) mit einem Spiegel und Erato (lyrische Dichtung) mit einer Leier.

Orfeos-Straße

Hinter dem Großmeisterpalast kommt man auf die Orfeos, die nach rechts erst zum Antonius-Tor, dann zum **Amboise-Tor** führt, einem der mächtigsten Tore der Altstadt. Es entstand um 1512 unter Großmeister Emery d'Amboise und ist außen mit einem prächtigen Relief im französischen Flamboyant-Stil der Hochgotik versehen.

Nach links haltend gelangt man zum **Uhrturm** **8** (Roloj), der auf Fundamenten eines byzantinischen Festungsturms steht. Unter den Osmanen zeigte sein Glockengeläut an, wann die Griechen die Stadt verlassen mussten, denn sie durften sie nur tagsüber betreten. Nach privater Restaurierung dient er heute als Café-Bar; von oben genießt man einen schönen Blick über die Stadt bis hin zur antiken Akropolis (9–23 Uhr, Eintritt 5 €, inkl. Getränk).

Süleyman-Moschee **9**

Nur nach Gebetszeiten in Begleitung des Hodscha zugänglich
Die rosa getünchte Moschee mit dem markanten Minarett hat ein schönes Eingangsportal, das aus verschiedenen Bauteilen im frühen Renaissancestil zusammengesetzt ist. Sie ist ein beherrschender Blickfang, erbaut gleich nach der Einnahme von Rhodos zu Ehren von Sultan Süleyman. Der heutige Bau stammt jedoch aus dem Jahr 1808, ist ebenfalls unter Verwendung ›christlicher‹ Bauteile errichtet worden, die teils aus einer byzantinischen Kirche (die Säulen des Vorhofs), teils aus Renaissancepalästen der Ritter (das Eingangsportal) stammen.

Die Moschee wird von den wenigen türkischstämmigen Muslimen in Rhodos noch genutzt, ist aber meist verschlossen. Wer die Anlage betritt, muss, wie in allen Moscheen üblich, die Schuhe ausziehen. Das Innere wirkt wie bei den meisten islamischen Gebetshäusern eher schlicht. Lediglich Teppiche bedecken den Boden, gegenüber dem Eingang liegt die nach Mekka ausgerichtete Gebetswand (Kibla), daneben steht als einziges Möbel die hölzerne Treppe, die zur Predigtkanzel (Minbar) hinaufführt. Schmuckverzierungen zeigen nur die Trompen, die zur Kuppel überleiten: Die stalaktitenartige Stuckatur ist ein in der islamischen Kunst häufig verwendetes Motiv (Mukarnas).

Osmanische Bibliothek **10**

Mo–Sa, 9.30–15 Uhr, Eintritt frei
Die 1793 von Hafiz Ahmet Aga gestiftete Bibliothek, an der Sokratous gleich gegenüber der Süleyman-Moschee, wurde sehr schön restauriert. Im Vorsaal sind Faksimiles einiger alter Handschriften ausgestellt.

Die kostbarsten Exemplare liegen heute jedoch im Banktresor. Sie waren Ende der 1990er-Jahre gestohlen und nur mit Glück wieder aufgefunden worden. Ursprünglich diente die Bibliothek als Medrese (Koranschule) für die Süleyman-Moschee.

Auf Entdeckungstour: Über Zinnen und Türme – die Mauern von Rhodos

Den eigentlichen Charme der Altstadt von Rhodos machen die nahezu vollständig im Zustand von 1522 erhaltenen Mauern aus. Die imposanten Verteidigungsanlagen der Ritterzeit kann man auf mehreren Wegen entdecken.

Planung: Zugang vom Großmeisterpalast auf die Mauerkrone: Juni bis Sept. Mo–Fr 12–15 Uhr. Eintritt 2 €, Tickets im Palast (evtl. aber aus Sicherheitsgründen geschl.)

Alternative: Ebenso eindrucksvoll ist der Weg durch den Graben (Eingang gegenüber Nea Agorá), der bis zum Akándia-Tor begehbar ist. Auch ein Spaziergang durch die Schanzenwäldchen auf der äußeren Seite des Grabens bietet schöne Blicke auf die Mauern und Tore von Rhodos.

Woher man auch kommt, immer muss man durch eines der mittelalterlichen Stadttore, beim Stadtbummel stößt man in jeder Richtung auf hochragende Wälle. Diese gewaltigen Anlagen, für die wahrscheinlich ein Großteil der antiken Häuser außerhalb des Walls abgetragen und wiederverwendet wurden, entstanden nach der ersten Belagerung von 1480 unter Sultan Mehmet, deren Zerstörungswerk ein Erdbeben im folgenden Jahr vollendete. Danach begannen die Ritter in fieberhafter

Eile, die Mauern zu modernisieren, wobei ihnen Architekten aus Italien und Frankreich zu Hilfe kamen.

Modernster Festungsbau Europas

Um der Zerstörungskraft der immer stärkeren osmanischen Kanonen zu trotzen, wurden die Wälle auf bis zu 12 m verbreitert und mit geböschten Fundamenten sowie Rundtürmen versehen, an denen die Kugeln abprallen konnten – es waren damit die besten Anlagen ihrer Zeit.

Auf den Mauerkronen standen nun nicht mehr Ritter mit Pecheimern und Bogen, sondern Geschütze, die die Schanzen und das von jeder Bebauung freigehaltene Gelände rund um die Stadt bestreichen konnten. In den auf über 50 m verbreiterten Gräben wurden 15 m hohe Terrepleins angelegt, isolierte Vorwerke, die mit einer eigenen Besatzung versehen werden konnten.

Alle Nationen vereint

In der Ritterzeit waren die Stadtmauern in acht Abschnitte aufgeteilt, die jeweils von einer Landsmannschaft (›Zunge‹) des Ordens (s. S. 80) verteidigt und auch instand gehalten wurden. Auf dem nicht zugänglichen Abschnitt vom **Naillac-Turm** am Hafen bis zum Großmeisterpalast kämpften die Franzosen, für den Abschnitt, mit dem der Gang auf der Mauerkrone beginnt, vom Amboise-Tor bis zur Ágios Geórgios-Bastion, waren die Deutschen zuständig.

Die Bastionen beim **Amboise-Tor** mit den beiden charakteristischen Rundtürmen sind die aufwendigsten von Rhodos: Der Torweg knickt mehrfach ab und ist teilweise überdeckt, über 20 m ist allein die vordere Bastion stark. Zwischen dieser und dem Großmeisterpalast wurde ein zweiter

Graben eingezogen, der allerdings nur mit schwächeren Mauern gesichert ist. Über dem bogenförmigen Außentor ist ein großes Wappenrelief angebracht: Ein Engel hält das Ordenswappen und das des Großmeisters d'Amboise. Die **Georgsbastion**, die jüngste und stärkste Anlage, wurde erst kurz vor der Belagerung von 1522 fertiggestellt. Am viereckigen, hohen Turm ist ein Relief des hl. Georg als Drachentöter angebracht. Der

Abschnitt von hier bis zum **Turm von Spanien** wurde von der Zunge der Auvergne verteidigt, ihnen folgten die Spanier bis zum **Marienturm.**

Durch das nahe **Ágios Athanásios-Tor** soll der siegreiche Sultan Süleyman am 1.1.1523 in die Stadt geritten sein, danach wurde es zugemauert und erst 1922 von den Italienern wieder geöffnet. Seine außergewöhnliche Form mit dem zweifach abknickenden Torweg erhielt die Anlage Anfang des 16. Jh. unter Großmeister d'Abusson, der vor dem Marienturm eine gewaltige Bastion bauen ließ.

Von der Mauer zur Bastion

Auf dem nächsten Abschnitt bis zum **Koskinoú-Tor** standen die englischen

Ritter, dann kamen die Provenzalen bis zur Carretto-Bastion. Am nach Süden ausgerichteten **Koskinoú-Tor,** bis zum Bau der Neustadt das Haupttor der Stadt, kann man die einzelnen ›Ausbaustufen‹ am besten unterscheiden. Das Tor wird nach der kleinen Kapelle des Ágios Ioánnis Pródromos auch Johannes-Tor genannt.

Die einzelnen Bauphasen lassen gut die fortlaufende Verstärkung der Bastionen gegen die zunehmende Bedrohung durch die türkische Kanonentechnik erkennen. Sie war damals die fortschrittlichste in Europa und von allen Mächten gefürchtet, sogar das uneinnehmbare Konstantinopel war ihr 1465 zum Opfer gefallen. Vom Stadtinneren sieht man zuerst rechts den ältesten Teil, einen viereckigen Turm aus dem Jahr 1425. Dieser noch ganz mittelalterliche Bau wird umgürtet von einer spitzwinkligen Bastion mit Tor, die aus dem Jahr 1465 stammt und das Wappen des Großmeisters Raymond Zacosta über dem Außenportal trägt. Die Mauern sind zwar schon zum Graben hin geböscht, aber verglichen mit den folgenden noch relativ schwach.

Der Torweg verläuft jetzt mehrfach abknickend, über den ersten Graben, dann durch einen gedeckten Gang durch die gut 10 m breite zweite Bastion. Diese Anlage stammt aus dem Jahr 1482 und zeigt über dem Außenportal das Wappen des Großmeisters Pierre d'Aubusson und ein Relief des hl. Johannes im spätgotischen Flamboyant-Stil.

Von der Brücke, die nun den Hauptgraben überquert, erkennt man, dass die Mauern durch eine ausgeprägte Böschung nach unten verstärkt sind. Auch die Rundung dieser Bastion, im Gegensatz zur eckigen Form der Ersteren, entsprach der neuesten Technik,

denn sie bot den Kanonenkugeln weniger Angriffsfläche.

Zwei Bastionen, zwei Gräben

Die italienische Zunge war für die Mauern bis zum **Katharinen-Tor** zuständig. Angelpunkt der Verteidigung war der Turm von Italien, heute meist nach dem Bauherrn **Del Carretto-Bastion** genannt. Bis zur Belagerung von 1480 diente sie als Stadttor, wurde dann aber zugemauert. Das geschah vor allem, weil den Türken hier beinahe der Durchbruch gelungen wäre. Aus diesem Grund wurde der gesamte Abschnitt bis zum Hafen mit einer riesigen vorgelagerten Verteidigungsinsel geschützt, sodass zwei Bastionen und zwei Gräben hintereinanderlagen.

Die Seemauern

Die inneren Hafenmauern verteidigten die Kastilier. Die Wälle waren bautechnisch deutlich schwächer, nur die Abschnitte am Collachio wurden etwas breiter angelegt. Von der Bedeutung des Hafens für die Stadt künden die zahlreichen Tore: Das **Katharinen-Tor** im Osten und das **Paulus-Tor** zum Mandráki schützten die Zugänge von Land. Das **Judería-Tor** (auch Panagía-Tor nach der Marienkirche gegenüber genannt) führte ins Judenviertel, deren Bewohner vielfach als Schauerleute im Hafen arbeiteten. Auch heute noch ist es der Hauptzugang in die Stadt für die Besucher der Kreuzfahrtschiffe.

Das imposante **Marine-Tor** besteht aus zwei mächtigen Rundtürmen, dazwischen erkennt man ein Relief mit Maria, Johannes und Petrus (s. S. 87). Am **Hospital-Tor** gab es einen direkten Zugang vom Hafen zum Ordenshospital. Das **Arsenal-Tor** schließlich führte vom Galeerenhafen zur Schiffswerft auf der heutigen Platía Symis.

Center of Contemporary Art 11

179 Sokratous, beim Café Palio Sistio, Di–Sa 8–14 Uhr

Das Zentrum für zeitgenössische Kunst zeigt wechselnde Ausstellungen junger, moderner Künstler aus ganz Griechenland. Als Ausstellungssaal dient eine alte Kirche, angeschlossen ist auch ein ruhiges Café.

Odos Sokratous

Die **Sokrates-Straße**, die hinunter zur Platia Ippokratous und zum Marine-Tor am Hafen führt, war schon in der Ritterzeit und vermutlich bereits in der Antike die Haupthandelsstraße. Heute noch ist sie die umsatzstärkste Einkaufsmeile der Stadt. Man kann sich treiben lassen und über das Angebot staunen: Pelze, Ledermäntel, Goldschmuck, Parfüm, aber auch Naturkosmetik, Olivenholzprodukte und schicke Sommermode.

Aber auch hier gibt es noch etwas zu sehen. Etwa das alte **Kafenío Karakusu,** das noch so aussieht wie vor 80 Jahren, schön für eine Pause auf einen griechischen Mokka. Oder die **Agha-Moschee** aus dem Jahr 1820, die man nur daran erkennt, dass sie so unvermittelt in die Straße hineinragt. Wie alle Moscheen, die ja nach Südosten, zur Stadt Mekka, hin erbaut wurden, stört sie den abendländisch geradlinigen Stadtplan.

Platia Ippokratous

Die Platia Ippokratous, wo die Sokratous endet, ist der beliebteste Treffpunkt in der Altstadt, umrahmt von Restaurants mit wunderbaren Balkonterrassen (s. Lieblingsort S. 119). Von der Platia verläuft die Aristotelous-Straße entlang der **Kastellania,** dem Handelsgericht und Sitz der Marktverwaltung in der Ritterzeit, in deren Gewölben heute ein Weinhändler residiert.

Platia Martyron Evreon

Der große Platz, akzentuiert von einem Brunnen mit drei bronzenen Seepferdchen, ist nach den Juden von Rhodos benannt, die noch kurz vor Kriegsende in die Konzentrationslager deportiert worden waren (s. S. 117).

Vermutlich wegen der Nähe zum Kai der Kreuzfahrtschiffe lassen sich inzwischen hier die Auswüchse des Massentourismus am intensivsten auf Rhodos bemerken: vor den Lokalen Schlepper (lästig bis aggressiv) und Papageien (tierquälerisch gehalten), das Bier nur literweise in Stiefelgläsern serviert, in den Shops Ramschware, daneben Fastfoodbuden.

Am Ende des lang gestreckten Platzes bietet die malerische Ruine der **Kirche Panagía tou Bourgoú** 12 aus dem 14. Jh., einst die größte Kirche der Stadt, ein romantisches Bild; heute finden hier im Sommer Konzerte statt.

Katharinen-Hospiz 13

Pindarou, Mo–Fr 9.30–15 Uhr, Juli/ Aug bis 17 Uhr, Eintritt frei

Das Katharinen-Hospiz, eine Pilgerherberge aus der Ritterzeit, wurde vor einigen Jahren aufwendig restauriert. Rhodos war im Mittelalter eine beliebte Station der Pilger ins Heilige Land (zum Teil lebte der Orden auch davon, diese Fahrten zu organisieren, als ein mittelalterlicher Reiseveranstalter quasi). Besonders schön sind die Chochláki-Böden (Kieselmosaiken) in den Höfen und Sälen. Im Obergeschoss ist ein typisches Pilgerzimmer sowie eine Dokumentation zur Grabung im antiken Hafen zu sehen, dessen Kai hinter dem Hospiz lag. Besonders spannend sind die Funde aus der antiken Müllkippe, die bei den Arbeiten entdeckt wurde. Zahlreiche Kleinfunde, darunter auch erotische Darstellungen, geben Auskunft über das Alltagsleben in der Antike.

Lieblingsort

Abends an der Platia Ippokratous

Sicher gibt es stillere und romantischere Ecken in der Altstadt von Rhodos, hier hat man aber am meisten zu gucken. An dem Platz mit dem Eulenbrunnen kommt jeder mindestens einmal vorbei, und fliegende Händler und die Kellner der Terrassencafés und Restaurants versuchen mit viel Tamtam, Kunden zu werben. Ich sitze gern auf der Freitreppe der Kastellania und genieße dieses große Theater (S. 117).

Odos Pythagora

Nun ins türkische Viertel: Man beginnt an der Platia Ippokratous und geht die Pythagora hoch. Hier ist vom Tourismus nur noch wenig zu spüren, doch in türkischer Zeit, vor dem Bau der Neustadt, war dies eine der Hauptstraßen der Stadt. Man erkennt es an der aufwendigen Pflasterung mit großen Steinplatten.

Bald sieht man rechts das schlanke Minarett der **Ibrahim-Moschee** `14`. Das Bethaus wurde 1531 von einem Großwesir des Sultans Süleyman gestiftet und wird von der islamischen Minderheit von Rhodos bis heute genutzt, ist aber meist verschlossen. Nach dem Gebet kann man den Hodscha aber um eine Besichtigung bitten.

Dann unterquert man den klassizistischen, über die Straße gebauten Palast des osmanischen Statthalters (19. Jh.) und erreicht die **Platia Konti**, wo ein Stück der byzantinischen Befestigung freigelegt wurde. Die Mauer, in der antike Säulentrommeln verbaut wurden, liegt jetzt tief

unter dem heutigen Straßenniveau. Sie stammt aus dem Jahrhundert des Arabersturms, als Rhodos mehrfach überfallen wurde und den größten Teil seiner Bevölkerung verlor.

Am Ende der Pythagora lohnt ein Abstecher zur Ágios Ioánnis- oder Koskinoú-Bastion (s. S. 116).

Omirou und Platia Dorieos

Von der Pythagora biegt die von zahlreichen Schwippbögen überspannte **Odos Omirou** ab. Sie führt zur hübschen Platia Dorieos mit der **Redjab-Moschee** `15`. Die 1588 erbaute Moschee ist arg vernachlässigt und notdürftig mit Stützgerüsten vor dem Einsturz geschützt, sie soll aber mit ihren farbenprächtigen Iznik-Fliesen die schönste von Rhodos gewesen sein. Sie entstand als Stiftung eines osmanischen Statthalters, dessen Sarkophag in einer Türbe im Moscheegarten steht. Gut erhalten ist der überdachte Reinigungsbrunnen, der der von ausladenden Baumkronen beschattete Platia Dorieos ein romantisches Flair verleiht – in den Tavernen dort kann man schön einkehren.

Kirche Ágios Fanoúrios `16`

Agiou Fanouriou, tgl. 7–13, 16–20 Uhr, Spende erwünscht

Schräg gegenüber der Moschee duckt sich unauffällig, kaum kopfhoch, ein rot-weiß gestrichener Bau, der vermutlich die älteste noch bestehende Kirche von Rhodos-Stadt ist. Ebenso wie die sehr ähnliche Kirche Chostós in Líndos (s. S. 204) könnte sie aus dem 9. Jh. stammen. Bis auf den modernen Eingangstrakt an der Agiou Fanouriou liegt sie tief unter dem heutigen Bodenniveau, tiefer sogar als die Fundamente aus der Ritterzeit.

Uralte Fresken, gedunkelt vom Kerzenruß der Jahrhunderte, bedecken

---

Mein Tipp

Bars auf dem Hamam Place

Die **Platia Arionos**, im Jargon meist nach dem türkischen Bad ›Hamam Place‹ genannt, war immer sehr still und abgelegen. Jetzt aber haben hier mehrere topmoderne (und nicht ganz leise) Music-Bars das Regiment übernommen, und nachts ist hier inzwischen der Hot Spot der Jugendszene. In der **Stoa Music Bar** `4` (tgl. ab 22 Uhr) finden jeden Freitag Tango-Milongas statt; beliebt ist auch die **Mosaic Bar** `5` mit DJ-Musik und Shushi.

Nachts öffnen an der Platia Arionos die Music-Bars – tagsüber herrscht hier schläfrige Idylle

die Innenwände der Kirche. Die älteste der drei erhaltenen Freskenschichten wird in die letzten Jahre des 13. Jh. zurückdatiert. Die besterhaltene Darstellung ist ein Stifterbildnis mit zwei Erwachsenen, von denen einer das Modell der Kirche hält, und zwei Kindern. Es stammt aus dem Jahr 1335/36 und ist in der rechten Nische des tonnengewölbten Westarms zu sehen, der zu dieser Zeit verlängert wurde. Erst damals muss die Kirche auch dem hl. Phanourios geweiht worden sein, der nur auf Rhodos und Kreta verehrt wird (seit Mitte des 14. Jh.).

In schlechterem Zustand sind die anderen Fresken. An den Tambourwänden des Kuppelraums sieht man die 16 Propheten, im Scheitel thront Christus als Pantókrator (Allesbeherrscher) mit dem Buch des Weltgerichts, darunter sind Engelsgestalten einer Auferstehungsszene zu erkennen. Das Tonnengewölbe und die Wände waren mit dem 12-Feste-Zyklus (Dodekaortón) sowie Szenen vom Jüngsten Gericht und aus dem Leben Johannes des Täufers verziert.

Platia Arionos

Durch die Agiou Fanouriou geht man bis zur Andronikou, die zum **Türkischen Bad (Hamam)** 17 führt. Das unter Sultan Selim II. (1566–74) erbaute Bad mit mächtigen Kuppeln gilt als eines der größten im gesamten Osmanischen Reich. In abgesonderten Trakten badeten Männer und Frauen getrennt. 2003 wurde die Anlage als Museum renoviert, ist jedoch derzeit geschlossen.

Die **Mustafa-Moschee** 18 gegenüber entstand während des Sultanats Mustafas III. (1754–1774). Am Portal mit einer arabischen Inschrift zur Lobpreisung Allahs sind Bauelemente der Renaissance und der byzantinischen Zeit zu erkennen, auch am Brunnen auf dem Platz, der aus reliefierten Marmorplatten zusammengesetzt ist.

Platia Athinas

Durch eine Gasse rechts hinter der Moschee erreicht man wieder die Agiou Fanouriou, an der einige einfache Tavernen liegen. Am kleinen Straßenknick zur Linken führt ein dunkler Durchgang zur Platia Athinas, einem großen unbebauten Gelände mit den Ruinen der spätbyzantinischen **Kirche Míchail Archángelos** 19 . Wie die gesamte Bebauung ist auch die Kirche im Zweiten Weltkrieg einem Bombenangriff zum Opfer gefallen. Hinter der Kirchenruine erstreckt sich eine größere **Ausgrabung** des antiken Rhodos. Die Fundamente dieser Stadt liegen gut 3 m unterhalb des heutigen Straßenniveaus. Wenn Sie sich nun nach links halten, stehen Sie urplötzlich wieder auf der Sokrates Straße, mitten im hektischen Trubel dieser an unterschiedlichen Eindrücken so reichen Stadt.

Synagoge Kahal Shalom 20 : s. Entdeckungstour S. 124

Übernachten

Mittelalter-Charme – **Attiki** 1 : Theofiliskous/Haritos, Tel. 2241 036 596, www.hotelattiki.com, DZ/F ab 45 € (NS) bis 115 € (HS). Ruhig gelegenes Altstadthaus, mit Schriftstellerzitaten dekorierte Zimmer mit Mittelalterflair. AC, Kühlschrank, WLAN, Sauna und Leihfahrräder sind im Preis enthalten. Großer Garten mit Sonnenliegen.

Mitten drin – **Domus** 2 : Platonos, Tel. 2241 025 965, www.domusrodoshotel.gr, DZ 50 € (NS) bis 70 € (HS), Frühstück 5 €. Kleines Hotel mit 19 Zimmern an einem zentralen, abends recht lebhaften Platz, nur 20 m von der Sokratous-Straße entfernt. Rustikale Zimmer mit Du/WC, mit AC, Kühlschrank, WLAN.

Familiär – **Olympos** 3 : 56 Ag. Fanouriou, Tel. 2241 033 567, www.booking. com, DZ 45 € (NS) bis 70 € (HS), Frühstück 6,50 €. Eine familiäre Pension an der verschwiegenen Fanouriou-Gasse. Einfache Zimmer mit AC und Kühlschrank in einem verwinkelten Altstadthaus mit Garten, geführt von einer netten Familie von der Insel Kárpathos.

Romantisch – **Pension Sofia** 4 : 67 Aristofanous, Tel. 2241 036 181, www. booking.com, DZ/F ab 55 € (NS) bis 75 € (HS). Hübsch renoviertes Altstadthaus nahe der Archangelos Michael-Kirche, sehr ruhig, aber doch zentral mitten in der Altstadt. Romantisch eingerichtete Zimmer in Gelborange mit AC und Kühlschrank, kleiner Garten.

Versteckt – **Spirit of the Knights** 5 : 14 Alexandridou, Tel. 2241 039 765, www. rhodesluxuryhotel.com, DZ 145 € (min. NS) bis 425 (max. HS). Sehr versteckt und ruhig gelegenes Luxushaus, das das historische Flair als Gesamtkunstwerk pflegt. Sechs historisch eingerichtete Zimmer, im Garten ein Pool ausgelegt mit Kieseln, Yoga-Kurse und Aromamassagen auf Anfrage.

Essen & Trinken

Traditionstaverne – **Alexis** 1 : 18 Sokratous , Tel. 2241 029 347, tgl. 12–15, 19–24 Uhr, Vorspeisen 5–15 €, Hauptgerichte 11–27 €. Berühmteste Fischtaverne in der Altstadt, gegründet 1957 – sogar der legendäre Reeder Onassis war in dem mit Erinnerungen vollgehängten Innenraum schon zu Gast. Reservieren unbedingt erforderlich, es gibt nur exklusiv wenige Tische draußen!

Versteckt – **Hatzikeli** 2 : 9 Alchadeff, Tel. 2241 027 215, tgl. 12–14.30, 18–23 Uhr, Vorspeisen 4–12 €, Hauptgerichte 12–25 €. Das Restaurant liegt etwas versteckt und sehr lauschig hinter der Kirchenruine und ist ein echter Geheimtipp: Durchaus mit Anspruch kredenzt man hier Fisch und »100 traditionelle griechische Gerichte«, wie der

Aushang verspricht. Und als Clou kann man sogar aus einem umfangreichen Angebot an Zigarren wählen.

Ritterpalast – **Ippotikon** 3 : 5 Pl. Martiron Evreon, Tel. 2241 025 293, www.ippotikon.com, tgl. ab 10 Uhr, Vorspeisen 5–15 €, Stifado 11 €, Salate um 10 €, Fleischgerichte ab 15 €. Sehr schön in einem alten Stadtpalast aus der Zeit der Ritter. Am besten sitzt man auf der Dachterrasse, innen mit romantischer historischer Einrichtung. Die Küche klassisch griechisch mit internationalem Standard, ab 21 Uhr Livemusik.

Dorfflair – **Ta Kioupia** 4 : Menekleous 22, Tel. 2241 030 192, Vorspeisen 5–10 €, Hauptgerichte ab 13 €. Hübsche Taverne im Dorfstil etwas abseits der Sokratous mit echter griechischer Küche. Etwas teurer als die Touristenlokale, auch kleinere Portionen (was eher angenehm ist), herzlicher Service.

Nette Snacks – **Ntinos** 5 : 7 Dimokritou, Tel. 2241 031 820, Vorspeisen um 5 €, Hauptgerichte ab 11 €. Die kleine Taverne etwas abseits der Hauptbummelmeile serviert – versteckt in einer weinüberrankten Nebengasse – eine unprätentiöse griechische Grillküche in nettem Ambiente.

Inselküche – **Oasis** 6 : Platia Dorieos 12, Tel. 2241 034 253, tgl. 9–22 Uhr, Vorspeisen ab 4 €, Hauptgerichte um 9 €. Urige Familientaverne in einem uralten Bruchsteinhaus abseits der Touristenströme. Unter schattigem Baumdach serviert eine Familie von Kárpathos die bodenständige Inselküche der Mama Sofia.

Der alte Markt – **Filippos** 7 : Apelou, Ecke Efdimiou, tgl. ab 11 Uhr, Vorspeisen 5–15 €, Hauptgerichte 15–30 €. In der Paléa Agorá, dem ›Alten Markt‹, an der Hauptflaniermeile: Wo früher die Männer im Kafénio hockten, tafelt man heute griechisch-international.

Aussicht – **Plaka** 8 : Platia Ippokratous, Tel. 2241 035 695, tgl. 11–15, 18–24 Uhr, Vorspeisen 5–15 €, Hauptgerichte 13–30 €. Die Lage mit Blick über den Ippokratous-Platz ist nicht zu toppen. Wer abends an der Balustrade sitzt (reservieren!), hat den romantischsten Blick auf den Zentralplatz der Altstadt.

Echte Schwämme

An der Platia Sýmis in Rhodos-Stadt, aber auch am Embóriko-Hafen und auf dem Zentralplatz, der Platia Ippokratous, verkaufen häufig fliegende Händler gewaltig große Muscheln und anderes exotisches Meergetier. Das meiste kommt allerdings aus der Karibik; Umweltschützer beklagen inzwischen die ungebremste Raubfischerei dort. Wer Probleme beim Zoll wegen des Artenschutzabkommens vermeiden will, kann dennoch die echten Schwämme kaufen: Sie halten sehr lange, denn das Material wirkt im Gegensatz zu Kunststoff anti-bakteriell und anti-fungizid.

Ritterflair – **Island Lipsi** 9 : 18 Agisandrou, Tel. 2241 033 903, tgl. 10–24 Uhr, Vorspeisen ab 7 €, Hauptgerichte ab 14 €. Ein ehrwürdiges Ritterhaus hinter dem Archäologischen Museum mit Tischen an der Gasse. Der Service ist aufmerksam, das Essen gut: z. B. ein schön scharfes Bekri, leckere Soutzoukakia und gute Fischauswahl! Mitunter mit Livemusik.

Fisch und Meeresfrüchte – **Pizanias Kyriakos (The Sea Star)** 10 : 24 Sofokleous, Tel. 2241 022 117, tgl. 11.30–15, 18.30–23 Uhr, Dorade 15 €, Vorspeisen (z. B. selbstgemachtes Tarama) um 5 €. Schlichte Familientaverne, spezialisiert auf Fisch, beliebt bei griechischem Publikum. Wirt Pizanias grillt den Fisch quälend langsam, dafür schmilzt er aber auch auf der Zunge. ▷ S. 127

Auf Entdeckungstour:
Das jüdische Viertel von Rhodos

Es gibt kaum noch Juden auf Rhodos. Doch an verschiedenen Stellen in Rhodos-Altstadt findet man ihre Spuren – nicht nur beim eindrucksvollen Denkmal auf dem ›Platz der hebräischen Märtyrer‹.

Planung: Der Streifzug durch das Juderia-Viertel dauert ca. 1,5 Std., mit Ausflug zum alten Friedhof der jüdischen Gemeinde zu Fuß rund 3,5 Std.

Synagoge Kahal Shalom [20] **:** Dosiadou, tgl. außer So 10–17 Uhr, Eintritt 4 €

Jüdischer Friedhof (▶ S 9): Leoforos Kallitheas, hinter dem Abzweig nach Tsitante

Internet: Sehr gute Darstellungen auf Englisch unter: www.rhodesjewishmuseum.org, www.jewishrhodes.org

Man findet sie nur schlecht. Fensterlos stehen die Bruchsteinmauern in der Sonne, nur die Davidsterne auf den Flügeltüren geben einen Hinweis. Die Kahal Shalom-Synagoge nahe der Platia Martyron Evreon wird aber auch selten gesucht. Die meisten kehren schnell wieder auf die Souvenir-Meile beim Märtyrer-Platz zurück, wenn sie sich in die Gassen des alten jüdischen Viertels verirren. Bis heute stehen hier noch Ruinen, lange Zeit haben die Stadtväter diesen Teil von Rhodos vernachlässigt.

Die Juden von Rhodos

Dabei stellten die Juden unter osmanischer Herrschaft fast ein Viertel der Bevölkerung in der Altstadt. Anders als die Griechen durften sie innerhalb der Stadtmauern wohnen. Obwohl es schon in der Antike und in byzantinischer Zeit Juden in Rhodos gab, siedelte sich hier vor allem nach dem Abzug der Ritter 1522 eine große Gemeinde an. Es waren vornehmlich spaniolische Juden des sephardischen Ritus, die 1492 von den Katholischen Königen Isabella und Ferdinand aus Spanien vertrieben worden waren und im Reich der türkischen Sultane Asyl fanden.

Im 17./18. Jh. beherrschten sie den Weinhandel und die Seidenmanufakturen, die den Hof in Istanbul belieferten. 1819 gründete ein rhodischer Jude namens Bohor Alchadeff sogar das später bedeutendste Bankhaus des östlichen Mittelmeeres mit Hauptsitz auf Rhodos (am Anfang der Sokrates-Straße rechts, heute ein Souvenirshop). Der **jüdische Friedhof** an der Küstenstraße nach Faliráki, angelegt von den Italienern, bewahrt Grabsteine, die bis auf das 16. Jh. zurückgehen.

Vor dem Zweiten Weltkrieg besaß die jüdische Gemeinde sechs Synagogen. Viele Familien waren wohlhabend und seit Generationen im Handel tätig. Ihre Geschäfte zogen sich von der Platia Martiron Evreon bis zur Sokratous hinauf, die gesamte Platia Ippokratous war von kleinen Lädchen jüdischer Familien umgeben.

Steinerne Spuren

Die **Kahal Shalom** war die größte und ist heute die letzte **Synagoge** in Rhodos, in der noch liturgische Riten stattfinden. Angeschlossen ist seit 2001 ein Museum, das Dokumente zum Leben der Juden und ihrer Vernichtung

durch die Nazis zeigt. Zugleich ist beim Museum ein Faltblatt für einen Rundgang durch das Juderia-Viertel erhältlich, mit dem man heute anders genutzte Synagogen und ehemalige Häuser jüdischer Familien findet.

Die breite Straße zwischen dem Ippokratous-Platz und dem Katharinen-Hospiz hieß damals Calle Ancha. Nach dem Krieg wurde der Platz mit dem Seepferdchenbrunnen umbenannt in **Platia Martyron Evreon**,

›Platz der hebräischen Märtyrer‹, denn fast die gesamte jüdische Gemeinde war noch kurz vor Kriegsende in die Konzentrationslager deportiert worden. Ein schwarzer Monolith mit einer Inschrift erinnert seit 2001 daran.

Die Vernichtung

Auf 4000 Mitglieder schätzte man die Gemeinde im Jahr 1938, als Rhodos noch unter italienischer Verwaltung stand. Nachdem Hitler seinem Verbündeten Mussolini die Rassegesetze vom 17. November 1938 aufgezwungen und sich die politische Tonart nach einem Besuch von Goebbels auf Rhodos (1940) verschärft hatte, emigrierte etwas mehr als die Hälfte der Juden: nach Palästina, ins damalige Belgisch-Kongo oder nach Argentinien.

Der Rest blieb. Die Menschen fühlten sich in Sicherheit, sie waren ja italienische Staatsbürger, die jungen Männer hatten in der Armee gedient. Und tatsächlich konnten die Italiener ›ihre‹ Juden im gesamten Staatsgebiet vor der Deportation bewahren, obwohl die Deutschen mehr als einmal wutentbrannte Anfragen an die italienischen Regierungsstellen richteten.

Nachdem Griechenland während des Balkanfeldzugs im April 1941 besetzt und in eine deutsche und eine italienische Zone geteilt worden war, begann die Wehrmacht im März 1943 mit den Transporten nach Auschwitz. Die 50 000 Mitglieder zählende jüdische Gemeinde von Thessaloníki, ein Viertel der Stadtbevölkerung, wurde vollständig vernichtet. Die Italiener auf Rhodos meldeten jedoch immer wieder lakonisch, sie hätten keine Juden.

Doch im September 1943, nach der Kapitulation Italiens unter Marschall Badoglio, landeten deutsche Sturmtruppen auch auf Rhodos und zwangen die italienische Garnison zur Kapitulation. Die deutsche Vernichtungsmaschinerie lief im Juli 1944 mit der Übernahme des Kommandos durch Generalmajor Otto Wagener (s. S. 90) an. Alle Juden der Insel mussten sich am 23. Juli am Hafen versammeln. 1716 Menschen kamen zusammen.

Niemand schöpfte Verdacht, hieß es doch, sie sollten nur auf eine andere Insel gebracht werden. Auf Intervention des türkischen Konsuls, Şelahattin Ülkümen, mussten 46 Personen, alle Inhaber eines Passes der neutralen Türkei, jedoch wieder freigelassen werden. Die anderen wurden auf Frachtern ins KZ Chaidari bei Athen und am 3. August in Viehwagen nach Auschwitz transportiert. Nur 151 Überlebende kehrten zurück. Zu diesem Zeitpunkt waren die Alliierten bereits in Frankreich gelandet und hatten Rom besetzt, die Rote Armee überschritt gerade die ostpreußische Grenze. Gänzlich ›judenrein‹ machte Wagener Rhodos dann im Januar 1945, als er alle restlichen Juden, die türkischen Staatsangehörigen, in einem winzigen Kaik aufs Meer zum Festland schickte. Das völlig überfüllte Gefährt wurde durch Glück von einem britischen Spähboot entdeckt und gerettet.

Der Überzeugungsnazi Wagener, der allein im März/April 1945 über 1300 Todesurteile auf Rhodos vollstrecken ließ, wurde später von einem italienischen Gericht zu 15 Jahren Haft verurteilt, auf Intervention der Adenauer-Regierung und des Vatikans aber nach vier Jahren freigelassen.

Von Auschwitz zurück

Heute zählt die jüdische Gemeinde von Rhodos nur etwa drei Dutzend Mitglieder, es gibt keinen Rabbiner mehr. Seit die frühere Kustodin, Frau Lucia Modiano, eine Auschwitz-Überlebende, sich aus Altersgründen zurückziehen musste, ist mit Spenden rhodischer Juden aus Israel, Amerika oder Argentinien, das **Jüdische Museum** neben der Synagoge aufgebaut worden. Den großen Bau aus dem 16. Jh. mit prächtigen Leuchtern und Kultgerät aus Messing, ausgelegt mit rotem Samt, finanzierten Überlebende des Holocausts aus Amerika. Das Museum zeichnet in Fotodokumenten die Geschichte der rhodischen Juden nach. In Familienfotos von Festen, Feierlichkeiten, Trauungen und Ausflügen werden die Menschen und ihr Alltag wieder lebendig. Daneben ist kostbares Kultgerät wie uralte Thorarollen zu sehen.

Mit Livemusik – **Oionos Taverna 11** : Platonos 18, Tel. 693 765 2062, auf Facebook, tgl. 10–14, 19–24 Uhr, Vorspeisen ab 5 €, Hauptgerichte um 18 €. Gegenüber der Ibrahim-Moschee eine echte griechische Musik-Taverne mit wunderschöner Dachterrasse. Authentische Küche, oft bei Rembetiko-Musik.

Einkaufen

Rhodos-Stadt ist das Shopping-Paradies der Insel. Hier wird alles verkauft, von Pelzmänteln über Billigsouvenirs bis hin zu Werken von Athener Künstlern. Hochpreisige Markenmode gibt es dagegen in der Neustadt, oberhalb der Néa Agorá.

Antiquitäten – **Astero Antiques 1** : Ag. Fanouriou, tgl. außer So 9.30–23 Uhr. Michalis Hatzis verkauft wunderbare Antiquitäten, viel altes Küchengerät aus Kupfer oder Messing.

Künstlerschmuck – **Eolos Jewelery 2** : 46 Sokratou. Mediterraner Sommerschmuck aus Silber, Halbedelsteinen und Leder, schöne Hingucker!

Sommermode – **Robylen 3** : Apelou 32. Originelle Kleidchen, Hüte, Accessoires und Schuhe, verkauft von einer deutschsprechenden Holländerin.

Ökoprodukte – **Natura Greca 4** : 78 Sokratous, tgl. 9–23 Uhr, www.naturagreca.com. Traditionelle Produkte Griechenlands, von Honig bis Seife aus Olivenöl, von Mastix aus Chios bis zu Schwämmen aus Sými.

Geschnitzt aus Olivenholz – **Art & Tradition 5** : Pythagora 31. Große Auswahl an Küchengerätschaften und Schönem fürs Interieur, alles handgefertigt aus Olivenholz und fein poliert.

Orientalisches – **Royal Silver 6** : 17 Apelou, Ecke Polidorou. Orientalische Silberreproduktionen, Glas, Keramik etc. Leider stolze Preise!

Gold und Edelsteine – **Samourakis Gold 7** : 71 Sokratous, tgl. 9–23 Uhr.

Juwelier mit deutschsprachiger Beratung. Es gibt ausgefallene Stücke, teils auch mit antiken griechischen Motiven.

Likör – **Ouzerie Sifonios 8** : 37 Pythagora, selbst gebrannter Ouzo und verschiedene bonbon-bunte Liköre. Mit einer ruhigen, preiswerten Taverne (Sifonios Kelari) gegenüber.

Abends & Nachts

Gartenbar – **Sokratous Garden 1** : 124 Sokratous, tgl. 9–24 Uhr. Lauschiges Gartenrestaurant versteckt an der Hauptbummelmeile, wo man in entspannter Atmosphäre Eis, Getränke, Snacks fürs Mittagessen (u. a. auch Pizza) erhält.

Illuminiert – **Auvergne Cafe 2** : Platia Megalou Alexandrou, tgl. 11–23 Uhr, auf Facebook. Vor allem abends zauberhaft illuminierte Café-Bar im Hof bei der Herberge der Auvergne nahe dem Archäologischen Museum. Oft Lounge-Musik live.

Latin – **Todo bien 3** : 15 Pythagora, ab 17 Uhr. Kleine Straßenbar mit lateinamerikanischen Rhythmen, Che-Porträts und einer Tanzfläche, die sich gegen 23 Uhr füllt.

Party am Hamam Place – **Stoa 4 & Mosaic Bar 5** : s. S. 120.

Clubbing – **Gazi Club 6** : Platonos, Ecke Evripidou, Tel. 693 722 8252, tgl. verschiedene Theme Nights ab 23.30 Uhr, auf Facebook. Echtes Clubbing mit griechischer Dance- und Techno-Musik, Laserlicht und üblicherweise Twen-Publikum.

Theater und Musik – **Medieval Moat Theatre 7** : Das Theater im mittelalterlichen Burggraben heißt offiziell Melina Merkouri Theatre. Es liegt im Burggraben vor der Caretta-Bastion (Zugang vom Akandia-Tor). Das Programm kann man beim Info-Büro erfragen.

Die Neustadt

Die Neustadt von Rhodos wurde unter italienischer Verwaltung ab den 1920er-Jahren gebaut, vorher standen auf der Landspitze nur einige Fischerkaten und der osmanische Friedhof mit der Murad Reis-Moschee. Zu dieser Zeit entstand mit dem Grande Albergo delle Rose auch das erste Touristenhotel der Ägäis. Doch erst in der 1950er-Jahren kam es zum Aufbau der großen Touristenstadt von heute, die die gesamt Nordspitze einnimmt. Inzwischen gewinnt die Neustadt auch ein besonderes Flair als Sitz der großen Ägäis-Universität; so leben hier für Griechenland überdurchschnittlich viele junge Leute. Wer nicht in die Touristenlokale gehen will, kann daher auch Bars und Lokale besuchen, die von griechischer Jugendszene geprägt sind.

Als Standquartier ist Neu-Rhodos nicht schlecht, auch wenn die Bausubstanz vielfach sehr alt ist: Die Strände liegen direkt vor den Hotels, am Mandráki gibt es ein enormes Angebot an Bootsausflügen, wie die Altstadt hat auch die Neustadt viele erstklassige Restaurants und sogar ein Casino, in zahlreichen Bars und Discos wird bis frühmorgens gefeiert. Wer will, kann ordentlich über die Stränge schlagen.

Néa Agorá 21

Der schönste Platz der Neustadt ist der Kai am Mandráki-Hafen, wo die Italiener ihrer Fantasie vom Orient freien Lauf ließen und die Néa Agorá, ein Marktgebäude mit großem Innenhof bauten. Im Innenhof des Neuen Marktes pulsiert echt griechisches Leben, Tavernen und Restaurants reihen sich aneinander (s. Lieblingsort S. 130). In der Fischhalle in der Mitte wird morgens in aller Frühe der nächtliche Fang angeboten. An der Schauseite zum Hafen hin liegen Cafés mit einer verlockenden Auswahl an Obst- und Sahnetorten, unter den schattigen Arkaden zur Stadt Geschäfte.

Mandráki-Hafen

Im alten Fischerhafen dümpeln heute Jachten und eine ganze Armada von Ausflugsbooten. Wie in Venedig beherrschen zwei Säulen die Hafeneinfahrt – heute bekrönt von den Figuren eines Hirsches als Wappentier der Insel Rhodos und einer Hirschkuh. Unter italienischer Besatzung hatte

Hirschsäule am Mandráki-Hafen, dahinter das Nikolaos-Kastell

dieses heute so beliebte Fotomotiv eine etwas andere Bedeutung: Neben dem rhodischen Hirschen stand da die römische Wölfin!

Kastell Ágios Nikólaos 22
9–16 Uhr, Eintritt frei
Die Seefestung am Ende der Mühlenmole entstand in byzantinischer Zeit auf den Fundamenten des zusammengebrochenen Koloss' von Rhodos und wurde von den Johanniterrittern 1467 ausgebaut. Während der Belagerung von 1480 war sie Schauplatz der blu-

Der Koloss von Rhodos
Der ›Koloss‹, eine riesige Statue des rhodischen Sonnengottes (s. S. 77), gilt heute als beliebtestes Wahrzeichen der Insel. Wie er aussah und wo er stand, war lange umstritten. Inzwischen konnten archäologische Untersuchungen zeigen, dass ein Standort auf der Basis des heutigen Nikolaos-Kastells sehr wahrscheinlich ist. Breitbeinig wie auf den Souvenirs stand er dort aber bestimmt nicht.

Lieblingsort

Urige Tavernen in der Néa Agorá 21

Im Inneren des ›Neuen Marktes‹
schlagen die Uhren noch im Takt
der guten alten Zeit, als man für
ein Souvlaki nur 1,50 € zahlen
musste. Hier gehe ich immer am
liebsten essen, denn zugleich ist
die Küche aller Tavernen unprä-
tentiös und typisch griechisch.
Man sitzt abgeschirmt von den
Touristenströmen im Schatten,
kommt oft auch mit Einheimischen
ins Gespräch.

tigsten Gefechte, konnte von den Türken aber nicht eingenommen werden. Auf der Seeseite wurden inzwischen Baureste identifiziert, die den Unterbau des Kolosses von Rhodos gebildet haben könnten (s. S. 77).

Platia Evdomis Martiou

Die breite Avenue, die von der Néa Agorá zum Stadtstrand verläuft, hieß früher Platia Eleftherias (Platz der Freiheit), heute ist sie nach dem Beginn der deutschen Razzien gegen griechische Widerstandskämpfer am 7. März 1944 benannt. Sie wird ganz von den italienischen Gebäuden der 1930er-Jahre geprägt. Die schlichten Formen von Bauten wie dem Rathaus und dem Theater entsprechen dem Internationalen Stil der späten 1920er-Jahre (einer vom Bauhaus beeinflussten Spielart des Funktionalismus) und wirken daher überhaupt nicht griechisch. Wie zum Trotz steht gleich hinter der Busstation die Statue von Alexandros Diakos, einem ›Helden‹ der Befreiung des Dodekanes (s. S. 89).

Die **Evangelísmos-Kirche** 23 , die heutige Bischofskirche von Rhodos, errichteten die Italiener nach alten Stichen als Kopie der durch eine Explosion der türkischen Pulvervorräte zerstörten Johannes-Konventskirche beim Großmeisterpalast. Die zunächst katholische Kirche wurde nach 1948 dem orthodoxen Ritus geweiht und ganz mit Fresken in der alten byzantinischen Tradition ausgemalt (s. auch s. S. 68).

Der **Bischofspalast** 24 dahinter, erbaut als Verwaltungssitz des italienischen Gouverneurs, ist in jeder Hinsicht typisch für die anspielungsreiche italienische Architektur während der Mussolini-Ära. Von der Landseite ist er gestaltet wie ein gotischer Palast, von der Seeseite ähnelt er in der Bauform dem Dogenpalast in Venedig, erinnert mit seinem geometrischen Fassadenschmuck aber zugleich an einen maurischen Kalifenpalast.

Osmanischer Friedhof 25

Platia Koundourioti, Sa–Do 10–19 Uhr
Am Ende der großen Avenue scheint sich die **Murad Reis-Moschee** in einem verwunschenen Garten verstecken zu wollen. Eine türkische Familie hütet das Areal des türkischen Friedhofs und den mit der grünen Fahne des Islams bedeckten Sarkophag von Murad Reis, der die Moschee Ende des 16. Jh. stiftete. Murad Reis war ein osmanischer Admiral, der im Indischen Ozean gegen die Portugiesen kämpfte, 1565 an der Schlacht um Malta (wieder gegen die Ritter des hl. Johannes) teilnahm und auf Kreta gegen die Venezianer zu Felde zog. Er starb 1609 auf Rhodos und ist am Beginn des Friedhofs in einer Türbe, einem überkuppelten Rundpavillon, bestattet.

Die meisten Grabsteine zeigen Koranverse in arabischer Kalligraphie, manche sind mit Turbanen gekrönt und weisen den Toten so als Würdenträger aus. Rhodos war seit dem 17. Jh. ein Verbannungsort, wohin all

Lawrence Durrell auf Rhodos

In dem kleinen Haus ganz am Ende des Osmanischen Friedhofs, heute renoviert und Sitz einer Literaturinstitution, schrieb Lawrence G. Durrell sein Buch »Leuchtende Orangen« über seine Zeit als britischer Verbindungsoffizier auf Rhodos nach dem Zweiten Weltkrieg. Er war zwischen der deutschen Kapitulation 1945 und dem Übergang der Insel an Griechenland 1948 für den Aufbau einer Verwaltung zuständig. Durrell hat die romantische Stimmung auf dem Friedhof eindrucksvoll festgehalten.

die Höflinge abgeschoben wurden, die an der Hohen Pforte in Istanbul in Ungnade gefallen waren.

Die Kuppel der Moschee scheint von dem in den 1920er-Jahren von den Italienern gegenüber als Strandcafé erbauten **Elli Club** noch übertrumpft werden zu wollen.

Casino (Hotel des Roses) 26

Der riesige Bau des Hotel des Roses (oder Grande Albergo delle Rose) direkt vor dem Stadtstrand von Rhodos war das erste Urlaubshotel Griechenlands. Die Italiener bauten es Ende der 1920er-Jahre im gleichen Stil wie die Néa Agorá. Die orientalischen Verzierungen ließ Gouverneur de Vecchi in den 1930er-Jahren entfernen. Heute ist das einst mondänste Hotel östlich von Rom renoviert und dient teils als Hotel, teils als Casino (s. S. 137).

Museum of Modern Art (Nestoridion Melathron) 27

100 Palms Sq., Di–Sa 9–14 Uhr, Eintritt 3 €, das Ticket ist am selben Tag auch für alle Dependencen gültig

Andreas Ioannou, später Direktor der Nationalen Pinakothek in Athen, gründete 1959 in Rhodos eine Gemäldegalerie, die heute zur zweitwichtigsten Griechenlands zählt. Die Sammlung ist inzwischen an drei Orten ausgestellt, Nebenadressen sind die Municipal Art Gallery (s. S. 106) und das Center of Contemporary Art (s. S. 117).

Die 2002 eröffnete Nestoridion Art Gallery bietet einen repräsentativen Überblick über die moderne neugriechische Malerei, in der man alle Stilrichtungen des 20. Jh., vom Expressionismus bis zur Pop Art wiedererkennt. Ebenso sehenswert ist die klassizistische Architektur des Gebäudes aus den 1930er Jahren. Eine modern gebaute Dependance wurde 2016 an der Paola Nestoridou (Ex-Ko) eröffnet.

Aquarium 28

Kalimnou Lerou, tgl. 9–20.30 Uhr, Eintritt 6 €, Kinder 2,50 €

Das 1924 von den Italienern erbaute Aquarium auf der nördlichsten Spitze von Rhodos war vermutlich die erste Präsentation mediterraner Fauna überhaupt; heute wirkt das einstige Prestigeobjekt allerdings verstaubt. In dem Pavillon mit der typischen italienerzeitlichen Architektur kann man heute präparierte Großfische (Delfine, Haie) bestaunen; in recht kleinen Aquarien werden Kleinfische und Mollusken gezeigt.

Übernachten

Romantisches Paradies – **Casa Antika** 6: 8 Amarandou, Tel. 2241 026 206, www.casantica.gr, DZ 55 € (NS) bis 190 € (HS). Von älteren Wirtsleuten geführtes Althaus mit Studios für 2–4 Pers. Ruhig gelegen in einer romantischen Gasse, geschmackvoll-traditionelle Atmosphäre, individuell eingerichtete Zimmer mit Kühlschrank, AC und Kochnische.

Nahe Néa Agorá – **Moschos Hotel** 7: 5 Ethelondon Dodekanission, Tel. 2241 024 764, www.moschoshotel.gr, DZ/F 40 € (NS) bis 80 € (HS). Kürzlich renoviertes Haus nah bei der Néa Agorá. Die Zimmer sind zwar etwas hellhörig, aber zweckmäßig eingerichtet, mit Balkonen im New Orleans-Stil.

Distinguierter Luxus – **Rodos Park** 8: 12 Riga Fereou, Tel. 2241 089 700, www.rodospark.gr, DZ/F ab 170 € (NS), ab 210 € (HS). Eines der schönsten Luxushotels der Insel – ruhig im Grünen gleich südlich der Altstadt gelegen. Sehr geschmackvoll eingerichtet, tolle Büfetts, mit Spa und Wellnessangeboten, Fitnessraum.

Zentral und fein – **Plaza Hotel** 9: 7 Ierou Lochou, Tel. 2241 022 501, www.rhodesplazahotel.com, DZ/F ab

Rhodos-Neustadt

70 € (NS), ab 115 € (HS). Gutes Hotel der Best Western-Kette, zentral und strandnah. Elegante Zimmer, ordentliches Restaurant, mit Sauna.

Essen & Trinken

Italienisch – **Capricci** 12 : 14 Apodimon Amerikis, Tel. 2241 033 395, auf Facebook, Saison: tgl. 11–15, 18.30–23 Uhr, Pizza um 9 €, Hauptgerichte ab 11 €. Gute italienische Küche mit Blick zum Weststrand in modernem Ambiente (10 Min. ab Néa Agorá). Sehr lecker waren die Penne putanesca.

Auf dem Boot – **Kontiki** 13 : Mandraki, Mühlenmole, Tel. 2241 030 826, auf Facebook, tgl. 8–2 Uhr, Vorspeisen ab 6 €, Hauptgerichte ab 15 €. Schickes Café-Restaurant auf einem Boot mit tollem Blick zur Néa Agorá. Feine griechisch-internationale Küche, der beste Platz auch auf einen Latte mit Hafenblick.

Traditionstaverne – **Elia/Olive** 14 : 100 Palms Sq./Pl. G. Haritou 7, www.elia-olive.gr, tgl. ab 10.30 Uhr, Gemista 8 €, Mixed Plate 13 €. Nette, im alten Stil eingerichtete Taverne mit freundlichen Wirtsleuten, die leckere griechische Traditionsküche, aber auch Pizza, Pasta und Omelettes servieren.

Unter Kuckucksuhren – **Koukos** 15 : 20 N. Mandilara, Tel. 2241 073 022, www.koukosrodos.com, tgl. ab 10 Uhr, Vorspeisen ab 6 €, Hauptgerichte ab 13 €. Bei Einheimischen wie Touristen beliebtes Lokal, ganz hübsch in einem Althaus in traditioneller Architektur. Hervorragende griechische Küche!

Hoch gelobte Küche – **Tamam** 16 : G. Leontos 1, Ecke 28. Oktovriou, Tel. 2241 073 522, www.tamamrhodes. gr, tgl. 13–23 Uhr, Vorspeisen ab 6 €, Pasta um 11 €, Hauptgerichte um 20 €. Hoch gelobtes Familienrestaurant Richtung Westküste der Neustadt. Mutter Maria wirbelt in der offenen Küche und zaubert eine kreative griechische Küche mit exzellenten Zutaten, wie Andreas, der Chef, verspricht.

Am Strand – **Meltemi** 17 : 8 Platia Koundourioti, tgl. ab 9.30 Uhr, griechischer Salat 7,50 €, Souvlaki 12 €. Direkt am sandigen Elli-Strand sitzt man auf einer luftigen Veranda mit Blick aufs Meer; klassische griechische Küche (kein WiFi).

Chillout im Park – **Therme Cafe** 18 : s. Venizelou, Ecke Alex. Diakou, tgl. 8 Uhr bis nachts, Hauptgerichte ab 12 €. Diese Lounge Bar im Park des ehemaligen Therme Hotels ist die beliebteste Anlaufadresse der Studenten. Im Pavillon schickes Design, im Park schöne Sitzgruppen im Grünen, teils mit großen Schaukeln und eine Bühne für Livemusik. Internationale Küche schick serviert.

Unter Einheimischen – **To Steno** 19 : 29 Ag. Anargyron (gegenüber vom Athanásios-Tor), Tel. 2241 035 914, Hauptgerichte ab 8 €. Fast nur von Griechen besuchtes Ouzeri, abseits der Touristenstadt in fast dörflicher Umgebung. Originäre gute Küche in einfachem Ambiente. Leckere Schmorgerichte, viele Mezedes (Vorspeisen).

Einkaufen

Delikatessen – **Pandopolaion Palladion** 9 : Néa Agorá, Altstadtseite, Mo–Sa 8–20 Uhr. Der am besten sortierte Delikatessenladen von Rhodos. Käse, Wein, Honig … einfach alles.

Urlaubsfummel – **Gran Bazaar** 10 : 2 G. Griva, Mo–Sa 8–20 Uhr. In dem Ladenkomplex im Hotelviertel am Weststrand gibt es schicke Bademode, luftige und/oder freche Urlaubsfummel und alle möglichen Souvenirs, Luftmatrazen, Badenudeln usw.

Mode und Schuhe – Gute **Boutiquen** rundum Platia Kyprou (National Bank) und an den Straßen Amerikis und Eth. Dodekanission.

Wochenmarkt – Do vormittags an der **Odos Vironos** beim Diagora Stadion.

Supermärkte – Drei moderne Supermärkte gibt es an der Küstenstraße nach Kallithéa. Der größte Supermarkt von Rhodos, **Vasipoulos,** liegt an der Líndos-Straße (5 km).

Aktiv

Baden – **Elli Beach** 1 : Baden kann man in Rhodos an der gesamten Küste der Neustadt. Der Abschnitt beim Elli Club, dem Strandpavillon aus italienischer Zeit, ist aber Treffpunkt der jüngeren Leute: praktisch das Freibad von Rhodos – mit Sprungturm im Meer, Beach-Volleyball und Brettersteigen. Mitunter aber etwas arg windig – dann verkriechen sich alle hinter den runtergeklappten Sonnenschirmen.

Badeausflüge – Ab Mandráki-Hafen **Badeboote** 2 zu den Stränden von Falirāki, Tsambika (s. S. 185), Tragounoú (s. S. 180) oder Stegná (s. S. 188); sogar nach Líndos (s. S. 200) kann man mit Badestopps schippern (Tagestour

Mein Tipp

Bootsausflüge ab Rhodos-Stadt
Urlaub auf den griechischen Inseln ohne Bootsausflug ist eine verschenkte Chance. Bei allen Reisebüros in den Urlaubsorten kann man Tagesausflüge buchen, die von Rhodos-Stadt (Mandráki-Hafen oder Kolónna-Hafen) zu den Nachbarinseln Sými, Kós oder nach Marmaris in der Türkei (tgl.) sowie nach Tílos oder Níssyros (mehrmals wöchentl.) gehen. Bequem: Man wird vom Hotel abgeholt, was nur unwesentlich teurer ist als ein normales Ticket. Besonders lohnend sind Ausflüge nach Sými, zur Vulkaninsel Níssyros und nach Kós-Stadt. Am Mandráki-Hafen liegen zudem Boote, die Tagesfahrten anbieten zum Fischen, Tauchen, mit Badestopps nach Líndos oder einfach zum Feiern. Ähnliche Angebote gibt es in den anderen Urlaubsorten kaum.

ab 20 €). Oft handelt es sich aber um ›Disco-Boote‹, die unter voller Beschallung fahren.

Inseltripps – Ab **Mandráki** Tagesausflüge zur Insel Sými auf verschiedenen Booten. Ab **Kólonna-Hafen** fährt Dodekanisos Seaways (www.12ne.gr/en, mit Fahrplan) 2x tgl. nach Sými, tgl. nach Kós, Di und Do nach Chálki, Tílos und Níssyros, Mi nach Kastellórizo. Nach Marmaris/Türkei geht es tgl. ab Akándia-Hafen.

Wassersport – Am Elli Beach der Neustadt werden **Tretboote** (Pedalos) verliehen, beim Aquarium ist ein Anbieter für Parasailing zu finden. Boote am Mandráki bieten **Scuba-Diving** (s. S. 33) oder **Angeltörns** an.

Abends & Nachts

Piratenflair – **Blue Lagoon Bar** 8 : 25is Martiou 3, tgl. ab 10 Uhr. Eine ›Piratenbar‹ mit Galeere, Wasserfall und Pool. Unwillkürlich sucht man nach Capt'n Hook und findet nur 'nen Papagei.

Schicke Jugendszene – **Blue Mirage** 9 : 25is Martiou 26, tgl. 8–2 Uhr. Eine wunderbare Villa mit toller Terrasse: hier treffen sich die griechischen Twens. Guter Kaffee ›al italiano‹, leckere Snackküche. Gespielt wird lockere Lounge-Musik.

Abfeiern – **Barstraße Orfanidou** 10 : In dieser Gasse kurz vor dem Weststrand reihen sich die Bars – ein wahres Bermuda-Dreieck. Die meisten Bars verraten schon mit dem Namen, welche Nationalität dort Stammgast ist. Ach ja: ›Shots‹ sind hier das, was der Westfale ›Kurze‹ nennt … Der **Colorado Club** in Nr. 57 (www.coloradoclub-rhodes.com) ist ein echter Tanzschuppen, oft mit Live-Konzerten.

Mit Risiko – **Rodos Casino** 11 : Papanikolaou, Ecke Ko, im alten »Hotel des Roses« (s. S. 133), 15–6 Uhr, am Wochenende durchgängig, Eintritt

15 €, Mindestalter 23 Jahre. Roulette, Poker, einarmige Banditen … Dresscode ›casual‹ bis 17 Uhr, danach ›smart casual‹.

Infos & Termine

Info-Büros: s. S. 102.

Termine

Blumenfest: *Anthestiria,* Mitte Mai mit einer Wagenparade.

Filmfestival: *Ecofilms,* im Juni mit Kurzfilmen und Dokus zu Umweltthemen (www.ecofilms.gr).

Sommerfestival: Bei den *Cultural Events* gibt's von Ende Juni bis September Konzerte und Aufführungen: teils Klassik, teils Folklore und sogar antike Tragödien.

Mittelalterfest: *Medieval Rose Festival,* Mitte/Ende Juni in Rhodos-Stadt, zahlreiche Kostümierte und ein Drachen (www.medievalfestival.gr).

Nationalfeiertage: Am 7. März (Dodekanes-Feiertag) sowie am 25. März und 28. Oktober finden Paraden an der Platia Eleftherias vor dem Rathaus statt.

Verkehr

Leihräder: Fahrräder kann man an einer automatisierten Leihstation an der Platia Symis entnehmen. Anmeldung per Handy, bezahlt wird mit Bankkarte.

Stadtbusse: Die zentrale Haltestelle liegt zwischen Néa Agorá und Mandráki-Hafen. Es verkehren sechs Linien zwischen ca. 6.30 und 21 Uhr. Nach Rodiní nimmt man die Linie 3, zum Monte Smith Bus 5, zum Hospital fahren die Linien 2 und 6.

Inselbusse: s. S. 23.

Fähren: Reguläre Autofähren zu anderen Inseln s. S. 25. Ausflugsboote oder Katamarane (s. S. 136), genaue Angaben bei den Inseln (ab S. 246).

Das antike Rhodos

In der Altstadt und in der Neustadt trifft man nur selten und meist nur in Baugruben auf Reste der einst so mächtigen antiken Stadt. An den Stadträndern, auf dem Monte Smith oder im Rodiní-Tal blieben jedoch interessante Baudenkmäler erhalten

Geschichte

Die Stadt Rhodos wurde im Jahr 408 v. Chr. gegründet, mitten in den unruhigen Zeiten des Peloponnesischen Krieges. Unter Führung des unter allen Griechen berühmten Athleten Dorieus aus dem alten Geschlecht der Diagoriden vereinten sich die Stadtstaaten Ialyssós, Kámiros und Líndos, um gegen die beiden großen Machtblöcke Athen und Sparta ein politisches und ökonomisches Gegengewicht zu bilden. Mit diesem ›Synoikismos‹, den die Spartaner dem nationalbewussten Dorieus als Hochverrat auslegten (er wurde 395 hingerichtet), begann eine inzwischen über 2400 Jahre lange Geschichte, die freilich auch manchen Niedergang gesehen hat.

Die hellenistische Stadt wurde geplant nach dem Entwurf des Hippodamos von Milet, der Mitte des 5. Jh. v. Chr. das System des gitterartigen, sich rechtwinklig kreuzenden Straßennetzes nach babylonischem Vorbild adaptiert hatte. Er legte damit die Grundlage zur römischen Stadtarchitektur, die dann erst in der frühen Neuzeit wiederentdeckt wurde.

Rhodos war damit eine der modernsten Städte der damaligen Welt, die um 330 v. Chr., während der Alexanderkriege, das athenische Monopol im Kornhandel mit Ägypten an sich reißen konnte. Danach erlebte die Stadt in wenigen Jahrzehnten einen kometenhaften Aufstieg zur reichsten Handelsmacht Griechenlands. Im Hafen lagen Schiffe aus Syrien, Ägypten, aus dem Pontus-Gebiet am Schwarzen Meer und aus Sizilien. Aber auch die Schönen Künste erfuhren eine Blüte, die sich im Aufstieg der berühmten rhodischen Bildhauerschule (s. S. 75), in Literatur, Rhetorik und nicht zuletzt im Bau des gewaltigen Standbildes des Sonnengottes, des Kolosses von Rhodos (s. S. 77), zeigte.

Das hellenistische Rhodos zog sich über die ganze Landspitze, rund um den Akropolis-Hügel, der jetzt Ágios Stéfanos oder nach einem englischen General aus den Napoleonischen Kriegen, der hier eine Garnison kommandierte, Monte Smith heißt. Auf seinen Höhen haben sich die eindrucksvollsten Spuren aus dieser Zeit erhalten.

Die Akropolis

Von der Néa Agorá folgt man den mittelalterlichen Mauern bis zur Dimokratias und geht dann die Odos Pindou hinauf. Gleich hinter der Pavlou Mela sieht man die Grundmauern einer **antiken Villa 29** , über die ein modernes Haus auf Stelzen gebaut wurde. Etwas weiter südlich an der Pavlou Mela, Ecke Diagoridon, wurden auch **Bronzeöfen 30** ausgegraben, in denen eventuell die Teile des Kolosses gegossen wurden. Weitere Fundamente hellenistischer Häuser liegen links kurz vor der Voriou Ipirou, der Autostraße zur Akropolis. Jenseits dieser Straße läuft die Pindou in einem Stück der antiken Straßenpflasterung aus.

Die Schriftsteller der römischen Zeit, etwa Ailios Aristides im 2. Jh. n. Chr., berichten bewundernd von der prachtvollen Gestaltung der Akropolis, ihren Tempeln, Brunnenhäusern und Terrassen, die von Baumhainen umgeben waren. Heute ist die Kuppe gänzlich unbebaut und fast kahl, und auch die Spuren aus antiker Zeit sind

Drei Säulen des Apollon-Tempels wurden rekonstruiert

oft eher bescheiden. Auch von der **Stoa** 31, einer Säulenhalle mit Blick zur Unterstadt, blieben nur Fundamente; ursprünglich bildete sie einst den Eingang zum heiligen Bezirk: wie die Stoa von Líndos theatralisch in die Landschaft intergiert ist und stets sichtbar für alle Händler und Besucher vom Hafen aus.

Mit der Straße zum Apollon-Tempel passiert man anschließend die **Nymphen-Heiligtümer** 32, wo einst die Quellgöttinnen verehrt wurden. Es handelt sich um in den Fels getiefte, quadratische Räume, zu denen jeweils ein langer Dromos (offener Gang) hinunterführt. Der Raum, der eventuell mit Holz überdacht war, weist in den Wänden kleinere und größere Nischen auf, deren Funktion nicht geklärt ist. Ebenso konnten über den Ritus, den

man hier vollzogen hat, keine sicheren Informationen gefunden werden.

Etwas weiter auf der Straße und man biegt bei einigen neueren Gebäuden zu den spärlichen Resten des **Tempels der Athena Polias** 33 ab. Nur noch wenige Säulentrommeln liegen im Grasland, doch handelte es sich einst um einen der bedeutendsten Tempel der Stadt: ein ost-westlich ausgerichteter Peripteral-Tempel im dorischen Stil mit vermutlich sechs Säulen an den Schmalseiten und elf Säulen an den Längsseiten. Hier verwahrten die Rhodier ihre Staatsverträge mit den anderen Mächten der Zeit.

Hinter dem Tempel soll das aus den antiken Quellen berühmte Observatorium des Hipparchos gelegen haben, der bereits im 2. Jh. v. Chr. eine Sternzeituhr entwickelte.

Apollon-Tempel

Schon von weitem zu sehen sind die Säulen des **Tempels des Apollon Pythios** 34 . Ursprünglich war nur die Plattform (Krepis) erhalten, doch haben die italienischen Archäologen in den 1930er-Jahren drei Säulen mit einem Stück der Giebelkonstruktion (Architrav und Sima) rekonstruiert.

Von der Straße erreicht man zuerst die massive Temenos-Mauer, die den heiligen Bezirk des Gottes abgrenzte; die Schaufassade lag zur Stadt hin. Im hinteren Bereich scheint der Tempel unterirdische Kammern und Gänge gehabt zu haben; vermutlich fanden dort Orakelrituale statt, wie sie von vielen Apollon-Tempeln überliefert sind. Die Cella, die innere Tempelkammer, umgürtete einen gewachsenen Felsklotz, der wahrscheinlich besondere rituelle Bedeutung hatte. Wahrscheinlich stand auf dem Felsen auch die monumentale Kultstatue des Apollon.

Ein zweiter Tempel stand innerhalb des Temenos in der nordöstlichen Ecke. Er war Artemis, der Schwester des Apollon geweiht. Die bauliche Gestalt des **Artemisions** 35 ist ebenfalls noch nicht abschließend geklärt.

Anfahrt und Öffnungszeiten

Für die Tour ist ein Auto oder Motorroller hilfreich, Dauer dann ca. 1/2 Tag. Auffahrt zur Akropolis über die Straße Voriou Ipirou. Schöne Picknickplätze gibt's im Rodiní-Tal.

Zu Fuß und per Bus: Von der Néa Agorá kann man auch zu Fuß auf die Akropolis gehen, für die Erkundung rechne man dann ca. 3–4 Std.

Per Stadtbus zum Rodiní-Tal: Linie 3 ab Mandráki.

Per Bus zur Zéfyros-Nekropole: KTEL-Linie nach Kallithéa, Abfahrt vor dem Sound & Light-Gelände.

Zur vorderen Fassadenseite ist die Landschaft mit noch heute eindrucksvollen Stützmauern ansteigend modelliert. Man kann daher sehr sicher davon ausgehen, dass hier eine ähnlich theatralische Architekturlösung für die Einbeziehung des Baus in die Landschaft gefunden wurde wie bei der Stoa in Líndos (s. S. 203) – hier wie dort bildete eine breite Freitreppe den Aufgang.

Odeion und Stadion

Am Fuß dieser Treppe liegt ein kleines Freilufttheater, das von den Italienern komplett rekonstruiert wurde. Es umfasst nur Plätze für etwa 800 Personen und dürfte daher nicht das Theater der Stadt, sondern ein **Odeion** 36 gewesen sein, eine Versammlungshalle, und ursprünglich Wände und ein Dach besessen haben. Man vermutet hier die berühmte Rhetorik-Schule des 1. Jh. v. Chr., die zum Beispiel Cicero, Caesar und Cassius besuchten.

Damals war Rhodos allerdings schon lange ein Spielball der römischen Politik. Cassius war es auch, der im Bürgerkrieg nach der Ermordung Caesars die ›Stadt der tausend Statuen‹ (wie Rhodos damals genannt wurde) mit seinem Heer plünderte. Endgültig macht dann Konstantin der Große der Pracht ein Ende, als er ganze Schiffsladungen mit Statuen nach Konstantinopel schaffen ließ.

Neben dem Odeion erstreckt sich das **Stadion** 37 , das ebenfalls in italienischer Zeit rekonstruiert wurde. Die Laufbahn misst 201 m, was genau der Maßeinheit eines rhodischen Stadions entspricht. Östlich dahinter lag ein Gymnasion, eine Sportschule, die allerdings nicht freigelegt ist.

Auf dem Rückweg kann man am Beginn der Straße Chimarras noch die Fundamentreste eines **hellenistischen Palastes** 38 , die Villa eines Noblen aus dem 2. Jh. v. Chr., besuchen.

Antikes Rhodos

Sehenswert

Cityplan Altstadt S. 105
Cityplan Neustadt S. 135

Rodiní-Tal 39

Der Park von Rodiní ist ein beliebtes Naherholungsgebiet der Rhodier. Am Eingang reckt ein uralter Ölbaum seine knorrigen Arme, ein kleiner Bach plätschert durch ein kühles Tal, zwischen den Stühlen des Lokals schlagen Pfauen ihr Rad. Ihre durchdringenden Rufe hört man noch lange, wenn man dem Bachlauf folgt, der zum Ptolemäer-Grab führt (nach etwa 10 Min. links aus dem Tal heraus und auf der Asphaltstraße weiter).

In der Antike erstreckte sich hier die Nekropole von Rhodos (die ›Totenstadt‹). Rechts und links in dem Tunnel, durch den die Straße führt, sieht man aus dem Stein geschnittene Bänke und Tische, an denen das Totenmahl gehalten wurde. In den Hängen wurden die Toten in Felsgräbern bestattet.

Hinter dem Tunnel liegt das Ptolemäer-Grab, das seinen Namen von der ägyptischen Diadochen-Dynastie hat, mit der Rhodos im 3. Jh. eng verbündet war. Es ist ein viereckiger Scheinbau, der aus dem Fels gearbeitet und mit einer Schmuckfassade an der Eingangsseite versehen wurde. Welches mächtige Adelsgeschlecht sich solche pompösen Grabtempel erbauen ließ, ist unbekannt, jedoch könnten es durchaus Gesandte aus dem Ptolemäer-Reich gewesen sein.

Zéfyros-Nekropole 40

Eine weitere große antike Nekropole liegt an der Zéfyros-Bucht entlang der Straße nach Kallithéa. Nahebei erstreckt sich sich auch heute der große Zentralfriedhof von Rhodos, mit einem großen Areal jüdischer und muslimischer Grabstätten übrigens.

In dem umzäunten Areal westlich der Straße sieht man zahlreiche antike Felsgräber. Manche waren einst aufwendig geschmückt mit aus dem Fels sculptierten Reiterstandbildern oder reliefierten Totenmahlszenen. Vermutlich lagen auch auf der Meerseite Gräber, hier aber in gemauerten Grüften oder Grabtempeln.

Triánda und die Westküste

Highlights!

Filérimos: Mit seinen Zypressen und romantischen Mauern ist das von den Italienern ausgebaute Kloster auf der antiken Akropolis von Ialyssós einer der schönsten Flecken der Insel. S. 151

Kámiros: Die dritte und kleinste der drei antiken Städte von Rhodos liegt landschaftlich sehr reizvoll über dem Meer. Den Ausflug kann man gut mit einem Badeaufenthalt bei einer ursprünglichen Taverne verbinden. S. 156

Kultur & Sehenswertes

Imkereimuseum: Alles rund um den Honig im Museum bei der Abfüllstelle der rhodischen Imkergenossenschaft nahe Pastída; man kann hier auch einkaufen. S. 148

Kirche und Bibliothek in Kremastí: Die große Wallfahrtskirche ist vollstänig mit biblischen Szenen ausgemalt; die Bibliothek nahebei erinnert an einen antiken Tempel. S. 152

Kritinía: Das noch sehr traditionelle Dorf liegt südlich etwas erhöht in den Bergen. S. 159

Aktiv unterwegs

Surfen: Die Westküste von Rhodos gilt als eines der besten Surfreviere am Mittelmeer. Stationen gibt es in Ialyssós, Fánes und Kalavárda. S. 150

Baden: Der schönste Badestrand ist die Sandbucht beim Abzweig zum antiken Kámiros. S. 158

Genießen & Atmosphäre

Taverne Kaliva: Auch in Ialyssós kann man noch echte griechische Küche bekommen – beim Kaliva direkt am Strand. S. 146

Taverne Akrogiali: Ganz einsam und idyllisch gelegene Taverne einer Fischerfamilie südlich von Kalavárda. Man blickt aufs Meer und bekommt frischen Fisch zu günstigen Preisen. S. 158

Abends & Nachts

Club Arena Live in Ixiá: Weil auch viele Griechen da sind, wird in der Disco vor dem Hotel Rodos Palace auch zu griechischer Musik getanzt. S. 150

Kafenío Tritis Ilikias in Kremastí: In der einfachen Dorftaverne geht es abends hoch her: echtes griechisches Flair (fast) ohne Touristen. S. 152

Traditionelle Dörfer und Surferstrände

Nur wenige Kilometer südlich von Rhodos-Stadt erstrecken sich die Strände der Westküste, die als beliebtes Surf-Revier bekannt geworden sind. Da hier der Meltémi, der ägäische Nordwind, von den rhodischen Bergen nach Osten abgelenkt wird, steht hier praktisch jeden Tag im Sommer eine steife auflandige Brise von um 5 Beaufort an. Das macht die Hitze in der Hochsaison erträglich – neben der schnellen Erreichbarkeit vom Hafen in Rhodos-Stadt ein weiterer Grund, warum hier in den 1950er-Jahren die ersten Touristenhotels der Insel entstanden. Jedoch fallen die Strände hier relativ steil ins Meer ab und bestehen vor allem in der Brandungszone aus groben Kieseln, die zum Baden nicht so angenehm sind.

Zwischen den großen Hotelzonen an der Triánda-Bucht bieten die lebendigen Orte Ialyssós und Kremastí aber noch typisch griechisches Alltagsleben. Vor allem Kremastí ist für eines

der größten Marienfeste des Dodekanes bekannt. Ein beliebtes Ausflugsziel ist das Kloster von Filérimos auf der Akropolis der antiken Stadt Ialyssós. Weiter im Süden, hinter dem Flughafen, sind viele Küstenabschnitte noch naturbelassen, nur bei Theólogos gibt es einige größere Hotels.

Noch weiter südlich wird die Küste ganz einsam. Rund um die antike Stadt Kámiros gibt es am Meer nur einige wenige bukolische Strandtavernen. Kritinía hingegen ist eins der schönsten traditionellen Dörfer der Insel.

Ialyssós und Ixiá

▶ R/S 9

An der Triánda-Bucht, 5 km südwestlich von Rhodos-Stadt, begann in den 1960er-Jahren die touristische Entwicklung von Rhodos. Heute stehen in den Hotelzonen von Ixiá und bei der Kleinstadt Ialyssós über 20 000 Hotelbetten, darunter gleich sieben Hotels der Luxusklasse. Nicht überall, aber doch bei manchen Bauten hat aber der Zahn der Zeit an der Substanz genagt – der nicht sonderlich schöne Strand, in Ixiá sogar direkt neben der Hauptstraße, macht Triánda auch nicht besonders attraktiv. Dafür ist viel los: Am ›Strip‹ in Ixiá-Zentrum beim Hotel Miramare, aber auch am Ialyssós-Strand reihen sich die Bars und Restaurants, auch Discos gibt es. In den Lokalen im belebten Städtchen Ialyssós kann man sogar eine echt griechische Jugendszene erleben.

Nicht zuletzt ist Triánda einer der besten Surf-Spots der Insel. Der kie-

Die Klosterkirche von Filérimos mit dem achtspitzigen Kreuz der Ritter

selige Strand fällt schnell zu größeren Tiefen ab, der Wind bläst zuverlässig tagsüber mit 4–7 Beaufort schräg vom Meer aufs Land. So können Anfänger nicht weit aufs Meer abgetrieben werden. Kurse und Verleih von Equipment bieten mehrere Surfschulen.

Den Namen hat die Bucht übrigens von den angeblich 30 (gr. *triánda*) Villen entlang der Hauptstraße, die heute zunehmend von privaten Investoren restauriert werden. Sie wurden im späten 19. Jh. oder frühen 20. Jh. im Stil des Klassizismus erbaut und begeistern jeden Architekturliebhaber.

Kirche Kímissis tís Theotókou 1

Das lebendige Kleinstädtchen **Ialyssós** lohnt einen Ausflug, um griechisches Alltagstreiben rund um etliche Snack-Bars zu erleben. Dann werfe man auch einen Blick in die Kirche Kímisis tís Theotókou im Zentrum (vormittags geöffnet). Die Maria Entschlafung geweihte Pfarrkirche entspricht mit ihrem durchbrochenen Glockenturm und dem aus Meerkieseln angelegten Chochláki-Bodenmosaik im Vorhof dem typischen Muster rhodischer Kirchen.

Im Inneren zeigt die moderne Ausmalung dieselben Szenen, wie man sie in den alten byzantinischen Kirchen findet. Kurios ist die filigran im typischen Dodekanes-Stil geschnitzte Ikonostase, die Bilderwand, die den hinteren Altarraum abschließt: Die Konsolen tragen Seepferdchen

145

Lieblingsort

Traditionslokal am Strand – Taverne Kaliva 1.
Die traditionsreiche Taverne am Ialyssós Beach hat das Flair der frühen Jahre über die Zeit gerettet. In der blau-weiß dekorierten Familientaverne kann man bei guter griechischer Bauernküche über den Strand bis nach Rhodos-Stadt schauen. Fisch gibt es je nach Tagesfang, Spezialität sind die Shrimps Sanganáki (Garnelen mit warmem Feta-Käse). Der Retsína wird vom Fass gezapft. Abends ist es meist rappelvoll. (Tgl. ab 11 Uhr, Tel. 2241 093 051, nachmittags nur Café, Hauptgerichte 9–22 €).

Órmos Triánda
(Triánda-Bucht)

0 250 500 m

Ialyssós Beach

Hotel Blue
Hotel Horizon
Hotel Magic Life
Sun Beach
Hotel Electra Palace
Hotel Blue Bay
Shopping Centre
Ferenikis
Hotel Elina
Hotel Miramare
Hotel Avra Beach
Eleftheriou Venizelou
Leoforos
Kremasti
Leoforos Iraklidon
Hotel Filerimos
Kallipatrias
Themisto·Kleous
Mykinton
Ierou
Lochou
Doriea
Pedagea
Leoforos Iraklidon
Taxi
Iroa Stefani Dimokratias
Enalis Maiou
Agiou Georglou
Sotiris
Meglstis
Sotiros
Pastida, Filérimos
Pastida

---

mit barbusigen Meerjungfrauen. Die Ikonen sind mit kostbaren Okladverkleidungen in Silber geschützt, nur die Gesichter bleiben frei. Typisch für Rhodos sind auch die Fenster mit gelb, grün und blau gefärbtem Glas wie man sie bei den Kapitänshäusern in Líndos findet.

Filérimos-Kloster 2
s. S. 151

Moní Tris 3
Das verlassene Kloster an der Straße nach Pastída (2 km, ▶ R 9) entstand rund um eine sehr alte Einraumkapelle vermutlich aus spätantiker Zeit. Seitlich schließen die Zellentrakte der Mönche an. In der Kapelle sind uralte Fresken erhalten: zwei überlebensgroße Erzengel, darunter Georg der Drachentöter und Christus als Pantokrator.

Imkereimuseum 4
(Museum of Beekeeping)
Bei Pastída an der Straße zur Ostküste, Mo–Fr 8.30–17, Sa bis 15.30 Uhr, Eintritt 2 €.

In der neuen Abfüllanlage der Imkervereinigung des Dodekanes zeigt ein Museum Wissenswertes zur Honigerzeugung auf den Dodekanes-Inseln: alte und neue Gerätschaften, historische Fotos sowie einen interessanten Film. Die Imkerei war traditionell ein Gewerbe der Landlosen, die auf ungenutzten Wald- und Macchia-Flächen ihre Völker ausbringen konnten.

Honigspezialitäten der Ägäisinseln ist der aromatische, tiefbraune Thymian-Honig *(méli thymari),* auf Rhodos kommt dazu noch der Pinien-Honig *(méli pefkoú)* aus den ausgedehnten Wäldern der Insel. Im Laden kann man neben Honig zahlreiche Bienen-Produkte kaufen von Pollen über *melekoúni* (Sesam in Honigkaramel) bis zu Seife und Body-Lotion aus Honig.

Übernachten

Die Hotels unmittelbar an der Pro Center-Surfstation sind Blue Horizon, Sunshine und Sun Beach; daneben gibt es auch Surf-Stationen am Ixiá Beach beim Olympic Palace und weiter südlich am Blue Bay.

148

Ialyssós und Ixiá

Sehenswert

1 Kímissis tís Theotókou
2 Kloster Filérimos
3 Moní Trís
4 Imkereimuseum

Übernachten

1 Olympic Palace
2 Area Blue Beach
3 Villas Duc
4 Ilyssion Studios
5 Takis Hotel

Essen & Trinken

1 Taverna Kaliva
2 Platon

3 Vrachos
4 Aspri Avli Garden
5 Filerimos Mezedopolio
6 Skalakia

Aktiv

1 Pro Center
2 Meltemi Power
3 Surfer's Paradise
4 Windsurfers World
5 Air Riders Kite ProCenter

Abends & Nachts

1 Windmill Cafeteria
2 Remezzo Club
3 Club Arena Live

Luxus der Sixties – **Olympic Palace** 1: Ixiá, Leof. Ialyssou, Tel. 2241 028 755, www.olympicpalacehotel.com, DZ/F ab 70 € (NS), ab 150 € (HS). Der 388-Betten-Klotz beeindruckt durch avantgardistische 1960er-Jahre-Architektur: So stellte man sich damals das Haus der Zukunft vor. Fürs Wohl ist bestens gesorgt: zwei Pools, Sauna, Tennisplatz, ein riesiger Konferenzsaal.

Direkt am Strand – **Area Blue Beach** 2: El. Venizelou 1, Tel. 2241 020 850, www.areablue.gr, DZ 45 € (NS), 80 € (HS), Frühstück 5 €/Pers. Modernes weiß-blau designtes Apartmenthaus mit großem Pool vor Palmen, Volleyballfeld und direktem Strandzugang. Ins Ortszentrum von Ialyssós geht man ca. 15 Min.

Zwischen Stadt und Meer – **Villas Duc** 3: Agias Parakevis, Tel. 2241 094 750, www.villasduc-rhodes.gr, DZ 45 (NS) bis 90 (HS), Frühstück 8 €, Familiensuite um 150 €. Großzügige Apartmentanlage mit hübschen Poolgarten, Restaurant und gefliesten Zimmern mit viel Platz. Nah zum Stadtzentrum, zur Bummelmeile und zum Strand, ruhig gelegen.

Ruhig & modern – **Ilyssion Studios** 4: 15 Mykinon, Tel. 2241 094 214, www.ilyssion.gr, DZ 40 € (NS), 80 € (HS). Studios/Apartments für 3 und für 4–5 Personen in einem modernen Neubau. Ruhig gelegen auf halbem Weg zwischen Ort und Strand, mit kleinem Pool. Einmal in der Woche ›Grill Nights‹ mit Tanz.

Mit Dorfanschluss – **Takis Hotel** 5: Th. Sofouli 8, Tel. 2241 092 543, www.takishotel.com, DZ 40 € (NS), 52 € (HS), Frühstück 5 €. Gut geführtes, modern eingerichtetes Hotel im Ort, manche Betten im traditionellen Podeststil. Zum Strand 700 m, ins Ortszentrum nur 50 m.

Essen & Trinken

Mit Strandblick – **Taverna Kaliva** 1: s. Lieblingsort S. 146

Tipp der Einheimischen – **Platon** 2: Ierou Lochou 67, Tel. 2241 094 857, tgl. ab 17.30, So ab 12 Uhr, Vorspeisen ab 6 €, Hauptgerichte ab 14 €. Die auch von Griechen empfohlene Taverne serviert authentische Meze, Fisch und Grillgerichte bei sehr freundli-

Triánda und die Westküste

chem, aufmerksamem Service. Sehr lecker war z. B. die ›Greek Plate‹ mit Souvlaki und Haloumi-Grillkäse.

Im Sonnenuntergang – **Vrachos** `3` : Protogeni, Tel. 2241 092 220, Oktopus geschmort 13 €, Hauptgerichte 15–32 €. Etwas teureres Restaurant in einem Strandpavillon aus der Italienerzeit mit echter 50er-Jahre-Einrichtung (1958 gegründet). Toll ist es abends, wenn man auf der großen Terrasse einen langen Sonnenuntergang mit Blick über das Meer erleben kann.

Schick im Garten – **Aspri Avli Garden** `4` : Ferenikis, Tel. 2241 071 400, tgl. ab 10 Uhr, Vorspeisen um 6 €, Hauptgerichte ab 12 €. Schickes Gartenlokal mit guter griechischer und internationaler Fleischküche, üppige Portionen. Man sitzt schön auf der Terrasse oder in schattigen Loggien im Garten.

Im Dorf – **Filerimos** `5` : Filerimou, Tel. 2241 092 994, Di–So ab 13.30, Mo ab 18 Uhr, Vorspeisen ab 4,50 €, Hauptgerichte ab 9 €. Lauschig unter Bäumen verstecktes Mezedopolio am oberen Ortsrand von Ialyssós. Echte Dorfküche von der Mama, Wirt Petros serviert mit viel Charme.

... außerhalb

Dorf-Atmosphäre – **Skalakia** `6` : Pastída (▸ R 9), Tel. 2241 047 214, 18–23.30, So ab 12 Uhr, Souvlaki 9 €, Fisch ab 14 €. Lohnend ist abends auch ein Ausflug ins Inlanddorf Pastída (ca. 5 km). Die Taverne Skalakia am Dorfplatz besitzt eine hübsche Terrasse mit küssenden Putten und serviert alle griechischen Klassiker.

Aktiv

Windsurfen – **Pro Center** `1` : Tel. 2241 095 819, www.procenter-rhodos.com. Zwei Stationen: vor Hotel Blue Horizon und nahe Windmill Cafeteria; auch Kite Surfen.

Meltemi Power `2` : Tel. 2241 096 189, www.meltemi-power.de, Surf-Station vor Hotel Blue Bay.

Surfer's Paradise `3` : Tel. 2241 038 893, www.surfersparadise.gr, Station vor Hotel Oceanis.

Kitesurfern – **Windsurfer's World** `4` : Tel. 2241 024 995, www.windsurfers world.gr, Station vor Hotel Olympic Palace.

Air Riders Kite ProCenter `5` : Tel. 2241 093 261, www.kiteprocenter.gr, Station am Ostende des Ialyssós-Strandes, fast schon in Kremastí.

Abends & Nachts

Strandbar mit Flügeln – **Windmill Cafeteria** `1` : Ialyssós Beach, tgl. ab 9 Uhr. Café-Bar in einer alten Windmühle direkt am Strand. Der etwas kauzige Wirt serviert Getränke und Snacks in einem ebenso kauzigen Garten.

Tanz in der Villa – **Remezzo Club** `2` : Leof. Irakliadon, Ialyssós, Do–Sa 22–4 Uhr. Bei Einheimischen beliebter Club in einer der schönen Trianda-Villen.

Greek Clubbing – **Arena Live** `3` : Leof. Irakliadon 105, Ixiá, neben Hotel Rodos Palace, Do–Sa ab 23 Uhr, für Live-Auftritte Tel. 2241 033 170. Auch bei Griechen beliebter Club, in der Saison durch die Hotelgäste internationaler.

Infos & Termine

Busse: Nach Rhodos-Stadt von den Hotels Sunshine Club, Blue Horizon, Elektra und Blue Bay 2 x vormittags, 2 x nachmittags, 1 x am frühen Abend, letzter Bus gegen 22.30 Uhr. Retour dito, letzter Bus gegen 21 Uhr. An der Hauptstraße halten sämtliche Busse vom/zum Flughafen (Paradísi), ca. alle 15 Min. bis ca. 23.30 Uhr ab Rhodos.

Ialisia: Folklore-Festival im August mit Tanzgruppen und Musikgruppen.

Filérimos

0   100   200 m

Ialyssós, Moní Tris

Kasse

P

Filérimos! ▶ R 9

*Tgl. 8–17.30, im Winter nur bis 15
Uhr, Eintritt 6 €; Taxis ab Ialyssós, berechnet wird für eine Fahrt der Preis
für Hin- und Rückweg*

Auf dem Filérimos-Hügel über Ialyssós,
heute einer der schönsten Ausflugsor-
te von Rhodos im Schatten duftender
Kiefernbäume, lag in der Antike die
Akropolis der antiken Stadt Ialyssós.
Die strategisch gut gewählte Anhöhe
war seit mykenischer Zeit besiedelt;
nach der Einwanderung der Dorer um
1000 v. Chr. entwickelte sich Ialyssós
zu einer der beiden großen Städte
der Insel. Hier wurde der im Altertum
hochberühmte mehrfache Olympia-
sieger Dorieus geboren, der die Gründung von Rhodos initiierte (s. S. 138)
und jetzt dort am Weststrand mit einem Denkmal geehrt wird.

In frühbyzantinischer Zeit entstand
auf den antiken Trümmern ein Kloster, das Philérimos (›Freund der Einsamkeit‹) genannt wurde. Hier wurde
eine uralte Marienikone verwahrt, die
zahlreiche Pilger anzog. Beliebt war
der Hügel aber auch bei allen Erobe-
rern: 1522 schlug Sultan Süleyman bei
der Belagerung sein Hauptquartier

hier auf (s. S. 85), und zuletzt kam es
1943 zu schweren Kämpfen zwischen
italienischen und deutschen Truppen.
Der heutige Zustand geht im Wesentlichen auf die Italiener zurück, die die
Anlage restaurierten und auch wieder
Franziskanermönche ansiedelten. An
diese Mönche erinnert der Kräuterlikör
›Sette Erbe‹, der im **Souvenirkiosk** 1
am Eingang verkauft wird.

Die Treppe zum Gipfelplateau endet bei den Fundamenten des **Athena Polias-Tempels** 1, des antiken
Hauptheiligtums der Stadt. In frühchristlicher Zeit wurde die Südhälfte
mit einer Basilika überbaut, von der
sich noch die Vertiefung eines kreuz-
förmigen **Taufbeckens** 2 erhalten
hat. Im Mittelalter bauten die Johanniter die Kirche im gotischen Stil um.

Die **Klosterkirche** 3 besteht aus einem Turm, an den sich drei Kapellen
anschließen. An der Außenseite prangt
das große achtspitzige Kreuz des Ordens, das heute als Malteserkreuz
bekannt ist. In der hintersten Kapelle
sieht man noch Reste des Mosaikfuß-
bodens der frühchristlichen Basilika.

Hinter den Klosterbauten kommt
man zu den verfallenen Resten einer **byzantinischen Festung** 4, die

151

zuletzt unter den Türken ausgebaut wurde. Unterhalb der Anhöhe ist noch ein **dorisches Brunnenhaus** `5` aus antiker Zeit erhalten, leider aber zumeist nicht zugänglich.

Vom Nordende des Athena-Tempels führen antike Stufen zur winzigen **Höhlenkirche Ágios Geórgios** `6` hinunter. Hier blieben Fresken aus dem 14. oder 15. Jh. erhalten. Beim Altar erkennt man die Apostel, die sich um Christus versammeln, und einen hl. Georg als Drachentöter. Besonders interessant sind aber die Darstellungen kniender Großmeister; sie sind an den persönlichen Wappenschildern zu erkennen.

Gegenüber dem Eingang zum Klosterbezirk lassen sich die abgesperrten **Ruinen** `7` byzantinischer Gebäude erkennen. Dort beginnt eine Pinienallee mit italienischen **Kreuzwegstationen** `8`, die zu einem Aussichtspunkt führt. Am Ende der Allee steht ein ca. 17 m hohes, von innen besteigbares **Betonkreuz** `9`, von dem man einen schönen Blick über die Ebene von Triánda bis hin zum Attávyros hat.

Mein Tipp

Das große Fest der Panagía
In der Woche um den 15. August feiert Kremastí seine ›Hängende Maria‹ – die Ikone der Panagía-Kirche soll nämlich in einem Olivenbaum gefunden worden sein. Das Kirchweihfest mit dem Umzug der Ikone zieht sich über eine Woche hin und gilt als das größte des ganzen Dodekanes. An den Gottesdiensten nehmen auch die Griechen nur sporadisch teil, dafür wird ausgiebig gefeiert, getrunken und schnabuliert.

Kremastí ▶ R 9

Wegen des nahen Flughafens spielt das Kleinstädtchen südlich von Ialyssós touristisch kaum noch eine Rolle – auch der Kieselstrand ist nicht wirklich schön. Dafür geht das Leben hier noch wirklich seinen traditionellen Gang. Zentrum des Orts ist die **Kirche Katholiki Ekklisia Maria** und die klassizistische **Bibliothek,** wo sich die alten Männer zum Abendklatsch treffen (s. Lieblingsort S. 155). Einen Besuch lohnt die Kirche, die im Inneren vollständig im alten byzantinischen Stil, aber neuzeitlich ausgemalt wurde: ein opulentes Kompendium biblischer Szenen.

In der Ebene zum Strand hin liegen einfache Hotels, viele mit Studios, und die Kitesurf-Station der Air Riders s. S. 150. Eine Fahrt nach Kremastí lohnt vor allem abends wegen der Tavernen, die auch gern Griechen aus Rhodos-Stadt besuchen.

Essen & Trinken

Snacks – **Yannis Grill House:** 1 Tsiviti, tgl. ab 19 Uhr, Tel. 2241 090 198, Hauptgerichte ab 6 €. Einfache Grillstube hinter der Bibliothek; deftige griechische Grillküche mit Gyros (das spricht sich original griechisch übrigens jiro), Souvlaki und Co. Auch Lieferservice!
Unter Griechen – **Mezedokamomata:** Niriidon 33, Tel. 2241 095 048, auf Facebook, tgl. ab 18.30, Vorspeisen um 5 €, Hauptgerichte um 14 €. Beliebte Taverne im dörflichen Stil an der Straße von der Bibliothek zum Strand. Viele Griechen (auch aus Rhodos) als Gäste, oft auch mit Live-Musik.
Traditionell – **Kafenio Tritis Ilikias:** Leof. Eleftherias, tgl. ab 8 Uhr, Tel. 2241 090 304, Hauptgerichte um 9 €. Sieht unscheinbar aus, bietet aber

echte rhodische Küche: Souvlaki vom Holzkohlengrill und ein köstliches Stifado, lecker auch die frittierten Käsebällchen Tyrokeftedes. Abends treffen sich hier die Einheimischen.

Theológos ▸ Q 9

Der Ort, meist nur kurz Thólos genannt, ist die jüngste Hotelzone an der Westküste und – wenn man es beschaulich und dörflich mag – auch die schönste. Während das alte Dorf mit engen Gassen und traditionellen Häusern oben am Hang liegt, erstreckt sich die Hotelzone in der Küstenebene.

Der Strand zählt zu den besseren an der Westküste, schön sauber, teils sandig, wenn auch mit groben Kieseln direkt am Wasser. Auch der Wind ist nicht mehr so stark wie im Norden. Wassersport bieten die Großhotels Alex Beach und Doreta Beach. Einziger Wermutstropfen: das nahe Kraftwerk von Soroní, das sich am Horizont erhebt.

Essen & Trinken

Dorftaverne – **Taverne Drosia:** Thólos-Zentrum, Tel. 2241 041 684, auf Facebook, tgl. 12–15, 18–23 Uhr, Hauptgerichte ab 9 €. Eine echte Dorf-Taverne, wo bei griechischen Oldtime-Schlagern eine leckere bäuerliche Küche serviert wird. Sehr beliebt bei Einheimischen wie Touristen. Wenn es voll wird, und das wird es immer, müssen alle zusammenrücken.

Infos & Termine

Panigíria: Am 13./14. August feiert das ganze Dorf im Kloster Kalópetra (s. S. 229); das Fest der Pfarrkirche Ágios Spyrídonos ist Anfang Dezember.

Soroní, Fánes, Kalavárda ▸ P 10

Diese drei Küstendörfer sind noch wirklich sehr ursprünglich, organisierter Tourismus ist fast unbekannt. **Soroní,** dessen Ruf unter dem großen Elektrizitätswerk leidet, lohnt aber einen Stopp wegen seines sehr lebendigen, typisch griechischen Dorflebens (am Vormittag). Berühmt ist das große **Fest des Ágios Soúlas,** dessen große Wallfahrtsanlage 4 km im Inland liegt. Am 30. Juni findet dort eines der größten Feste von Rhodos statt, mit jenen Eselrennen, die schon Lawrence Durrell in »Leuchtende Orangen« sehr beeindruckt schilderte.

Fanés ist hingegen ein stiller, in Olivenhainen und Weingärten versteckter Weiler, wo die meisten Einwohner noch ganz von der Landwirtschaft leben. Ab Mitte 2010 war es durch seine bunte Häuserbemalung bekannt geworden, doch die hat inzwischen sehr gelitten. Beliebt ist der Sand-Kiesel-Strand vor allem bei Surfern, die hier guten Wind und in der ländlichen Küstenebene auch einige wenige Unterkünfte finden.

Am Strand von **Kalavárda,** inzwischen ebenfalls mit professioneller Surfstation, liegen einige idyllische Tavernen, die nur im Sommer geöffnet sind, wenn dort gern Griechen baden gehen. Der Strand ist ab hier bis hinunter nach Kámiros völlig unbebaut, in der Küstenebene bestellen die Bauern ihre Felder.

Übernachten

Neben dem neuen, auf Surfer spezialisierten Luxushotel Nautica Blue gibt es auch kleinere Alternativen, z. B.: *Kleines Paradies –* **Delfini:** In Fánes am Strand, Tel. 2241 041 369, www.delfini-fanes.gr, DZ/BB ab 50 €. Das einfa-

Ein Drink in Kremastí ▶ R 9

Man kan nicht sagen, dass das Dorf Kremastí kurz hinter dem Flughafen von Touristen überlaufen ist. Sie machen sich eher rar. Deshalb halte ich gern an der zauberhaft klassizistischen Bibliothek in der Dorfmitte (sieht von vorn aus wie ein antiker Tempel) und genehmige mit hier eine ruhige Kaffeepause. Die Sky Bar gegenüber den Tischen serviert einen guten Frappé. Einziger Nachteil: die nicht ganz leise Durchgangsstraße.

che Surferhotel mit schönem Garten direkt am Strand wurde komplett im traditionellen Stil renoviert, ein Bilderbuchhotel nach allen Regeln der Kunst. Schön sitzt man auch abends in der Taverne, sonntags im Sommer werden Beach-Partys veranstaltet.

Essen & Trinken

Fischer-Taverne – **Blue Sea Taverna:** An der Küste Richtung Kámiros, Tel. 2246 041 420, tgl. 12–21 Uhr, ein ganzer frittierter Kalamari 9 €. Hübsche Taverne einer Fischerfamilie mit blumenreicher Weinlauberterrasse, von der man weit hinaus aufs Meer schaut. Wer Fisch essen will, fragt besser beim Bestellen nach dem Preis!

Aktiv

Kitesurfen – Am Fánes-Strand gibt es die Kitesurf-Station **Michael's Kite Center** (www.kite-rhodos.com, mit Hotel). Eine zweite Station findet man am Kalavárda-Strand, 5 km westlich: **Kite Kalavarda** (www.kite-kalavarda. com, mit Hotel und Vermittlung anderer Unterkünfte). Eine nette Surfer-Taverne dort ist das Sea House direkt am Strand.

Kámiros (Old Kámiros) ❗ ▶ O 10

Tgl. außer Mo 8.30–19 Uhr, im Winter bis 15 Uhr, Einlass bis 30 Min. vor Ende, Eintritt 6 €
Kámiros, 34 km von Rhodos-Stadt entfernt in den Hügeln über der Westküste gelegen, war die kleinste der drei antiken rhodischen Städte. Es erreichte nie die Bedeutung von Ialyssós oder Líndos. In früharchaischer Zeit jedoch war die von Homer als ›die Tonreiche‹

gerühmte Stadt eine Hochburg der frühen griechischen Keramikproduktion: Die nahe Nekropole von Fikellura gab der Endphase des orientalisierenden Stils im 6. Jh. v. Chr. den Namen (s. S. 75).

In der hellenistischen Epoche, Rhodos als neue Inselhauptstadt war schon längst gegründet, wurde Kámiros nach einem Erdbeben um 227 v. Chr. neu aufgebaut, blieb aber eine politisch unbedeutende Handwerkerstadt. Nach einem weiteren Beben Mitte des 2. Jh. n. Chr. wurde es für immer aufgegeben und nie wieder überbaut. Daher zeigen die Ausgrabungen, die die Italiener 1929 begannen, das für die griechische Antike seltene Bild einer hellenistischen Wohnstadt, die eben nicht wie die meisten anderen Orte jener Zeit in römischer oder spätantiker Zeit umgestaltet worden ist.

Zugleich bietet Kámiros ein besonderes landschaftliches Erlebnis: Die Stadt, von deren Wohnvierteln nur etwa hüfthohe Mauern blieben, zieht sich in einer engen Talsenke empor. Sie wird einmal längs durchschnitten von einer Weihestraße, die den unteren Tempelbezirk mit dem Athena-Tempel oben auf der Kuppe verbindet. Von dort oben hat man den schönsten Blick auf das Gewirr der Atriumhäuser, die über dem Meer zu schweben scheinen. Leider wurden große Teile der früher so reizvollen Pinienwälder ringsum bei dem großen Waldbrand 2008 schwer geschädigt.

Gleich hinter dem Eingang betritt man die **Tempelterrasse** **1**. Sie war früher gesäumt von von Statuen bedeutender Persönlichkeiten und Göttern, davon zeugen noch zahlreiche Sockel mit Weihinschriften. Rechts von dieser künstlichen Terrasse erhob sich ein dorischer **Apollon-Tempel** **2**,

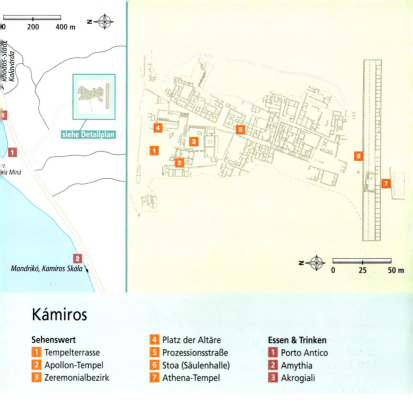

Kámiros

von dem noch einige Säulen aufrecht stehen. Vor dem Tempel findet sich ein kleiner Altar, auf dem geopfert wurde, daneben ein weiterer Platz. Hier vermutet man den **Zeremonialbezirk** 3 des Tempels, der im Süden von einem Brunnenhaus und im Osten von der hohen Stützmauer zur Prozessionsstraße begrenzt wird.

An der Ostseite der Tempelterrasse erkennt man Reste einer halbkreisförmigen Exedra, wahrscheinlich der Platz der Priester während der Kulthandlungen. Dahinter schließt der **Platz der Altäre** 4 an, wo unter anderem – auf dem zentralen Altar der unteren Ebene – dem Sonnengott Helios geopfert wurde. Von hier führt die **Prozessionsstraße** 5 über Trep-

pen zur Kuppe empor. Links, später auch rechts zweigen Gassen zu den verschachtelten Atriumhäusern ab, von denen noch hüfthohe Mauern aus Bruchstein erhalten blieben.

Auf der Kuppe fällt heute vor allem eine große Zisterne aus der klassischen Epoche zu entdecken, die über eine Treppe begehbar war. Über dieser wurde Anfang des 2. Jh. eine monumentale, 200 m lange **Stoa** 6 errichtet. Diese Säulenhalle diente als Eingang zum **Athena-Tempel** 7 direkt dahinter, von dem nur spärlich Reste erhalten blieben. Wahrscheinlich handelte es sich aber um einen Amphyprostylos mit je vier Säulen an beiden Endseiten wie auch auf der Akropolis von Líndos.

Die Ruinen des antiken Kámiros überblicken die Ägäis bis zum türkischen Festland

Essen & Trinken, Aktiv

Taverne mit Strand – **Porto Antico** **1** : An der Küste beim Kámiros-Abzweig, Tel. 2241 040 002, www.portoantico. gr, tgl. 9–21 Uhr, Hauptgerichte 8–26 €. Die Taverne in einer Sandbucht besteht seit 1958, jetzt unter Leitung der neuen Generation und neuem Namen. Hübsch eingerichtet mit traditionellen Holzstühlen. An der langgezogenen Sandbucht kann man schön baden, es werden Liegestühle vermietet.

Mit Kinderspielplatz – **Amythita** **2** : An der Küste ein kurzes Stück Richtung Kámiros Skála, Tel. 2246 031 091. Moderne Taverne mit bodenständiger Küche und tollem Ausblick aufs Meer, geführt von der sehr netten Emma-

nuela Kordoni aus dem Bergdorf Kritinía. Mit großem Kinderspielplatz, etwas unterhalb ein Strand mit Duschen. Hauptgerichte 6–18 €, Fisch vorher auswiegen lassen.

Beim Fischer – **Akrogiali** **3** : An der Küste Richtung Kalavárda, Tel. 2241 040 038, tgl. 10–21 Uhr, Hauptgerichte ab 8 €, Grill-Brasse um 14 €. Strandtaverne einer Fischerfamilie mit schattiger Terrasse, ein Geheimtipp! Unterhalb ein kleiner Strand mit ausreichend Sonnenliegen.

Infos

Busse: Von Rhodos-Stadt um 10 und 13.30 Uhr (Öffnungszeiten beachten!), retour ca. 11.50 und 14.50 Uhr.

Kámiros Skála ► N 11

Der Fischerhafen südlich des antiken Kámiros ist mit seinen Fischtavernen ein beliebtes Ausflugsziel der Rhodier. Hier startet auch die Kleinfähre zur nahen Insel Chálki (s. S. 260). Im Hang über dem Kai, hinter der Taverne Loukas, ist ein unvollendetes **Tempelgrab** in den Fels gemeißelt. Typologisch entspricht es den Gräbern Lykiens (der Region rund um Fethiye in der Türkei) und verweist so auf die engen Beziehungen zu Kleinasien in antiker Zeit.

Übernachten

Familiär – **Pension Liros:** Kámiros Skála, Tel. 2246 031 264, www.liros.gr, DZ/F um 65 € (HS). Familienpension, 250 m vor dem Hafen. Ordentliche Zimmer, angeschlossen eine Taverne mit typischen bäuerlichen Gerichten. Die Wirte geben auch Tipps für Ausflüge und Wanderungen rund um den Berg Profítis Ilías; ein Mietwagen ist empfehlenswert.

Essen & Trinken

Langusten und mehr – **Estatorio Althaimenis:** Rechts vom Anleger, Tel. 2246 031 303, tgl. 8–22 Uhr, Fisch ab 12 €, 1/2 Languste 60 €. Gilt als das beste Fisch- und Langustenrestaurant von Rhodos. In großen Becken kann man sich ›sein‹ Tier in noch lebendem Zustand aussuchen.

Kástro Kritinía ► N 11

Südlich von Kámiros Skála kommt bald der Abzweig zum Kástro Kritiniá (früher Kastell Kamiros). Es ist eine der besterhaltenen Johanniterburgen, erbaut unter dem Großmeister Orsini, verstärkt unter Aubusson und Carretto, deren Wappenschilder die Mauern zieren. Im Mittelalter hieß die Festung Villanova, den Bau finanzierten Florentiner Bankhäuser als Handelsstützpunkt. Vom höchsten Punkt, beim mächtigen Donjon, hat man einen schönen Meerblick zu den Inseln Alimiá und Chálki.

Essen & Trinken

Strandtaverne – **Johnny's Fish Taverna:** An der Küste in der Kopriá Bay, Tel. 2241 031 342, Mai bis Sept. tgl. tagsüber, Hauptgerichte ab 9 €. Einladende Strandtaverne mit großer Terrasse in der Kopriá Bay, einer auch bei Tauchern beliebten Bucht.

Kritinía ► N 11

Das noch ganz ursprüngliche Dorf am Hang unterhalb der Westküstenstraße, die sich hier schon in die Berge geschwungen hat, wird oft achtlos rechts liegen gelassen. Dabei kann man es als eines der schönsten und ursprünglichsten Dörfer von Rhodos bezeichnen (Infos für Individualreisende unter www.kritinia.gr auch auf Deutsch).

An der Hauptstraße zeigt ein **Folklore-Museum** landwirtschaftliches Gerät, im Dorfzentrum an der Platia versorgt das Kafenió O Platanos unter einer riesigen Platane Besucher mit Getränken und Eiscreme.

Links neben dem Kafenió beginnt der Fußweg zur kleinen **Kirche Ágios Ioánnis Pródromos** (›Vorläufer‹ = der Täufer), das sich 10 Min. vom Dorf entfernt ganz weiß getönt unter zwei große schwarze Zypressen kauert. Der einst so schöne Ausblick ist zwar durch einen Neubau zerstört, ein gutes Fotomotiv ist sie aber immer noch.

Faliráki und die Ostküste

Highlights!

Thérmes Kallithéa: Die alte Kuranlage der Italiener aus den 1920er-Jahren zählt mit ihrer orientalisierenden Bauweise zu den schönsten Badeplätzen von Rhodos. S. 167

Tsambíka: Das Tsambíka-Kloster mit der wundertätigen, Kindersegen spendenden Ikone blickt von der Berghöhe auf den schönsten Sandstrand der Insel. S. 185

Auf Entdeckungstour

Dörfliche Architektur in Koskinoú: Das noch sehr traditionelle Dorf hat im Zentrum zahlreiche bunt bemalte klassizistische Villen aus dem 19. Jh. bewahrt. S. 164

Das Katholikon von Afándou: Die Kapelle am Strand von Afándou geht auf eine große frühchristliche Basilika zurück, die im Arabersturm zerstört wurde. S. 178

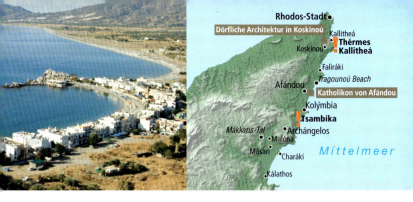

Kultur & Sehenswertes

Kloster Profítis Ámmos: Das abseits gelegene Kloster in Faliráki zählt zu den idyllischsten Plätzen der Stadt und wird vom Pächter einer urigen Grilltaverne gepflegt. S. 169

Kirche Ágios Archángelos: Die Kirche besitzt den schönsten Glockenturm der Insel: schneeweiß und filigran durchbrochen, überragt er den alten Ortskern von Archángelos. S. 187

Zu Fuß unterwegs

Von Afándou zum Tragounoú Beach: Spaziergang durch die Strandebene zum Kieselstrand mit türkisfarbenem Wasser. S. 177

Spaziergang in Archángelos: Die Altstadt mit ihren bemalten Häusern überragt vom Kastell. S. 187

Wanderung nach Malóna und Másari: Von Charáki zu zwei traditionellen Dörfern. S. 195

Genießen & Atmosphäre

Fischtaverne Kavourakia: Die Taverne am Kavourákia-Strand von Kallithéa serviert Fisch und Grillgerichte im Palmengarten. S. 163

Tavernen in Koskinoú: Im Dorf mit den vielen klassizistischen Häusern kann man abends in traditionellen Tavernen einkehren. S. 167

Abends in Charáki: Essen gehen mit Blick auf die erleuchtete Burgruine Feráklos. S. 194

Abends & Nachts

Partymeile in Faliráki: In der ›Partystadt‹ feiert die Jugend bis zum Sonnenaufgang. S. 175

Beach Bar Summerlov', Kálathos: Die hippe, mit ökologischem Touch geführte Strandbar ist auch an heißen Augustabenden ein beliebter Treffpunkt, oft mit großem Lagerfeuer und Tanz am Strand. S. 197

Die großen Badeorte

Entlang der Ostküste von Rhodos reihen sich große, quirlige, teils sogar laute Strandorte, aber auch stillere Küstenabschnitte, von der italienischen Kuranlage Thérmes Kallithéa bis zur kleinen Bucht von Charáki. Faliráki und Kolýmbia sind die bedeutendsten Urlaubsorte hier, es gibt aber auch typisch griechische Orte wie Koskinoú oder Archángelos.

Da die Ostküste von Rhodos von den Bergen im Landesinnern vor dem ägäischen Meltemi-Wind geschützt wird, ist es hier klimatisch milder, im Sommer aber sehr heiß. Die Strände fallen deutlich flacher ins Meer ab und bestehen zumeist aus Sand und Feinkies. Die touristische Entwicklung begann spät, denn noch in den 1980er-Jahren führte nur ein kurviges Sträßchen hinunter in den Süden. Heute ist die Straße von Rhodos-Stadt entlang der Ostküste bis Líndos, auf Rhodos ›Líndos Highway‹ genannt, so gut ausgebaut, dass man dorthin kaum noch eine Stunde braucht. Sie passiert jedoch schöne Strände und kleine Dörfer, für die man sich ruhig Zeit nehmen sollte – auch wenn dort nicht allzu spektakuläre Dinge zu sehen sind.

Vom Altstadt-Ring in Rhodos-Stadt aus kann man zwei Straßen nehmen: Auf der alten Küstenstraße passiert man erst die antike Zéfyros-Nekropole (s. S. 141) und dann geht es zur Hotelzone Kallithéa/Reni Koskinoú und weiter nach Thérmes Kallithéa. Mit der Ausschilderung Líndos fährt man am Rodiní-Tal (s. S. 141) vorbei auf die Schnellstraße Richtung Faliráki.

Kallithéa (Réni Koskinoú) ▸ S 9

Das etwa 6 km lange Küstenstück am Kap Vódi wird in deutschen Katalogen als Kallithéa vorgestellt, auf Rhodos ist der Name Réni Koskinoú verbreiteter. Das ›Zentrum‹ dieser Hotelzone ist die Küstenstraße, an der sich mehrere durch Anhöhen getrennte Buchten reihen, die jeweils von Großhotels besetzt sind. Wer hier bucht, trifft nicht unbedingt eine schlechte Wahl: Der Disco-Rummel hält sich in Grenzen, die Buchten sind überschaubar, und Rhodos-Stadt sowie einige der idyllischsten Badeplätze der Insel nicht weit.

Der Hauptstrand ist zwar von den zusammen 1000 Zimmer zählenden Hotels Eden Rock und Paradise Beach umzingelt, es gibt aber noch weitere schöne Strandabschnitte, z. B. den ruhigen **Kavourákia Beach** mit dem Hotel Lomeniz Blue, einem Fischerhafen und zwei großen Fischtavernen.

Erotische Figuren zieren die Brunnen von Thérmes Kallithéa

Essen & Trinken

Fisch unter Palmen – **Psarotaverna Kavourakia:** Kavourákia Beach, nahe Hotel Lomeniz Blue, Tel. 2241 062 266, tgl. ab 12 Uhr, Dolmadakia 5 €, Schwertfisch 14 €. Vorzügliche Fischgerichte, freundlicher Service in hübscher Taverne unter Palmen mit vielen lauschigen Sitzecken.

Günstig & gut – **Koskinou House:** Leoforos Kallithea, tgl. 11–14, 18–23 Uhr, Haloumi 5 €, Pizza um 8 €. Das alte Ausflugslokal aus italienischer Zeit mit großer Terrasse hoch über der Straße. Die Küche bietet griechische Klassiker, abends locken günstige Bierpreise.

Aktiv

Wassersport – An den Stränden der Großhotels werden Tretboote, Surf-bretter und Jet-Skis verliehen, auch Wasserski kann man fahren.

Tauchen – Die Felsküste bei den Thermen von Kallithéa ist der beliebteste Tauchspot von Rhodos, die beiden großen Tauschschulen der Insel (s. S. 33) sind hier regelmäßig unterwegs. Nur mit Führung solcher autorisierter Schulen ist Scuba Diving (Tauchen mit Flaschen) erlaubt, sonst ist es untersagt, um Schatztauchen nach antiken Objekten zu unterbinden.

Infos

Busse: Von Rhodos tagsüber stündlich zur vollen Stunde ein Bus der KTEL, nach Faliráki ca. 20 Min. und zurück ca. 20 Min. vor der vollen Stunde. ▷ S. 167

Auf Entdeckungstour:
Dörfliche Architektur in Koskinoú

Im Dorf Koskinoú, etwas erhöht in den Hügeln über der Küste gelegen, blieb ein ganzer Dorfkern aus Villen im klassizistischen Stil und traditionellen Wohnhäusern erhalten.

Reisekarte: ▶ S 9

Planung: Für einen Rundgang rechne man gut 1 Std.; vorteilhaft ist es, am späten Nachmittag zu kommen. Dann kann man erst noch einen Frappé oder einen Sundowner in einer Taverne trinken und abends essen gehen.

Traditionelle Hausarchitektur: Auch in den Dörfern Apóllona, Kritinía und Asklipío kann man in kleinen Museen traditionelle Architektur erleben.

Tavernen: Ilionas **1**, O Giannis **2**, Elia & Kapari **3** und Koutouki ta Mantala **4** s. S. 167

Koskinoú war zu Anfang des 20. Jh. die heimliche Hauptstadt von Rhodos und der wohlhabendste Ort der Insel. Von dieser Zeit zeugen zahlreiche Stadtvillen mit schattigen Innenhöfen. Sie haben fantasievoll gestaltete Tore und sind oft bunt angestrichen, die Innenhöfe haben noch ihre alten Chochláki-Böden aus schwarzen und weißen Kieselsteinen. Vor den Häusern sitzen die Frauen (immer freundlich grüßen!), und auf den Mauern sonnen sich die Kätzchen: eine echte, stille Idylle im sonst so lauten Rhodos.

Eine Idylle des Klassizismus

Vom Hauptplatz geht man auf die große **Dorfkirche**  zu, die der Panagía (Allheilige Maria) geweiht ist. Von weithin sichtbar ist der nach typisch rhodischer Art luftig durchbrochene Kirchturm mit fünf jeweils zurückspringenden Stockwerken. Die Kirche stammt aus dem Jahr 1783, wurde aber nach Erdbebenschäden 1928 umfassend erneuert. Sie besitzt einen Hof mit einem großen Chochláki-Mosaik aus schwarzen und weißen Kieselsteinen; im Inneren sind Wandmalereien mit Bibelszenen im alten byzantinischen Stil (s. S. 68) zu sehen.

Südlich vom Glockturm führt eine lange Gasse, die Odos Metaxa, ins historische Dorfzentrum hinein. Zahlreiche Hofportale im Stil des Klassizismus säumen den Weg. Typisch sind vorgeblendete Wandpilaster oder elegante Säulchen, Rundbögen und ein erhöhtes Gesims wie bei einem antiken Tempel. Die meisten Wandflächen sind weiß getüncht, doch die hölzernen Fensterläden, die Türen und die Wandsockel sind farbig-bunt gestrichen. Schmiedeeiserne Ziergitter zeigen Blumenmotive, Ranken oder Vögel und das rhodische Symboltier, den Hirsch, oft sind sie farbig abgesetzt und geben dem Haus seine besondere Note.

Weil in den letzten zehn Jahren viele Ausländer in Koskinoú Häuser gekauft haben, sind die Preise für diese Schmuckstücke in ungeahnte Höhen gestiegen – inzwischen werden sie nur noch vermietet oder in sehr idyllische Ferienvillen umgebaut (s. Marigo House **2**, S. 167). Wenn man mal sehen möchte, wie man in diesen Häusern lebte, kann man das **Traditionelle Haus 2** (Paradosiako Spiti Koskinou) besuchen (Saison Mo–Fr 10–13, 18–20 Uhr, sonst nach Vereinbarung, Tel. 2241 062 205).

Leben auf dem Soúfa

Das traditionelle Haus war eingeschossig, besaß ein Flachdach und sehr dicke Mauern, um die Hitze abzuweisen; im Innern gab es nur einen

Raum, die *sála*. Als Hauptmöbel in diesem Raum war ein etwa brusthohes Podest eingebaut, das eine ganze Schmalseite einnahm und *soúfa* genannt wurde.

Das Soúfa bildete den Mittelpunkt des Hauses: Dort empfingen die Männer Gäste, dort verbrachten die Frauen den Abend, dort schlief die Familie. Es besaß ein Geländer, unter dem Boden konnten Vorräte verstaut werden, abends wurde es mit Seegrasmatratzen als Schlafstätte gepolstert. Das Bett der Eheleute war durch den *spervéri* abgetrennt, einen prachtvoll bestickten Vorhang, an dem die jungen Mädchen vor der Heirat jahrelang arbeiteten – er war das Kernstück ihrer Aussteuer, das dem Brautzug vorangetragen wurde.

Dieses für vielfältige Funktionen nutzbare Raumprinzip von Sála und Soúfa ist typisch für die traditionelle Architektur des gesamten Dodekanes, auch wenn es je nach lokalen Traditionen variierte. So ruhen die Deckenbalken der Häuser auf Rhodos meist auf einer weiten Spitzbogenwand, der *kamára*, die die Sála in der Mitte teilt, auf Kárpathos erfüllt diesen Zweck dagegen ein starker Mittelpfeiler, der *stýlos* genannt wurde.

Ansonsten war das Einraumhaus eher spärlich möbliert. Meist war nur noch ein *piatóthiki*, ein Wandschrank für das Geschirr, vorhanden. Auf einem langen offenen Bord aus geschnitztem Holz präsentierte man eine zusammengewürfelte Sammlung von Keramik-Tellern, die von Seefahrten aus Italien, der Türkei oder Ägypten mitgebracht worden war. An den Wänden hingen Stickereien, alte Familienbilder und natürlich eine Ikone, ein Bild des Familienheiligen.

Die Küche, *kéllos,* war in einem kleinen Anbau zum Hof hin untergebracht, um den sich weitere Wirtschaftsräume sowie der steinerne Backofen, das Klosett und die Ställe gruppierten. Eine mannshohe Mauer mit einem möglichst repräsentativen Tor schloss das Refugium der Familie zur Straße hin ab.

Die Tempel als Vorbild

Anders als das traditionelle Bauen, das mit einfachen Mitteln zweckmäßige Lösungen erreichte, spiegelte die neoklassizistische Architektur den Willen zur Repräsentation. Nicht von ungefähr kam dieser Stil, der den Formenkanon des antiken Tempels aufgriff, erst

nach der Gründung des neugriechischen Staates auf. Mit König Otto, Sohn des Philhellenen Ludwig von Bayern, kamen Architekten ins Land, die in Athen die ersten klassizistischen Gebäude errichteten. Als Griechen dann in den 1850er- und 1860er-Jahren im Gefolge der ökonomischen Durchdringung des Osmanischen Reiches durch Engländer und Franzosen als Händler, Agenten und Reeder zu Wohlstand kamen, griffen sie diesen Stil auf.

So entstand die neoklassizistische Stadtarchitektur der großen Handelsstädte von Sými, Chálki und Kastellórizo. Auf Rhodos selbst gibt es solche Bauten seltener – zu stark war hier der Einfluss der türkischen Besiedlung, und auch die Blütezeit von Líndos war am Ende des 19. Jh. schon Geschichte. Koskinoú ist daher der einzige Ort mit einer nennenswerten klassizistischen Architektur.

Charakteristische Elemente der neoklassizistischen Inselarchitektur sind der dreieckige Tempelgiebel, die Fassadengliederung durch Traufbänder und Pilaster, die als vorgesetzte Scheinsäulen die Form der antiken ionischen, dorischen oder korinthischen Säule nachahmen. Auch die oft auf den Dachkanten aufgestellten *kolonáki*, muschelförmige Terrakottaembleme haben schon die Dächer der antiken Tempel geschmückt.

Je nach Inseltradition wurden die *archóntika*, Herrenhäuser, in bestimmten Farben gestrichen. Auf Sými waren es helle Gelbtöne kombiniert mit Rostrot, auf Chálki Dunkelblau mit kräftigem Rot, auf Kastellórizo ein dunkleres Gelb mit Weiß. Auf Rhodos herrschte Hellbeige mit braunen Schmuckelementen vor, diese Töne wurden seit den 1970er-Jahren jedoch fast komplett durch die Nationalfarben Weiß mit Hellblau ersetzt.

Koskinoú ▸ S 9

Karte s. Entdeckungstour S. 165

Der Ortskern des alten Dorfes Koskinoú liegt auf einem Felssporn und überblickt grünes Ackerland, man ist hier schon den Neubauvierteln von Rhodos-Stadt entronnen. Eine Stippvisite lohnt die Architektur des alten Dorfes (s. Entdeckungstour S. 164), abends kann man den Dorfbummel in einer Taverne ausklingen lassen.

Übernachten

Für Selbstversorger – **Artemis Studios** 1 : Koskinoú Road, Tel. 2241 061 435, www.artemis-studios.gr, DZ 45 € (NS), 80 € (HS). Kleinere Neubau-Anlage in Dorfnähe (1 km zur Küste) inmitten von Olivenbäumen. Schlichte, aber funktionale Zimmer mit Bad, Küchenzeile und TV. Sogar einen Pool gibt es!

Traditionell – **House Marigo** 2 : Vasileos Pavlou 22, Koskinoú, www.booking.com, www.airbnb.de, DZ um 60 €. 3 Apartments in einem traditionellen Haus im Dorf (Mindestdauer 3 Tage), schöne Einrichtung wie aus dem Bilderbuch. Auf den Websites sind noch zahlreiche weitere Zimmer in Traditionshäusern und Villen zu finden.

Essen & Trinken

Mezedes & mehr – **Ilionas** 1 : Platia Koskinoú, Tel. 2241 062 122, tgl. 11–14 und ab 17 Uhr, Griechischer Salat 6 €, Souzoukakia 8 €. Unter schattigem Weinlaub oder an Sonnenplätzen gibt es eine moderne Traditionsküche mit vielen Mezedes und rhodischen Spezialitäten; dazu Landwein aus Ístrio.

Traditionsküche – **O Giannis (Yannis)** 2 : Metaxas, tgl. 11–14 und ab 18 Uhr, Kondosouvli (eine Art Souvlaki) 9 €, Spetsofai (Wurst und Paprika in

scharfer Sauce) 8,50 €. Die beste Taverne im Dorf mit großer Auswahl an traditionellen Gerichten.

Weiß-blauer Traum – **Elia & Kapari** 3 : Tel. 694 868 0273, tgl. ab 17 Uhr. Hübsche Openair-Taverne, traditionelles Essen in familiärem Ambiente.

Rembetiko – **Koutouki ta Mantala** 4 : 25is Martiou, Tel. 2241 061 676, auf Facebook, tgl. ab 12.30, abends ab 17.30 Uhr, Mi, Fr, Sa mit Livemusik, So auch ab mittags. Rembetiko-Taverne mit Live-Musik Mi, Fr und Sa, immer abends, So schon ab Mittag. Seltene, traditionelle Gerichte, uriger Gastraum, lauschige Terrasse.

Thérmes Kallithéa !

▸ S 9

Tgl. ab 8 Uhr, Eintritt 3 €, für die Café-Bar frei nach 20 Uhr

Die ›Thermen von Kallithéa‹ sind ein romantisches Relikt aus der italienischen Epoche. Bei der seit der Antike bekannten Heilquelle wurde in den 1920er-Jahren ein Thermalbad aufgebaut. Der italienische Kolonialstil mit Palmen im Innenhof und einem maurischen Kuppelpavillon blieb selten so gut konserviert. Die Bauten, ein überdachter Mini-Pool und ein Wandelgang mit den Umkleidekabinen wurden mehrfach als Filmkulisse genutzt, so in »Die Kanonen von Navarone« mit und von Anthony Quinn.

An der Felsbucht kann man baden, beliebt ist die felsige Küste aber auch bei Tauchern und Schnorchlern. Und auch etwas weiter südlich findet man unverbaute Badeplätze. Einige improvisierte Tavernen haben hier Liegebetten auf die Felsen gestellt, am schönsten ist das Areal bei **Tassos Beach:** Ein regelrechter Irrgarten in den Felsen, wo jeder ein stilles Plätzchen findet. Auch für Kinder toll, denn in den Tümpeln entdeckt man Muscheln und Krebse.

Faliráki ▸ S 10

Der kilometerlange Feinsandstrand lockte in den 1960er-Jahren die ersten ›Griechenland-Hippies‹ nach Faliráki, das damals als Fischerhafen von Kalythiés aus einigen Hütten und dem kleinen Ágios Ioánnis-Kirchlein bestand. Seit aber 1973 die Stichstraße zum Strand gebaut wurde, heute die im Jargon ›Bar Street‹ genannte Flaniermeile, erlebte die Bucht mit dem flachen, kinderfreundlichen Strand einen enormen Ausbau zu einer der lebendigsten Feriensiedlungen von Rhodos.

Dieser Ort gliedert sich in drei Bereiche: zum einen die Reihe der Luxushotels im Norden Richtung Kallithéa, dann der Gürtel kleinerer Apartmenthotels rund um das Zentrum und schließlich die eigentliche ›Party-Stadt‹ in der Ortsmitte. In den Hotels dort sind vor allem junge Briten untergebracht; dazwischen reihen sich Souvenirläden, Boutiquen und Bars aneinander, während sich die alte **Kapelle Ágios Ioánnis** vor den Glitzerlichtern und den dröhnenden Disco-Beats in Trauer hinter ihre Zypressenkappe zurückgezogen hat. Dafür locken die Kneipen mit Gratis-Drinks, und vor dem Morgengrauen muss niemand ins Bett. Doch während das ›Action Resort‹ (so Faliráki über sich selbst) im Zentrum HiSpeed-Wassersport, Parasailing, einen Bungee-Kran und andere Adre-

Faliráki ist die Party-Hauptstadt von Rhodos

nalin-Treiber bietet, gibt es eben auch noch die ruhigeren Ecken.

Am alten **Fischerhafen** 1 schaukeln immer noch die Kaiks vor der kleinen blau-weißen Kapelle auf dem Wellenbrecher, derweil an Land am **Kathara Beach** die einfachen Fischerkaten an alte Griechenlandromantik erinnern.

Auch das strahlend weiße **Kloster Moní Profítis Ámmos** 2, wo Pfauen frei herumstolzieren und im Juni ein großes Kirchweihfest gefeiert wird, ist noch so charmant wie in alten Zeiten.

Wer nicht am langen Sandstrand braten will, kann auch zu kleineren Felsbuchten im Süden fahren (s. Strände). Südlich über der Ladikó-Bucht liegt auf einem kahlen Felssporn das **Erimokástro** 3, eine sehr alte Festung. Sie ist noch nicht untersucht, sodass die Entstehungszeit fraglich ist, doch die erhaltenen Bauteile, darunter ein monumentaler Eingangsbereich, deuten auf ein prähistorisches Datum hin (mykenische oder archaische Epoche).

Strände

Faliráki Beach: Der Hauptstrand ist sandig, ewig lang und fällt kinderfreundlich flach ab. Für Wassersport ist gesorgt. Ein Wermutstropfen: Im Hochsommer wird es hier unerträglich heiß.

Kathara Beach: Die kleine Bucht kurz vor dem Fischerhafen bietet eine feinsandige Badestelle und etliche traditionelle Strandtavernen.

Nudist Beach: Schmale Felsbucht mit kleinem Strand, nackt darf man, muss man aber nicht. Wird zunehmend ›normal‹ genutzt von den Gästen der neuen Hotels in Faliráki-Süd.

Anthony Quinn Bay: Das idyllischste Plätzchen in Faliráki. Man liegt auf dem kleinen Streifen Feinkiesel oder Felsplateaus, Riffe im Meer bieten ideale Plätze zum Schnorcheln. Auch Du-

Mein Tipp

Faliráki Waterpark 1

Im Hotelviertel von Faliráki, am Hang beim Esperides Hotel, hat ein Spaßbad der Superklasse eröffnet. Wellen-Pool, Unterwasser-Aerobic, eine ›Kids Area‹ mit Piratenschiff und Wasserkanonen für die Kleinen, Wasserrutschen wie Kamikaze, Black Hole oder Free Fall und dazu der Tarzan Pool, wo man über Krokodile (nein, keine echten natürlich…) laufen muss – so viel wird einem selten geboten fürs Geld. (Tgl. 9.30–18 oder 19 Uhr, 24 €, Kinder (3–12 J.) 16 €, www.water-park.gr.)

schen, Sonnenschirmverleih und eine Taverne gibt es.

Ladikó Bay: In der kleinen Felsbucht findet man auch einen Streifen Sand und viele Felsen. Meist ist es dort sehr ruhig, nur die Gäste des Hotels Cathrin (www.cathrinhotel.gr) treffen sich dort.

Thérmes Kallithéa: s. S. 167.

Kalythiés ▶ S 10

Das ›Mutterdorf‹ von Faliráki, etwa 3 km im Inland gelegen, erscheint noch sehr traditionell. Mit dem vielen Geld, das man an der Küste verdient, wurde in den letzten 20 Jahren aber gebaut, modernisiert und auch die Straßen gepflastert. Vormittags bieten zahlreiche Läden und Supermärkte pittoreske Szenen, vom Kafénio Serafino am Hauptplatz, der Konditorei Elliniko oder einigen netten Tavernen aus beobachtet man das geruhsame Dorfleben. Es gibt auch ein gestyltes Internet-Café, in dem sich die Jugend trifft. Danach schlendert man durch enge Gassen zur Stávros-Kirche oder

Faliráki

Sehenswert
1 Fischerhafen
  (Faliráki Harbour)
2 Moní Profítis Ámmos
  (auch Amos)
3 Erimokástro

Übernachten
1 Apollo Beach
2 Kouros
3 Limanaki Apartments
4 Paradise Studios

Essen & Trinken
1 Ámmos Taverna
2 Dimitra
3 Kastri
4 Maria
5 Monaxia
6 Porto Bello
7 La Falirala
8 Manolis
9 Oinos

Einkaufen
1 Faliraki Shopping Centre
2 Epsilon Shopping Centre
3 Manuel Music Center
4 Neofitou

Aktiv
1 Faliráki Water Park
2 Sotos Watersports
3 Schiffstouren

Abends & Nachts
1 Chaplin's
2 Espuma Cafe Bar
3 Galazio Beach Bar
4 Bar Street
5 Club Street
6 Bed Club

zum pompösen Rathaus im italienischen Romantikstil. Besonders stolz sind die Leute von Kalythiés auf ihr Heilig-Kreuz-Fest (griechisch Tímios Stávros) am 13. bis 15. Sept., eines der größten auf Rhodos.

Übernachten

Die großen Luxushotels stehen bis zu 8 km nördlich des Zentrums, und damit tatsächlich etwas arg im Abseits der Partymetropole. Jedoch fährt eine Traktorbahn etwa stündlich zum Hauptplatz.

Luxus im Ort – **Apollo Beach** 1 : Am Ortsstrand, 200 m vom Zentrum entfernt, Tel. 2241 085 513, www.apollo beach.gr, DZ/F um 110 € (NS), um 230 € (HS). Gehobene Mittelklasse mit und ohne all-inclusive buchbar; viel Sportanimation mit Aerobic-Stunden.

Relativ ruhig gelegen und durch ein kleines Wäldchen abgeschirmt, aber doch nah bei den Bars und Clubs und dem Strand. Neuerdings mit 5-Sterne-Dependence Apollo Blue Palace.

Wie aus dem Bilderbuch – **Kouros** 2 : Apollonou, Tel. 2241 087 241, www. booking.com, DZ ab 70 € (NS), ab 120 €, (HS), Frühstück 10 €. Optisch wunderbares Hotel, designt von Loukas Nikolitsis – ein griechischer Traum. Kouros Home ist das Hotel, im Kouros Exlcusive gibt's Apartments. Ruhig und ländlich im Süden des Orts gelegen, ca. 500 m bis zum Strand.

Zimmer am Strand – **Limanaki Apartments** 3 : Kathara Beach, Tel. 2241 047 753, www.booking.com, Studio 60–90 €, Kinder plus 17 €, bis 4 Jahre umsonst, Apt. 130–150 € für 2–5 Pers. Studios und Apartments in alten Fischerhäusern, sehr schön direkt am

Strand gelegen. 10 Min. vom Zentrum entfernt, auch abends ruhig mit netten Lokalen in der Nähe.

Idylle mit Taverne – **Paradise Studios** [4]: Kathara Beach, Tel. 2241 085 942, www.faliraki.com/paradise.htm, DZ 47 (NS), 58 (HS). Einfacher, aber gut ausgestatteter Neubau mit Studios (TV, AC, Küche) weitab vom Trubel, aber direkt am Strand. Angeschlossen ist eine Taverne mit traditioneller Küche.

Essen & Trinken

Beim Kloster – **Ámmos Taverna** [1]: Prof Ammou, tgl. ab 17.30 Uhr, Hauptgerichte ab 8 €. Ganz ruhig am Kloster des Propheten Ammos liegt diese einfache Taverne, die Mezedes und traditionelle Grillgerichte serviert. Freundlicher Service, dazu stolzieren freilaufende Pfauen vorbei.

Schick am Strand – **Dimitra** [2]: Am Strand rechts von der Platia Falirakiou, tgl. ab 9.30 Uhr, Hauptgerichte 9–23 €. Sehr schön im Dorfstil mit großer Auswahl – feine griechische und internationale Küche wie Diana-Steak oder Filet Mignon.

Mit Kinderspielplatz – **Kastri** [3]: Faliráki-Nord neben Hotel Calypso, tgl. ab 9 Uhr, Hauptgerichte ab 9 €. Nett geführte Strandtaverne, man spricht Deutsch und serviert neben griechischen All-time-Klassikern wie Moussaka auch Pizza und Filterkaffee.

Familiär – **Maria** [4]: Kathara Beach, tgl. 9–23 Uhr, Vorspeisen ab 5 €, Hauptgerichte ab 9 €. Familiäre Taverne mit traditioneller Küche – z. B. Giouvetsi um 10 €. Man sitzt nett auf einer schattigen Terrasse mit Strandblick und lernt die ganze Familie inklusive der Katzen kennen.

Lieblingsort

**Strandparadies –
Monaxia Beach in Faliráki** ▶ S 10

Gegenüber dem Hotel Sun Palace
biegt man ab zum Monaxia Beach
(sprich Monachia Beach), einem
der ruhigsten Abschnitte der
Faliraki-Bucht: hier findet man
immer noch ein schönes Plätzchen.
Die urgriechische **Taverne Monaxia**
5, idyllisch unter Tamarisken-Bäu-
men, ist eine Strandtaverne, wie
sie in Faliráki heute eher selten ist
und serviert griechische Klassiker zu günstigen Preisen (Odos
Timokreontos, tgl. ab 9.30 Uhr,
Hauptgerichte 7–12 €.)

Faliráki und die Ostküste

Strandidylle – **Monaxia** `5` : s. Lieblingsort S. 173.

Al Italia – **Porto Bello** `6` : Platia Falirakiou, Mai bis Sept. Uhr. 9–15, 18.30–23 Uhr, Hauptgerichte 9–21 €, Pizza ab 8 €. Familiäre Strandtaverne am zentralen Hauptplatz mit Schwerpunkt auf italienischen Gerichten.

Hard Rock Style – **La Falirala** `7` : Plateia Falirakiou, Tel. 2241 085 324, tgl. 10–15, 18–23 Uhr, Vorspeisen um 6 €, Hauptgerichte 9–25 €, Menüangebot 14 €. Gute italienische Küche in modernem Neubau am Hauptplatz in Faliráki, auch Pizza. Das Falirala Classic im Ergeschoss serviert Grillküche in einer sehenswerten Innendeko im Stil der Hard Rock Cafes.

Wie daheim – **Manolis** `8` : Apollonou, Tel. 2241 086 561, tgl. 11.30–14, 18–23 Uhr, Vorspeisen um 7 €, Hauptgerichte um 15 €. Eines der besseren Restaurants in Faliráki, Top-Qualität wie beim Griechen daheim. Eingerichtet in einem modernen Griechenlandstil, freundlicher Service (auch deutschsprechend). Besonders gelobt wird der Oktopus und das Kleftiko. Auch Fisch und große Desertauswahl. Sehr beliebt, besser reservieren.

Mezedes und mehr – **Oinos** `9` : Apollonou, Tel. 2241 085 345, tgl. 12.30–23 Uhr, Mezedes um 5,50 €, Hauptgerichte ab 11 €. Eine auffällige, etwas kitschige Mauer im rhodischen Kirchenstil trennt das Gartenrestaurant von der Straße ab (früher Di Stefano). Bei gutem Service gibt es große Auswahl an leckeren Mezedes (Vorspeisen), griechische Klassiker und auch internationale Küche.

Einkaufen

Urlaubsfummel, Sportswear, Markenjeans, Badesachen – an der Kallithea-Straße bieten mehrere große Boutiquen eine umfassende Auswahl.

Shopping Centre – Während das **Faliráki Centre** `1` an der Kallithea-Straße wenig Erfolg hat (und inzwischen auch sehr heruntergekommen ist), gilt das **Epsilon** `2` in der Hotelzone Faliráki-Nord als beste Adresse für hochwertige Waren (Mode, Goldschmuck, Souvenirs).

Griechische Musik – **Manuel Music Centre** `3` : 140 Rodou-Lindou (Hauptstraße), Tel. 2241 087 911. Beste Auswahl an CDs.

Keramik – **Neofitou** `4` : An der Líndos-Straße. Typisch rhodische Teller und Vasen. Schön bis kitschig, bunt oder rotbraun, aber auf alle Fälle ein gutes Souvenir.

Aktiv

Spaßbad – **Falliráki Waterpark** `1` : s. S. 169.

Wassersport – Am Zentrumsstrand bieten die Stationen von **Sotos Watersports** `2` (eine am Hauptplatz, eine vor Hotel Apollo Blue, Tel. 695 768 3102) Pedalos, Wasserski, Parasailing und High Speed Ringos, dazu auch Banana- oder Kanu-Safaris. In Faliráki-Nord gibt es Stationen bei den Hotels Calypso und Esperides.

Ausflüge per Boot – **Schiffstouren** `3` : Mit Faliraki Sea Lines (www.faliraki sealines.com) am Faliráki-Hafen großes Programm, z. B. Mi, Fr, So nach Líndos (8.30 Uhr), nach Rhodos-Stadt 4 x tgl. außer So und Mi; jeweils mit Stopps bei den Hotels Apollo Blue, Calypso, Esperides und Colossus. Mit einem Glasbodenboot kann man auch zur Anthony Quinn Bay und zum Tragounoú Beach fahren.

Abends & Nachts

Strandbar – **Chaplin's** `1` : Platia Falirakiou, tgl. 10–2 Uhr. Zwischen Strand und Platz werden in schickem Lounge-

Ambiente Drinks und internationale Snacks serviert. Abends oft Livemusik, gute Cocktails.

Lounge Bar – **Espuma Cafe Bar** 2 : Platia Falirakiou, tgl. 10–2 Uhr. Coole Lounge Bar im der ersten Etage über MacDo mit Karibik-Ambiente und Mojitos bzw. Cocktails. Schön zum Sonnenuntergang!

Beachparty – **Galazio** 3 : Zwischen Hotelzone und Stadt, Tel. 694 452 0586, tgl. 21–14 Uhr (!). Die alte Taverne Sotiris an einem unbebauten Strandabschnitt ist heute eine Beach Bar mit anspruchsvoller Küche und tatsächlich nachts durchgehend geöffnet. Berühmt sind die Sunday Parties ab 12 Uhr, zu denen sehr viele Studenten und Twens aus Rhodos-Stadt kommen.

Abfeiern, die erste – **Bar Street** 4 : Die offiziell Odos Ermou genannte Straße wird gesäumt von Musik-Kneipen (alle tgl. 10–4 Uhr): Alle mit großer offener Terrasse zur Straße, ewig langem Tresen und überall hängen Fernseher. Ab dem Frühstück (englisches natürlich) laufen hier Musik-Clips oder MTV, manchmal auch Soaps. Nachts schicken alle ihre ›Aufreißer‹ auf die Straße, die für Kundschaft sorgen sollen: manche als lehmverschmierte Krieger, andere als Nymphchen im Baströckchen.

Abfeiern, die zweite – **Club Street** 5 : An der Kallithéa-Straße (Leoforos Kallitheas) reihen sich die echten Clubs (alle 0–6 Uhr): **Q Strip Club** (mit Pole Dance), **DC (Dance City)**, **Tiger Club** oder **Liquid** … so heißen die angesagten Tanzadressen, deren Namen sich freilich jede Saison ändern können. Viele Clubs haben verschiedene Floors, wo sie House und Electro bzw. R&B und 80's gleichzeitig spielen können. Die größte Disco ist der **Bed Club** 6 im Faliráki Shopping Centre (Fr mit Foam Party, Sa UV-Face Painting, Mo Paint Party) … Girls go wild!

Infos

Info: Kein staatliches Büro, aber **Dimitra Travel,** Ermou, tgl. 9.30–21 Uhr, Tel. 2241 086 140, vermittelt Auflüge, informiert über Bootstouren und gibt Auskünfte aller Art.

Busse: Nach Rhodos-Stadt alle 30 Min. bis 19 Uhr, letzter Bus gegen 21.30 Uhr; letzter Bus retour gegen 22.30 Uhr. Nach Süden (Richtung Líndos) ca. alle 30 Min. Busse ab Líndos-Highway, letzter Bus zurück ab Líndos gegen 18 Uhr. Achtung: Manche Busse fahren am Hauptplatz ab, die meisten ab Líndos-Highway.

Afándou ▸ R 11

Das Dorf selbst liegt etwas im Landesinnern, besitzt aber viele Ferienunterkünfte in der Strandebene, wobei größere Hotelbauten bislang noch eher die Ausnahme sind. So geht hier alles relativ

Mopedfahren auf der Líndos-Straße

Auch wenn es viele tun: halbnackt mit der Vespa zu zweit zur Ausflugstour fahren ist das Dümmste, was man auf Rhodos machen kann. Allein der Sonnenbrand danach verdirbt zwei Urlaubstage. Besondere Vorsicht ist auf dem Líndos-Highway zwischen Faliráki und Archángelos geboten: Dort sollte man einbiegenden Lastwagen immer Vorfahrt lassen, denn die Fahrer gehen davon aus, dass Mopeds oder Motorräder als die schwächeren schon bremsen werden! Auf Schotterpisten kann man schnell ins Rutschen kommen (ebenso auf staubigem Asphalt nach einem plötzlichen Regenguss) – ernste Verletzungen mit tiefen Aufschürfungen sind gar nicht so selten.

Afándou

Sehenswert

1 Kirche Kímisis tís Theotókou

2 Katholiki-Kapelle

3 Tragounoú Beach

Übernachten

1 Argyro Village

2 Dessole Lippia Golf Resort

3 Sokrates Studios

4 Afándou Bay

Essen & Trinken

1 Ouzeri o Theoris

2 Katholiki Taverna

3 Mimakos

4 To Fresko

Einkaufen

1 Bonis Ceramik Factory

2 Greek Art Creation

Abends & Nachts

1 Cafe Gummersbach

2 Acro Bar

— Wanderung s. S. 177

beschaulich zu – ebenso wie in Afándou selbst, wo man das typisch griechische Dorfleben kennenlernen kann.

Mit 5700 Einwohnern zählt Afándou zu den größeren Orten auf der Insel – und zugleich zu den modernsten. Es gibt zahlreiche Tavernen an der Hauptstraße und an der großen Platia bei der Kirche. Viele Einwohner suchten in den 1960er-Jahren im nordrhein-westfälischen Gummersbach Arbeit; sie (und ihre Kinder) kamen zurück, als der Tourismus in der Heimat neue Chancen versprach. An die Verbindung mit der deutschen Industriestadt erinnert ein ›Gummersbacherplatz‹ im Ort; auch besteht noch eine rege Städtepartnerschaft.

Die Geschichte von Afándou reicht mindestens bis in die Römerzeit zurück. Allerdings lag die antike Siedlung in der Strandebene, wo sie im 7. Jh. leichte Beute der arabischen ›Sarazenen‹ wurde. Die Einwohner gründeten daher eine neue Stadt, hinter einem Bergriegel vom Meer aus nicht sichtbar. So kam der Ort zu seinem Namen – der bedeutet nämlich ›versteckt‹.

Die wichtigste Sehenswürdigkeit ist die uralte **Katholiki-Kapelle** von Afándou an der Straße zum Strand (s. Entdeckungstour S. 178).

Kirche Kímisis tís Theotókou 1

Mo–Sa 9–12, 16–18 Uhr

Die Kirche im typisch rhodischen

176

Stil mit einem freistehenden, durchbrochenen Glockenturm besitzt ein schönes schwarz-weißes Mosaik aus Meerkieseln im Atrium-Hof. Der Bau stammt ebenso wie die Ausmalung aus italienischer Zeit (1930er-Jahre); ein gutes Beispiel rhodischer Holzschnitzerei ist die Ikonostase. Der Priester hat ein kleines ›Heimatmuseum‹ mit Sakralgerät und altem Kunsthandwerk zusammengetragen, das regelrecht anrührend wirkt.

Wanderung durch die Küstenebene nach Tragounoú

Einfache Wanderung, gut 5 km, ca. 1 Std. ohne Badepause

In der Strandebene von Afándou liegt der Golfplatz von Rhodos, weite Teile sind aber noch völlig naturbelassen. Wir starten in Afándou an der Kirche und gehen über die Straße Ethnarchou Makariou zur Platia Gummersbach mit dem kleinen **Café Gummersbach** 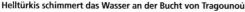. Wir folgen der Straße durch den Ort mit teils noch ganz traditionellen Häusern, durchqueren Zitrus-und Olivenhaine und kommen an eines der typischen Trockenflussbette an der Ostküste, die in den Sommern austrocknen, im Winter aber zu reißenden Flüssen werden können. Wir folgen ihm bis zur Küste. Eine Brücke gibt es nur für die Schnellstraße, sonst queren betonierte Furten das Flussbett, durch die man im Sommer unproblematisch gehen kann. Bei der ersten Furt biegen wir links ab und erreichen durch die Strandebene die **Kathóliki-Kapelle** 2 (s. S. 178).

Danach halten wir uns weiter Richtung Meer, am zweiten Abzweig geht es nach links. Grasland und einige Tamarisken säumen ▷ S. 180

Helltürkis schimmert das Wasser an der Bucht von Tragounoú

Auf Entdeckungstour:
Das Katholikon von Afándou

An der Katholikí-Kapelle am Strand von Afándou kann man exemplarisch den Untergang der byzantinisch-frühchristlichen Kultur auf Rhodos nachvollziehen.

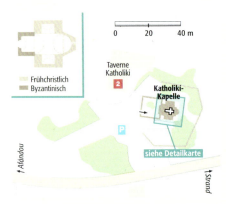

Reisekarte: ▶ S 11
Cityplan: s. S. 176
Planung: Das Kapellchen **2** ist ständig geöffnet. Mittags o. abends kann man in der Taverne nebenan essen. Zum Strand mit Beach Bars nur 500 m.
Tipp: Eine weitere Katholikon-Kapelle findet man bei Lárdos (s. S. 213), zerstörte frühchristliche Kirchen in Kolýmbia (s. S. 181) und Plimmýri (s. S. 220), Einsiedlerkapellen bei Charáki (s. S. 191) und Moní Trís (s. S. 148).

Während das weströmische Reich im 5. Jh. unter dem Ansturm der Germanenstämme zerbrach, konnte das oströmische Reich, das später nach seiner Hauptstadt Byzantion/Konstantinopel auch Byzantinisches Reich genannt wurde, seine staatliche Einheit bewahren. Der Fernhandel florierte, die Währung war stabil, die politischen Institutionen blieben durch Reformen intakt. Rhodos war ein wichtiger Handelshafen, berühmt für seine Seidenmanufaktur und besaß eine produktive Landwirtschaft.

Untergegangen im Arabersturm

Die Insel war auch deutlich dichter besiedelt als heute. Große Städte reihten sich im Inland und entlang der Küsten bis hinunter in den äußersten Süden: Mesanagrós, Plimmýri, Gennádi, Psínthos, Arnítha und andere, deren Namen untergegangen sind, waren große Städte mit prächtigen dreischiffigen Basiliken, in denen das Frühchristentum, seit dem 4. Jh. die neue Staatsreligion, seine neue Bedeutung zur Schau stellte. Dann kam die Katastrophe: 654 griffen die Araber unter Kalif Muawija Rhodos an und verheerten die meist unbefestigten Städte an den Küsten. Der Arabersturm dauerte bis 808, als Harun ar-Raschid einen letzten Eroberungszug unternahm. In dieser Zeit sank die Bevölkerungszahl rapide, die Überlebenden zogen sich in die Berge zurück oder bauten neue Siedlungen, die man vom Meer aus nicht sehen konnte.

Die versteckte Stadt

Zu diesen gehörte Afándou, das hinter einem Hügelrücken liegt und dessen Name schon ›versteckt‹ bedeutet. Von der alten Stadt am Meer zeugt heute nur noch das Katholikon, eine kleine Kirche kurz vor dem Strand.

Sie wurde im 12. Jh. in die Ruine der Basilika aus dem 5. Jh. hineingebaut. Wie bei vielen anderen Kapellen war es eine fromme Stiftung, und da das Geld und die Kraft nur für einen kleinen Bau reichte, umfasste die neue Kirche nur die alte Apsis mit dem Altar. Die früheren Seitenschiffe und der Mittelbau blieben unbebaut, wurden aber durch eine Mauer eingefriedet.

Gottesdienst in einer Ruine

Von der alten Kirche sind noch die Apsiswölbung und der ursprüngliche Mosaikfußboden erhalten. Außen an der linken Seitenwand erkennt man zwei der Säulen, die früher das Mittelschiff vom Seitenschiff abtrennten, auch ein Teil des Arkadenbogens ragt aus dem Mauerwerk heraus. In die Mauern sind mehrere sogenannte Spolien eingelassen, Bauteile der alten Kirche mit dem frühchristlichen Kreuz.

Die Fresken stammen aus dem 16. Jh., sind aber nur von mäßiger Qualität. In der Apsiswölbung befinden sich eine Deesis (s. S. 188) und die Apostelkommunion, an der gemauerten Ikonostase ist rechts Johannes der Täufer, links der hl. Nikolaus, in der linken Seitenapsis die Panagía (Maria), ihr gegenüber der hl. Georg auf einem weißen Pferd zu sehen, und neben ihm stützt sich der hl. Antonius auf seinen Eremitenstab.

Über den Umgang der Griechen mit ›heiligen‹ Orten geben auch die Ritzzeichnungen von Schiffen an den Seitenwänden Auskunft. Sie stammen vermutlich von Fischern, die ihr Boot unter den Schutz der Heiligen stellen wollten. Wie für den unbekannten Stifter des 12. Jh. lebte auch für sie in der Kathóliki-Kapelle eine uralte Tradition des Göttlichen fort, unbeschadet der Zeitläufte, die die Landschaft ringsum gänzlich verändert haben.

den Weg. Dann wieder rechts, und endlich am Meer. Dort lohnt eine größere Beach Bar einen Badestopp. Der Strand ist hier besonders sandig, die Brandungszone leider aber genauso grobkieselig wie der gesamte Afándou Beach. Danach weiter am Meer entlang; links erstreckt sich der Golfplatz. Schließlich biegt die Straße einige 100 m ins Inland ab – ich würde ihr folgen, denn der direkte Weg durch die Strandkiesel ist sehr mühsam.

Tragounoú Beach **3** ▶ S 10/11

Mit einigen Strandrestaurants beginnt der Tragounoú Beach ganz am nördlichen Ende der Afándou-Bucht, doch der eigentlich Strand liegt hinter den Felsen, die bis zum Meer vorstoßen. Dort gibt es nur noch Feinkiesel, man badet also viel angenehmer als auf den Grobkieseln im vorderen Strandbereich. Das Wasser schimmert in schönen Türkis- bis Grüntönen, die hohen Felsen geben teilweise Schatten, an der Nordseite kann man eine Höhle erkunden. An Wochenenden im Juli/Aug. finden große Beach Partys statt.

Übernachten

Kinderfreundlich – **Argiro Village** **1**: Strandebene, an der Líndos-Straße ausgeschildert, Tel. 2241 052 174, www.argirovillage.gr, DZ/F 30–80 € (NS), 60–130 € (HS), auch pauschal buchbar. Familiäres Aparthotel in der Strandebene mit großem Garten, Pool und Kinderspielplatz. Zum Strand (1000 m) fährt ein Hotelbus.
Golfhotel – **Dessole Lippia Golf Resort** **2**: In der Strandebene beim Golfplatz, Tel. 2241 052 007, www. dessolehotels.com, DZ/all-in 80 € (NS), 130 € (HS). Gutes Haus für Golfer, aber auch ein zentrales Standquartier an der Ostküste. Der Pool (mit Kinderrut-

sche) erfüllt fast Olympia-Norm, und wer die Sonne satt hat, kann auch im Hallenbad schwimmen.
Studios im Grünen – **Sokrates Studios** **3**: Strandebene, an der Líndos-Straße ausgeschildert, Tel. 2241 053 102, www.sokrates.gr, DZ ab 30 (NS), ab 50 € (HS), Apt. ca. 45–65 €, nur ab 3 Tage. Apartmentanlage mit schön angelegtem Garten und modern eingerichteten Studios (mit Kochgelegenheit). Zum Strand geht man 400 m.
Studios am Meer – **Afándou Bay** **4**: Strandebene, an der Líndos-Straße ausgeschildert, Tel. 2241 052 352, www.afandoubay.com, DZ/HP ab 80 (NS), ab 170 € (HS). Sehr schickes Aparthotel mit schönen Studios oder Apartments; inkl. Sauna- und Spabereich, mit einem großen Pool, Fitnessraum und Restaurant; zum Strand geht man nur 100 m.

Essen & Trinken

Unter Griechen – **Ouzeri o Thioris** **1**: Venizelou 10, Tel. 2241 053 340, tgl. ab 18 Uhr, Vorspeisen um 5 €, Hauptgerichte bis 16 €. Etwas versteckt in einer Seitengasse der Pernou eine kleine Taverne im Hof eines Traditionshauses. Echte Dorfküche, Spezialität sind die Ouzo-Shrimps.
Familiär – **Katholiki** **2**: bei der Katholiki-Kapelle, Tel. 2241 052 066, Vorspeisen um 5 €, Hauptgerichte ab 8 €. Urgriechische Küche wie von der Mama in schön ländlicher Idylle auf großer Terrasse. Eher kleine Portionen zu günstigen Preisen, so kann man viel probieren. Freundliche Wirtsleute, ein Geheimtipp!
Musik & Tanz – **Mimakos** **3**: Außerhalb abseits der Hauptstraße nach Faliráki, Mo–Fr 18–1 Uhr, Sa, So ab 12 Uhr mit Livemusik, Hauptgerichte 8–18 €. Die große Taverne auf einem Hügel im Grünen bietet schöne Pano-

ramablicke und dazu echte griechische Küche. Bei den Live-Events (ab 21.30 Uhr) mit Musik und Folkloretänzen gibt es zu griechischen Schlagern aber nur ein festes Menü.

Beim Fischer – **To Fresko** **4** : Strandebene, nahe Sokrates Studios, Tel. 2241 053 077, tgl. 12–15 und ab 18.30 Uhr, Hauptgerichte 10–16 €. Hübsches Restaurant einer Fischerfamilie, die das alte Boot über den Eingang gehängt hat. Serviert werden rhodische Spezialitäten und viel Fisch und Meeresfrüchte.

Einkaufen

Rhodische Keramik – **Bonis Ceramic Factory** **1** : An der Líndos-Straße Richtung Kolýmbia. Die Ware zeigt farbige Glasur auf unglasiertem Ton, zum Teil schöne traditionelle Motive.

Keramik und Kunst – **Greek Art Creation** **2** : An der Dorfstraße Pernou kurz vor der Platia. Schöne Souvenirs mit künstlerischem Anspruch.

Abends & Nachts

Beliebte Treffpunkte sind die Eis-Cafés an der Pernou-Straße und die TV-Bars am Kirchplatz.

Ein Bier unter Einheimischen – **Cafe Gummersbach** **1** : Ethn. Makariou. Dafür ist Nikos Café eine gute Adresse, er serviert auch einfache Snacks.

Hipp – **Acro Bar** **2** : Pernou 76, www. acro-bar.gr, bis 4 Uhr. Die Jugend trifft sich lieber hier bei Cocktails, eine moderne Lounge-Location, Do oft mit Sushi-Nights.

Infos

Busse: Nach Rhodos-Stadt von der Platia etwa alle 60–90 Min., retour dito, letzter Bus gegen 22.30 Uhr; von der Líndos-Straße etwa alle 30 Min.

Beach Express: Das Traktorbähnchen pendelt in der Saison morgens und abends etwa stündlich zwischen Strand bzw. Hotelzone und dem Kirchplatz.

Kolýmbia ▸ R 11

Kolýmbia ist eine jüngere Feriensiedlung, die erst seit Mitte der 1980er-Jahre entlang einer schönen Allee aus riesigen Eukalyptus-Bäumen entstand. Trotz der vielen Hotelneubauten in der großen Strandebene, die überwiegend mit deutschen Pauschalgästen belegt sind, ist Kolýmbia eine ruhige Adresse geblieben und daher für Familien interessant.

Der Ort am meist ausgetrockneten Flussbett des Loutáni wurde in den 1920er-Jahren gegründet, als die Italiener etwa 30 000 Kolonisten nach Rhodos brachten und Neusiedlungen an der Küste bauten. Aus dieser Zeit stammen die große Kirche mit dem markanten **Campanile** **1** und der Verwaltungsbau (heute Altersheim) an der Schnellstraße. Dahinter, am Beginn der Allee, liegen rechts abgezäunte Fundamente einer **frühchristlichen Basilika** **2** mit Mosaikfußboden. Die Ruine bezeugt, dass die Strandebene schon in antiker Zeit besiedelt war.

Die beiden **Strandbuchten** südlich und nördlich des felsigen Kap Vágia sind schöne Badeplätze und auch als Ausflugsziele beliebt. Im Norden (linke Seite) liegt der Hafen mit der Taverne To Nissáki, gefolgt vom einem flach abfallenden Sandstreifen mit einigen Felsen, im Rückraum spenden Tamarisken Schatten. Auf der südlichen Seite überblickt die Taverne Limanaki eine offene Sandbucht, die etwas steiler ins Meer abfällt, dort gibt es oft auch stärkere Wellen. Die Bucht am Kap dient als **Hafen** **3** .

Übernachten

Die früher fast einheitlich mit Deutschen belegten Pauschalhotels haben nun auch viele Gäste aus Tschechien und der Slowakei; über die aktuellen Standards lese man am besten da die Hotelbewertungen im Web. Das aktuell neueste Haus ist das **Port Royal Villas & Spa** **1** (5*, www.sensimar.com) mit dem ›Ethereal Spa‹, das den Gästen Sauna, Hamam, Dampfbad, Massagen und Thalasso-Anwendungen bietet.

Mittelklasse – **Marathon Hotel** **2** : Efkalipton, Tel. 2241 070 641, www.booking.com, DZ/all-in ab 50 € (NS), ab 120 € (HS). Gut geführtes Mittelklassehotel (3*) an der Eukalyptusallee mit Pool, gutes Preis-Leistungsverhältnis auch für Vorortbucher, zum Strand geht man ca. 500 m.

Zauberhaft – **Elefteria Apartments** **3** : Madritis, Tel. 2241 056 317, www.booking.com, DZ 50 € (NS), 85 € (HS). Zauberhafte Apartmentanlage mit sehr hübschen Studios und Apartments und Pool, eine gute Adresse für Familien. Nette Wirtsleute, Mindestaufenthalt in der Saison 3 Tage.

Essen & Trinken

Fisch und mehr – **Limanaki** **1** : Südbucht, Tel. 2241 056 240, www.limanaki-rhodes.com, tgl. 11–22 Uhr, Fischplatte für 2 Pers. um 60 €, Oktopus 9 €. Die Taverne über der Südbucht überzeugt durch schöne Aussicht auf den Strand, am frühen Abend sitzt man hier bei langem Sonnenuntergang, windgeschützt hinter einer Glasveranda. Auf der Karte stehen griechische Klassiker und Fischspezialitäten.

Fisch vom Fischer – **To Nisaki** **2** : Nordbucht, Tel. 2241 056 360, tgl. ab 12 Uhr, Vorspeisen um 5,50 €, Hauptgerichte um 13 €. Traditionsreiche Fischertaverne am Anleger, romantisch

im blau-weißen Hellas-Stil mit ausgemustertem Boot vor der Terrasse am Meer. Angeschlossen ist auch ein schickes Lounge-Café (bis 0 Uhr geöffnet), wo man auf Flechtsofas zu aktuellem Pop (griechisch und international) wippt.

Lounge am Meer – **Kapari Meat at Sea** **3** : Nordstrand, Tel. 2241 051 482, tgl. 12–23 Uhr, Vorspeisen um 6 €, Hauptgerichte ab 10 €. Schickes Lounge-Restaurant mit Terrasse am Meer, spezialisiert auf Fleischgerichte und Mezedes. Coole Musik, beliebt bei den rhodischen Hipstern.

Dorfküche – **To Xoriatiko** **4** : Eukalyptusallee, Ecke Odos Athinon, tgl. ab 18 Uhr, Vorspeisen ab 4,50 €, Hauptgerichte 8–15 €. Kleine Familientaverne mit Tischen auf grünem Rasen, wo die Mama Despina Rhodos-typische Gerichte kocht. Die Schmorgerichte gibt es aber nur in begrenzter Menge, also nicht zu spät kommen! Der Name spricht sich übrigens Choriatiko.

Traditionell – **Taverna Tsambikos** **5** : Archípolis-Straße, Tel. 2241 056 095, auf Facebook, tgl. 12–1 Uhr, Vorspeisen um 5 €, Hauptgerichte um 11 €. 50 m hinter dem Lindos-Highway am Weg nach Épta Piges. Traditionelle Taverna mit original rhodischer Küche, der Wirt spricht gut Deutsch. Der Spaziergang von ca. 30 Min. lohnt!

Einkaufen

Souvenirs – **Zeus Tourist Shop** **1** : Eukalyptusallee, 10–22 Uhr. Der große Supermarkt bietet nicht nur Lebensmittel, sondern hochwertige griechische Produkte wie Olivenölseife, rhodisches Olivenöl, Honig, Keramik, Naturschwämme und vieles mehr.

Keramik & mehr – **Artistic Village** **2** : Lindos Highway, 7 km Richtung Afándou, www.artisticvillage.gr. Drei Künstler, die kitschig-schöne Dinge

Kolýmbia

Sehenswert
1 Campanile
2 Frühchristliche Basilika
3 Alter Fischerhafen

Übernachten
1 Port Royal Villas & Spa
2 Marathon Hotel
3 Elefteria Apartments

Essen & Trinken
1 Limanaki
2 To Nisaki
3 Kapari Meat at Sea
4 To Xoriatiko
5 Tsambikos

Einkaufen
1 Zeus Tourist Shop
2 Artistic Village

Abends & Nachts
1 Star Cafe Bar
2 Oasis Bar
3 Memories Bar

aus Keramik, altem Holz und Metall anbieten. Nicht billig, aber echte Hingucker.

Abends & Nachts

Sport-TV und Minigolf – **Star Cafe Bar** 1: Odos Athinon, tgl. ab 10 Uhr, Cocktails um 4,50 €, Pizza ab 5 €. Openair-Lokal hinter Hotel Holiday Village mit Minigolfbahn, Kinderspielplatz und Sport-TV (alle großen Fußball-Ligen). Große Auswahl von Hai Fly bis Snack-Küche.

Cocktails und mehr – **Oasis Bar** 2: Efkalipton, Ecke Odos Athinon. Große, von antiken Statuen gerahmte Cocktailbar mit gemütlichen Korbstühlen; viel griechische Musikklassiker, abends ab 21 Uhr oft Karaoke.

Auch Tanzen – **Memories Bar** 3: Efkalipton, tgl. ab 10 Uhr, mit Sport-TV, abends auch Karaoke, später kann man sogar Tanzen.

Infos

Busse: Nach Rhodos-Stadt vormittags mindestens stdl., nachmittags 3 x, retour um 9 und um 12 Uhr, ab 14 Uhr etwa stdl., letzter Bus gegen 22 Uhr. Nach Líndos um 9, 10 und 10.45 Uhr, nach Tsambíka morgens ca. 9.20 Uhr. Alle Busse von Süden nach Rhodos-Stadt stoppen bei der Kirche an der Líndos-Straße (1,5 km vom Strand).

Boote: Die Kolýmbia Express fährt vom Anleger bei Taverne To Nisaki mehrmals wöchentlich nach Líndos (s. S. 200), Abfahrt 9.30 Uhr, retour ca. 16 Uhr, Zeit genug für Akropolis, Tavernenbesuch und Badestopp.

Épta Pigés ▸ R 11

Die Épta Pigés, die ›Sieben Quellen‹, haben schon die Italiener als Ausflugsziel entdeckt. Mehrere ganzjährig schüttende Quellen wurden in den 1920er-Jahren in eine große Zisterne geleitet, um die Ebene von Kolýmbia zu bewässern. Vor allem wenn die Sommertemperaturen an der Küste jede Aktivität zur Qual werden lassen, sind die schattigen Tavernentische unter den Kiefern ein angenehmes Ziel, um den Nachmittag zu vertrödeln.

Als besondere Attraktion leben an den Ufern des klaren Baches zahlreiche Pfauen, die königlich zwischen den Tischen auf und ab stolzieren und hin

Romantische Statuen zieren die beliebte Oasis Bar in Kolýmbia

und wieder mit gellenden Schreien für Aufmerksamkeit sorgen. Etwas flussabwärts beginnt ein etwa 180 m langer Kanal mit knöcheltiefem Wasser, durch den man zu einem kleinen türkis-grünen See waten kann. Die dunkle Röhre ist ein Muss für jeden mit Selbsterfahrungsambitionen – wer sich nicht hindurchtraut, kann auch den längeren Weg über den Hügel nehmen. Am Ausgang des Tunnels liegt ein bis zu 8 m tiefer Stauteich mit hohem Wasserfall an der Staumauer, in dem man auch baden kann – als einziger Platz auf Rhodos mit Süßwasser.

Essen & Trinken

Rast im kühlen Wald – **Taverna Epta Piges:** Tel. 2241 056 259. Vor allem Rhodier schätzen das Restaurant im schattigen Tal wegen seiner kühlen Luft. Die Tische verteilen sich auf mehrere Terrassen an den Talhängen, verbunden mit Holzbrücken. Auf der Speisekarte stehen Snacks und griechische Klassiker.

Tsambíka❗ ▶ R 12

Der Name Tsambíka vereint die Extreme: Bikini-Schönheiten am Traumstrand einerseits und fromme Pilger zur wundertätigen Marienikone andererseits. Der **Tsambíka Beach** ist einer der schönsten Strände der Ostküste. Über den hellweißen Sand, an den eine träge Dünung schlägt, erhebt sich der steile Felsen, auf dem eine blitzweiße Kapelle thront. Eine steile Straße und dann ein ebenso steiler Treppenweg führen hinauf.

Diese Kapelle, die **Kýra Panagía Tsambíka**, ist seit alters her ein Pilgerziel für Frauen, die sich Kinder wünschen und keine bekommen. Früher rutschten sie bei der großen Pilgerfei-

er zum 8. September auf Knien zum Gipfel empor und verbrachten die Nacht bei der wundertätigen Ikone, die jetzt meist im neuen Kloster Moní Tsambíka verwahrt wird. Heute kommen Jungverheiratete hierher und beten um Nachwuchs, selbst für Hochzeiten ist die Kapelle (und die Taverne Panoramic View) sehr beliebt. Es ist ein alter Brauch, dass Kinder, die nach diesem Bittgang geboren werden, den Namen Tsambiko (als Jungen) oder Tsambika (als Mädchen) erhalten. Die vielen silbernen Votiv-Plättchen als Dankgaben an die Maria zeugen vom Erfolg der Ikone – die beiden Vornamen sind auf Rhodos wirklich häufig zu finden. Von ganz oben hat man eine fantastische Aussicht auf die Strandsicheln von Kolýmbia und Tsambíka bis zur Feráklos-Burg bei Charáki.

Das neue Kloster **Moní Tsambíka,** etwas weiter an der Straße nach Líndos, hat eine ausgemalte Kirche mit einer in typisch rhodischer Manier filigran geschnitzten Ikonostase. Im Klosterhof betreiben die Mönche an Wochenenden eine Taverne, die dann gern von Griechen besucht wird.

Essen & Trinken

Bei den vielen Beach Bars am Strand gibt es Sonnenliegen, Umkleidekabinen und Duschen. Ganz am Südende wird auch nackt gebadet, ganz im Norden ist der Sand am schönsten.

Strandblick – **Panorama Tsambikas:** An der Schnellstraße, tgl. ab 10 Uhr, Hauptgerichte ab 8 €. Die hübsche Taverne etwas südlich von Moní Tsambíka bietet bei ordentlicher Küche einen tollen Blick zum Strand. Auch Studios werden vermietet (moderner Bau auf der anderen Straßenseite, Tel. 2244 023 153, Apt. ab 45 €).

Schattiges Paradies – **Taverna Athiri:** An der Zufahrtsstraße zum Strand,

Tel. 694 780 7064. Mit Liebe zum Detail hat die Wirtsfamilie hier im Schatten großer Kiefern ein kleines, uriges Paradies geschaffen, dessen Eingang von plätscherndem Wasser mit einem Mühlrad gerahmt wird. Serviert wird traditionelle Küche und guter Fisch in reichlichen Portionen.

Infos

Busse: Von Rhodos-Stadt gegen 9 Uhr ein Direktbus zum Strand, retour um 16.30 Uhr. Am Küsten-Highway halten alle Busse Richtung Süden (Archángelos, Líndos etc.)

Archángelos ▶ R 12

Das mit 7500 Einwohnern größte Dorf von Rhodos ist eine höchst lebendige, typisch griechische Kleinstadt, umgeben von einem breiten Gürtel von Oliven- und Zitrusbäumen. Archangelos liegt 160 m über dem Meer, verborgen durch ein schroffes, völlig kahles Felsmassiv, das in früheren Zeiten perfekten Schutz vor Seeräubern bot. An der breiten Hauptstraße, die den Ortskern von den neuen Stadtteilen trennt, gibt sich die Jugend mit ihren lärmenden Mopeds und Motorrädern sehr modern, es lohnt aber auch ein Spaziergang durch die traditionelle Altstadt zum Kastell.

Archángelos war früher berühmt für langschäftige Stiefel, die man vereinzelt noch als Museumsstück sieht. Die griechischen Bauern haben sie als Schutz gegen Giftschlangen getragen. In der Antike hieß Rhodos nämlich zeitweise Ophiousa (Schlangeninsel), im Mittelalter Oloessa (Schlangengefährdete). Die schwarzen Nattern, die

man bei Wanderungen manchmal auf den Landstraßen sieht (totgefahren von Autos), sind jedoch keine Giftschlangen. Weitere Handwerkszweige waren Keramikherstellung und Teppichweberei. Bekannt wurde Archangelos auch als Heimat der Wildpferde von Rhodos. Für die uralte, sehr genügsame Rasse wurde mit EU-Geldern eine Zuchtstation eingerichtet (erfragen Sie den Weg bei einem Einheimischen).

Spaziergang zu Kirche und Kastell
Einfache Wanderung, ca. 1,5 Std., s. Cityplan S. 189
Bekannt wurde Archángelos durch seine eigenwillig bemalten Häuser, deren grelles Weiß durch blaue und grüne Schmuckbänder und pinkrosa oder gelb bemalte Tore gebrochen wird. Diese **traditionelle Architektur** kann man im alten Ortskern rund um die Archángelos-Kirche bestaunen.

Am besten lässt man sich zunächst durch die Gassen treiben, immer mit Blick auf dem markanten Kirchturm, auf den wir zuhalten. Noch mehr schöne Fotomotive kann man auf dem Rückweg sammeln, wenn man sich weiter südlich hält. Die **Kirche Ágios Archángelos** ◼1◼ , dem Erzengel Michael geweiht, stammt aus dem Jahr 1845 und wurde nach dem Vorbild der großen Panagía-Kirche in Líndos errichtet. Erst während der Italienerzeit erhielt sie den auffälligen, filigran durchbrochenen Glockenturm, der nun schneeweiß Akzente im Ortsbild setzt. Sehenswert ist auch der schöne Chochláki-Boden aus Kieselsteinen im Vorhof.

Über dem weißen Häuserrund thront das **Kástro** ◼2◼ , ein Kastell der Johanniter, das nach einem Überfall türkischer Korsaren 1457 unter Großmeister Orsini (1467–1476) gebaut worden ist. Sein Wappenstein blieb neben dem

Blick vom Tsambíka-Kloster zum Strand

Faliráki und die Ostküste

Eingang gut sichtbar erhalten. Im Inneren des Mauerrings ist nur die kleine Kapelle Ágios Ioánnis erhalten, doch lohnt der Aufstieg wegen der tollen Aussicht. Das Wort ›Ochi‹ (OXI, deutsch ›Nein‹) in riesigen weißen Lettern wurde während der Zeit der griechischen Militärdiktatur angemalt.

Stegná Beach ▶ R 12

Als Urlaubsquartier spielt Archángelos kaum eine Rolle, es gibt nur einige einfache Hotels. Individualurlauber finden zahlreiche Apartmenthäuser am Stegná Beach, früher der Fischerhafen des Orts, heute das Strandbad. Eine steile Serpentinenabfahrt führt hinunter zu den zwei langen Sand-Kies-Stränden. Im kleinen Hafen dazwischen dümpeln die Boote der Fischer, deren Fänge in den Tavernen am Strand serviert werden. Allerdings kommen jetzt immer mehr Ausflugsboote, deren Partybeats am ganzen Strand unüberhörbar sind. Zu einer einsamen Sandbucht, der ›Blauen Lagune‹, kann man über den Hügel an der Südseite des Strandes wandern.

Kirche Agií Theódori ▶ Q/R 12

Die eingefriedete Kapelle, Richtung Charáki an der Schnellstraße nach Líndos, enthält kunstgeschichtlich interessante Fresken im spätbyzantinischen Paläologenstil. Sie entstanden um 1375, als das Kaiserhaus der Paläologen in Konstantinopel herrschte. Die Kirche ist den beiden Theodoren geweiht, den Soldatenmärtyrern Theodoros von Tiron und Theodoros Stratilatis, die um 300 bei der Christenverfolgung unter Kaiser Decius für ihren Glauben starben und später als Leitfiguren des mönchischen Rittertums verehrt wurden.

Die Fresken sind in einem realistischen Stil gehalten: an der linken Wand sechs Heilige, gegenüber die Deesis, d. h. Christus flankiert von Maria und Johannes dem Täufer, dann der hagere Nikolaus und ein Erzengel. Weiter zur Tür hin erkennt man noch Konstantin und seine Mutter Helena, zwischen ihnen das Kreuz Christi, das diese Kaiserin in Jerusalem wiedergefunden hat. Als letzter folgt der hl. Onouphrios, der nackte Einsiedler, der seine Blöße lediglich mit einem langen Bart bedeckt. An der Eingangswand erkennt man zwei Stifterinschriften und das Stifterpaar mit dem Kirchenmodell.

Übernachten

Traditionshaus – **Patitiri Villa 1**: Archángelos, Tel. 2244 022 611, www.patitirivilla.com, Haus/4 Pers. 70 € (NS) bis 100 € (HS). Ein altes Dorfhaus nahe der Stegná-Straße komplett für 4–6 Personen. Traditionelle, hübsche Einrichtung, mit einem lauschigen Gartenhof.

… in Stegná

Luxus all-in – **Porto Angeli 2**: Stegná, Südende der Bucht direkt am Meer, Tel. 2244 024 001, www.portoangeli.com, nur all-inclusive zu buchen, DZ/F ab 120 € (NS), ab 220 € (HS). Sport- und Aktiv-Hotel, neben Zimmern gibt es auch Bungalows mit Privatpools zu mieten. Großes Angebot von Surfen, Tauchen, Bogenschießen, Beach-Volleyball oder Jazz Dance.
Strandhotel – **Delfini 3**: Stegná, Buchtmitte, Tel. 2244 023 453, www.stegna-delfini.gr, DZ/F 55 € (NS), 80 € (HS). Freundlich geführtes Hotel direkt am Strand, Herr und Frau Psatha haben lange in Krefeld gelebt und sprechen gut Deutsch. Die Zimmer sind frisch renoviert und im modernen Loungestil eingerichtet. Angeschlossen ist ein Sea Food Restaurant.
Anastasia's Garden 4: Stegná, Tel. 2244 022 655, www.anastasiasgar

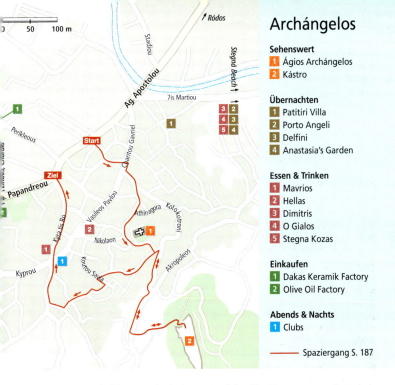

den.gr, DZ 35 € (NS) bis 45 € (HS). Ca. 70 m vom Strand hinter Karnegio Club. Schlichte Zimmer in ländlicher Umgebung mit freundlichen Wirtsleuten (sprechen gut Deutsch). Schöne Familienzimmer mit Balkon (um 90 €).

Essen & Trinken

Urgestein – **Taverna Mavrios** 1 : Kyra tis Ro, tgl. ab 7 Uhr, Souvlaki 8 €. Traditionelle Taverne an der Kneipenstraße, wo nachmittags die Männer Tavli spielen und abends bei einem Souvlaki stundenlang plaudern. Bodenständige, dörfliche Küche, der etwas mürrische Wirt ist jedoch gewöhnungsbedürftig.

Tanz & Musik – **Taverna Hellas** 2 : Nahe der Kirche, Tel. 2244 022 706, tgl. 12–15, ab 18.30 Uhr, Hauptgerichte 7–11 €.

Traditionelle Taverne von Gastarbeiter-Heimkehrern aus Krefeld. Man spricht Deutsch und serviert griechische Klassiker nach Hausmannstradition. Kellner Elias singt mitunter zur Gitarre, Wirt Stelios übt Tänze mit den Gästen.

… in Stegná

Boot im Hof – **Taverna Dimitris** 3 : Stegná, Zufahrtsstraße kurz vor dem Strand, Tel. 2244 024 194, tgl. 11–15, ab 18 Uhr, Hauptgerichte 6–11 €, Fisch teurer. Eine Familien-Taverne wie im Bilderbuch. Großvater Dimitris hat sein Boot in den Hof gestellt und plaudert jetzt gern mit den Gästen (er spricht gut Deutsch). Serviert wird schmackhafte Hausmannskost, zubereitet von der Tochter.

Griechisch Feiern – **O Gialos** 4 : Stegná, Tel. 2244 023 423, www.ogialos.

Filigran durchbrochen überragt der Glockenturm der Gemeindekirche das Dorf Archángelos

gr, tgl. 11–0 Uhr, im Winter nur Fr–So, Vorspeisen um 5 €, Hauptgerichte um 10 €. Traditionelle Küche am Strand, abends viel besucht von Gästen aus Archángelos. Sehr authentisch, wenn auch kleine Portionen. Mitunter Livemusik, dann tanzen die Griechen dort auch. Sehr, sehr griechisch!

Taverne mit Lounge – **Stegna Kozas** 5 : Stegná Beach, beim Fischerhafen, Tel. 2244 022 362, tgl. 12–15, ab 18.30 Uhr, Vorspeisen ab 4 €, Hauptgerichte 8–18 €. Die 1932 gegründete Fischtaverne wurde jetzt vom Enkel unter Bewahrung der Tradition modernisiert. Alle Zutaten stammen von den Bauern aus Rhodos. Toll ist der Petroniátiki-Salat (6 €), es gibt auch Sími-Shrimps, Seeigelcreme und ein vorzügliches Kokkinistó (9 €).

Einkaufen

Keramik & Webwaren – **Dakas Keramik Factory** 1 : An der mittleren Ortseinfahrt. Braun-bunte und weiß-bunte Ware und **Sarikos Carpets** mit Webteppichen in traditionellen Mustern (hellblau, bräunlich).

Alles von der Olive – **Olive Oil Factory** 2 : Archángelos, G. Papandreou, www.oliveoilfactory.gr. Alte Ölpresse mit Ausstellung, Verkostung und Verkauf von Öl, Beauty-Produkten und Gewürzen.

Abends & Nachts

Clubbing – Aufgrund der vielen Jugendlichen gibt es in Archángelos ein reges Nachtleben. An der Dorfstraße

190

zur Post reihen sich nicht nur Bars und Imbisslokale, sondern auch echte **Music-Clubs** 1 wie ›Legend‹ oder ›Barrido‹. Gespielt werden zumeist griechische Interpreten zwischen Pop, Rap und Electro.

Infos

Busse: Nach Rhodos-Stadt zwischen 6.20 und 19.35 Uhr ca. stdl., retour ab 6.45 dito, letzter Bus gegen 21.15 Uhr; vom Stegná Beach tgl. vormittags um 8.45 Uhr, zurück von Rhodos nachmittags um 14.30 Uhr.

Charáki ▶ R 13

Aus dem früheren Fischerdörfchen, englisch auch Haráki geschrieben, ist inzwischen ein properer, kleiner Ferienort geworden. Am sauberen Kieselstrand zieht sich eine moderne Strandpromenade entlang, gesäumt von schicken Kaffeebars.

Wer mehr Ruhe und auch mehr Sand sucht, läuft bis ans Nordende der Bucht, wo auch die Fischerboote der Einheimischen ankern. Insgesamt besteht der Ort nur aus zwei Reihen von Häusern, zumeist Apartmenthäuser – die sind langfristig ausgebucht, sodass es nicht ganz einfach ist, hier eine Unterkunft zu finden.

Kastell Feráklos

Die Burg auf der Felszinne nördlich von Charáki wurde 1306 als erste Festung von den Johannitern erobert und 1470 nach einigen verheerenden Überfällen osmanischer Piraten durch Großmeister degl'Orsini noch einmal ausgebaut. Selbst nach der türkischen Eroberung 1522 konnte sich hier noch ein kleines Ritterkontingent einige Monate lang halten.

Von dem Kastell sind nur die äußeren Mauern und einige Türme erhalten. Wer gerne wandert, kann nach etwas anstrengender Kraxelei (Pfad vom Agía Agathí Beach, s. u.) eine schöne Aussicht genießen.

Agía Agathí Beach

Nördlich von Feráklos erstreckt sich der Agía Agathí Beach, ein sehr schönes Ziel für einen ganzen Tag am Strand. Der kinderfreundlich flach abfallende, feine Sandstrand mit einer Taverne und Liegestuhlverleih hat seinen Namen von der weiß-blauen Höhlenkirche Agía Agathí aus dem 12. Jh., die etwas erhöht auf der nördlichen Buchtseite liegt. Die Betonruinen im Rückraum stammen übrigens noch aus der Zeit der Juntadiktatur von 1967 bis 1974 und sollten einmal ein Ferienheim für Offiziere werden.

Übernachten

Strandhotel – **Haraki Bay:** Nördliche Bucht, Tel. 2244 051 680, www.hara ki-bay-hotel.com, DZ/F 45–75 €, Apt. 60–85 €. Das einzige echte Hotel im Ort; untere Mittelklasse, freundlich geführt, mit Restaurant. Zweckmäßige Zimmer. Kein Pool, doch der Strand liegt direkt vor dem Haus.

Mit Küche – **Tommy's Rooms:** Tel 2244 051 628, www.booking.com, DZ 40 € (NS), 50 € (HS), Frühstück 5 €. Einfaches, aber nett geführtes und gepflegtes Guest House 50 m vom Strand links der Zufahrtstraße. Große Zimmer mit kleiner Küche, typisch griechische Einrichtung; im Erdgeschoss eine Fischertaverne.

Für Familien – **HarakiMare:** Am Nordende der Bucht, Tel. 2241 074 524, www.harakimare.gr, DZ 40 € (NS), 75 € (HS). Große Studiozimmer, alle mit Kochgelegenheit. Ruhig gelegen, weit von den Bars entfernt.

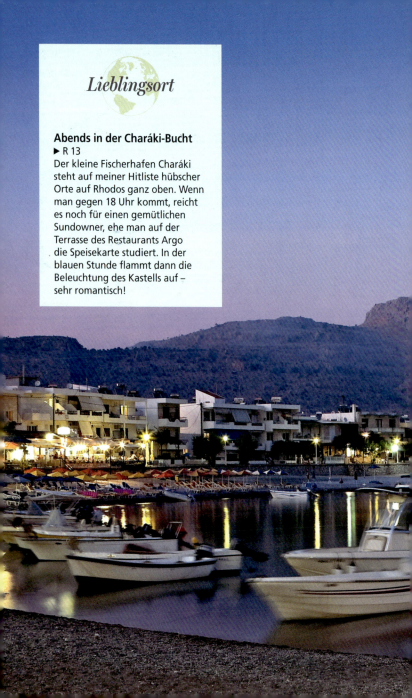

Lieblingsort

Abends in der Charáki-Bucht

▶ R 13

Der kleine Fischerhafen Charáki steht auf meiner Hitliste hübscher Orte auf Rhodos ganz oben. Wenn man gegen 18 Uhr kommt, reicht es noch für einen gemütlichen Sundowner, ehe man auf der Terrasse des Restaurants Argo die Speisekarte studiert. In der blauen Stunde flammt dann die Beleuchtung des Kastells auf – sehr romantisch!

Vom Kastell Feráklos überblickt man die gesamte Charáki-Bucht bis nach Líndos

Essen & Trinken

Fisch ganz fein – **Argo**: Südende der Bucht, Tel. 2244 051 410, www.argo restaurant.gr Mai bis Okt. tgl. 11–15, ab 18.30 Uhr, Oktopus 11 €, Hauptgerichte um 12 €, Fisch ab 15 €, Hummer 85 €/kg. Der markante Rundbau ist eine bekannte Ausgehadresse für die Rhodier. Man sitzt auf einer großen Terrasse mit schönem Meerblick über die Bucht zum Kastell. Vor allem wird hier Fisch serviert.

Strandtaverne – **Spitaki**: Buchtmitte am Strand, Tel. 2244 051 131, Mai bis Sept. tgl. ab 9 Uhr, Vorspeisen ab 4,50 €, Hauptgerichte ab 8 €. Auf der schattigen Terrasse direkt am Strand gibt's griechische Klassiker und viel Fisch (um 13 €) zu akzeptablen Preisen. Die schönste Strandtaverne hier!

Echt griechisch – **Zographos**: an der Zufahrtstraße, Mai bis Sept. tgl. ab 9 Uhr, Vorspeisen ab 4 €, Hauptgerichte ab 8 €. Nette Familientaverne mit echt griechischer Küche, gut z. B. Stifado (Zwiebelgulasch), Briam (Gemüseeintopf aus eigenem Bioanbau) und die ›villages sausages‹, griechische Bratwurst vom Schlachter in Archángelos.

Infos

Info & Buchung: Apartments und Studios kann man auch über die Webseite www.haraki.co.uk finden.

Ebene, die mit zahllosen Zitrus- und Olivenbäumen bewachsen ist. Touristen kommen nur sehr selten hier vorbei, sodass man noch das beschauliche Leben früherer Zeiten erleben kann. Von Charáki aus kann man die beiden Dörfer auf einer Wanderung kennenlernen; mit dem Abstecher ins Mákkaris-Tal (s. S. 197) sollte man gut 5 Std. rechnen.

Sie lassen den Abzweig zum Kastell links liegen und marschieren bis zum Ostküsten-Highway; gegenüber zweigt die Straße nach Malóna ab. Kurz hinter der Kreuzung steht links das Kirchlein **Agía Iríni** (▶ Q 12) 100 m von der Straße unter Olivenbäumen versteckt. Es wurde um 1728 gestiftet, und zwar auf den Fundamenten einer frühchristlichen Kirche. Noch aus antiker Zeit dürfte das korinthische Kapitell stammen, das jetzt als Altarsockel dient. Auf dem weiteren Weg werden Sie viele weitere solche kleinen Kapellen und auch einfache Bildstöcke entdecken – Malóna gilt als das frömmste Dorf von Rhodos.

Der Weg führt nun durch Olivenhaine an einem jener Flussbetten entlang, die im Sommer als Geröllfelder trocken liegen, sich bei den starken Regenfällen im Winter jedoch blitzschnell in reißende Flüsse verwandeln können. Zum Schluss begleiten Zitrusbäume, vor allem Orangen, den Weg, die Früchte werden im Frühjahr an der Schnellstraße verkauft – echt lecker!

Wer mit dem Auto fährt, muss meist am letzten Stück, einer eindrucksvoll engen Zypressenallee, auf Grün warten und den Gegenverkehr durchlassen, der alte Eselweg ist zu eng für eine zweispurige Straße. **Malóna** (▶ Q 12) beginnt mit einer großen Pfarrkirche, Metamorphosis Sotírou links der Straße, und endet mit einer, Agios Geórgios am Nord-

Busse: Nach Rhodos-Stadt gegen 9.45 und 15.45 Uhr, retour gegen 10 und 16.30 Uhr; die Líndos-Busse halten aber am Highway-Abzweig (von dort noch 2 km).

Wanderung nach Malóna und Másari

Einfache Wanderung, ca. 3 Std., zumeist schattenlos, teils auch mit Pkw möglich

Im Inland bei Charáki liegen die beiden Dörfer Malóna und Másari. Beide sind noch sehr ursprünglich geblieben und leben hauptsächlich von der Landwirtschaft in der fruchtbaren

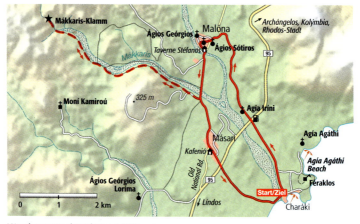

Wanderung nach Malóna und Másari

westrand des Dorfes, und in der Mitte steht auch noch eine – alle drei mit dem typischen durchbrochenen Campanile rhodischer Kirchen. Im Zentrum des hübschen weißen Städtchens reihen sich noch viele alte Einraumhäuser (s. S. 164) vom Anfang des 20. Jh. an engen Gassen. Klassizistische Schmuckelemente, Türen und Fenster sind in der heutigen Nationalfarbe hellblau gestrichen. Am Hauptplatz lohnt die Taverne Stefanos eine Rast, wo man eine Erfrischung oder auch *Oúzo me méze*, Oúzo mit kleiner Beilage, bekommen kann.

Über eine flache Anhöhe und das Trockenflussbett des Mákkari (s. Kasten rechts) erreicht man nach 30 Min. **Másari** (▶ Q 13). Auch dies ist ein noch ursprüngliches Bauerndorf, doch werden schon Privatzimmer vermietet. Ein ausladendes Blätterdach gibt dem Kafenió an der Hauptplatía mit dem achteckigen Brunnenturm Schatten – wie in alten Zeiten ist er eine reine Domäne der Männer. Dort beginnt die alte Straße nach Líndos (Old National Road), die durch ausgedehnte Oliven-

haine mit uralten, knorrigen Bäumen führt – über diese schmale Piste quälte sich früher, als man noch 4 Std. von Rhodos nach Líndos brauchte, der gesamte Verkehr. Der direkte Weg nach Charáki führt aber zurück zur Schnellstraße und durch die Strandebene zum Meer.

Moní Kamiroú ▶ Q 12

Südlich von Másari zweigt die Piste zum Kloster Moní Kamiroú ab, teils eine improvisierte Schotterstraße durchs Flussbett, dann Asphalt. Moní Kamiroú (auch Kamairí oder Kammýri) besitzt einen hübschen Klosterhof mit Weinranken und einer mächtigen Zypresse. Die Fresken sind eher jüngeren Datums und die Ikonostase ist vor allem deshalb bemerkenswert, weil sie außergewöhnlich bunt bemalt ist.

Kálathos und Vlichá

In den Katalogen werden Kálathos und Vlichá unter Líndos vermarktet, sie haben mit dem schönsten Dorf von

Rhodos aber wenig zu tun. **Kálathos** (▶ Q 13) liegt 5 km vor Líndos direkt an der viel befahrenen Hauptstraße, der ist etwas erhöht am Hang zu finden. Biegt man an der südlichen Ortsabfahrt ein, kommt man zur alten **Panagía-Kapelle,** die vertieft in den Felsen gebaut ist und Wandmalereien aus dem 12. Jh. enthält.

In den kleineren Studio-Pensionen am Hang über der Straße wohnen zumeist Briten, in der noch weitgehend landwirtschaftlich genutzten Strandebene liegt das große Luxushotel **Atrium Palace** (5*, www.atrium.gr, mit dem ›Anagenisis Thalasso Spa‹) sowie auch einige Tavernen und Bars. Der Strand dort ist jedoch grau und kieselig und zählt nicht gerade zu den schönsten der Insel.

Essen & Trinken

Mit Windmühle – **Milos:** Kálathos, Tel. 2244 031 090, tgl. ab 11 Uhr, Vorspeisen ab 5 €, Hauptgerichte ab 9 €. Schicke, große Fischtaverne mit Fischer-Deko am Strand vor dem Hotel Atrium.

Beach Bar – **Summerlov':** Kálathos, Tel. 694 546 5163, www.summerlov.com. Schicker Beach Club im Abschnitt südlich vom Atrium, mit schattigen Zelten, Sonnenliegen für Zwei, kühlen Drinks, leichter Gemüseküche (auch Obst-Büffets) und heißer Musik. Es gibt verschiedene Events (Mini-Triathlon, Zumba Partys etc.) und jeden Sa Abend großes Party-Lagerfeuer.

Vlichá-Bucht ▶ Q 14

An der ringsum von Hügeln abgeschlossenen Vlichá-Bucht, die etwas unterhalb der Küstenstraße liegt, geht es hingegen sehr ländlich zu. Der Strand mit viel Sand und feinen Kieseln wird von Luxushotels eingerahmt: links Líndos Royal und Líndos

Das Mákkaris-Tal ▶ Q 12

Zwischen Malóna und Másari kreuzt man das geröllige Trockental des Mákkaris. Bei einer kleinen Wanderung wird bald eine Stelle erreicht, wo man in traditionellen Meilern Holzkohle herstellt. Etwas später verengt sich das Tal zu einer beeindruckenden Klamm. Aber Achtung: Bei Gefahr von Regenfällen sollte man nicht in die Schlucht hineingehen! In den Uferhängen kann man leicht eine große Menge eingelagerter Kiesel erkennen, die Grundlage des antiken Mythos waren, Rhodos sei von Zeus für Helios vom Meeresgrund emporgehoben worden (s. S. 58).

Village, rechts das Líndos Mare, in der Mitte Líndos Bay. Es gibt zwar ein paar Restaurants, Strandbars und kleine Kaufläden, doch viel ist auch in der Hochsaison nicht los. Aber Líndos mit dem großen Trubel ist ja nicht weit entfernt.

Am Strand gibt's Wassersport über die Großhotels (z. B. Parasailing, Surfstation, Wasserski); in der Saison werden auch eintägige Bootsausflüge angeboten (Líndos, Rhodos-Stadt, Tragounoú Beach).

Übernachten

Einfach am Sandstrand – **Vlycha Beach:** Buchtmitte, Tel. 2244 044 057, www.vlychabeach.gr, Studio 35 € (NS), 70 € (HS), Apt. 60 € (NS), 99 € (HS). Freundliche Apartmentanlage etwas im Rückraum der Bucht (80 m zum Strand) mit Studios (2 Pers.) und Apartments (4 Pers.), alle in schlichtem, traditionellem Ambiente, aber mit Küche, TV, AC und Kühlschrank. Zu dem Komplex gehört auch ein Restaurant und ein Minimarkt.

Líndos und der Süden

Highlights !

Líndos: Die weiße Stadt mit ihrem hoch aufragenden Akropolisfelsen zählt zu den schönsten Orten der Ägäis. Hier gibt es den schönsten Strand, die besten Restaurants und die meisten Souvenir-Shops. Nicht verpassen! S. 200

Prasonísi: Für Surfer ist die windgepeitschte Südspitze von Rhodos schon länger ein Geheimtipp. Am riesigen Strand zwischen zwei Meeren kann man aber auch gut in netten Tavernen essen. S. 221

Auf Entdeckungstour

Die Kapitänshäuser von Líndos: Im 18. Jh. war Líndos die heimliche Hauptstadt von Rhodos. Die Griechen der Stadt kamen durch den Handel zwischen der Levante, Istanbul und den venezianischen Besitzungen zu Reichtum. Die Kapitäne bauten sich aufwendige Stadthäuser, die heute nicht museal, sondern als Tavernen und Bars zu entdecken sind. S. 206

Die Fresken von Asklipío: Im kleinen Dorf bei Kiotári steht die kunsthistorisch bedeutendste Kirche der Insel. Wunderbare Fresken bedecken sämtliche Wände. S. 218

Die Kapitänshäuser von Líndos · **Líndos**
Lárdos
Die Fresken von Asklipío · Péfki
Asklipío · Kiotári

Lachaniá

Mittelmeer

Prasonísi

Kultur & Sehenswertes

Akropolis von Líndos: Der befestigte Burgfelsen war in der Antike eines der berühmtesten Heiligtümer Griechenlands. S. 200

Panagía-Kirche von Líndos: Die Maria geweihte Kirche ist mit wunderbaren Fresken ausgestattet. S. 204

Aktiv unterwegs

Eselritt zur Akropolis: Der kleine Ritt durch Líndos ist speziell für Kinder ein tolles Erlebnis. S. 201

Wanderung bei Lárdos: Durch Olivenhaine zu einem Aussichtspunkt und einem alten Kirchlein. S. 213

Wanderung zur Prasonísi-Insel: Über den Strand und eine kleine Insel zum südlichsten Punkt von Rhodos. S. 222

Genießen & Atmosphäre

Líndos-Restaurants: Hier speist man am schönsten – von den Dachterrassen ist stets die Akropolis im Blick. S. 209

Restaurant Il Gelso in Lárdos: Ein hübsches Tradtionshaus an der Platia von Lárdos mit echter italienischer Küche. S. 215

Nikos Taverna in Asklipío: Am Dorfplatz betreibt Wirt Nikolaos eine urige Taverne mit bäuerlicher Küche. S. 216

Platanos Taverna in Lachaniá: Im Schatten einer großen Platane sitzt man im ›Künstlerdorf‹ sehr romantisch. S. 220

Abends & Nachts

Socrates Place Bar: Líndos hat viele Bars, doch Socrates Place zählt zu den ältesten. Hier war in den 1970ern schon Roger Waters zu Gast. S. 210

Antike Kunst und weiße Strände

Das schönste Dorf der Insel und eines der berühmtesten Griechenlands: Líndos mit seiner einzigartigen Akropolis und den weißen Kapitänshäusern ist das Ausflugsziel auf Rhodos schlechthin. Dass es da immer ziemlich voll wird, ist klar, doch bietet dieser Teil der Insel auch sehr einsame Ecken. Viele der Strände im Süden sind noch kaum bebaut, nur Lárdos und die Luxushotels von Kiotári bilden eine Ausnahme. Am Ende der Ostküste kommt man schließlich nach Prasonísi mit dem berühmten Surfrevier.

Wie an der nördlichen Ostküste sind die Strände sandiger als an der Westküste; der schönste liegt an der Líndos Bay. Die hügelige Landschaft wirkt grün, dichtes Macchia-Buschwerk zieht sich bis zur Küste. Nur die Halbinsel von Líndos erscheint so ausgedörrt und wasserarm wie eine Ägäis-Insel.

Infobox

Internet
www.lindianet.gr: gute private Website aus Líndos, viele Hoteladressen, Restaurants und zahlreiche Tipps.

Anreise und Weiterkommen
Die Küstenstraße führt auch hinter Líndos gut ausgebaut immer am Meer entlang und umrundet die Insel über Kattaviá, um dann entlang der Westküste nach Norden zu führen. Eine Inselumrundung ist also recht zügig möglich; abkürzen kann man über die Schnellstraße von Genádi nach Apolakkiá. Viel mühsamer ist es, will man von der Inselmitte auf die andere Seite wechseln.

Im Hinterland wechseln Olivenhaine mit Buschwerk und Getreidefeldern, letztere prägen die Landschaft ganz im Süden bei Kattaviá, wo sich eine weite Ebene ausbreitet. In den kleinen, noch sehr traditionellen Dörfern lebt man weiterhin von der Landwirtschaft. Oder versucht es zumindest, denn die meisten jungen Leute ziehen weg, nach Rhodos-Stadt oder Athen.

Líndos! ▶ Q 14

Der Ort liegt auf einer bergigen Halbinsel mit kykladisch entwaldeten Hängen. Mitten in diesem kahlen Gebirge taucht direkt in einer Straßenkurve das weiße Häuserensemble von Líndos auf, malerisch hingestreckt in den Schatten der mächtigen Akropolis – sodass wohl jeder unwillkürlich auf die Bremse steigt.

Von der Haltebucht dort kann man sich gut einen ersten Überblick verschaffen: Gegenüber der Akropolis mit ihren Zinnenmauern greift eine weite Landzunge ins Meer hinaus und umschließt so einen kreisrunden Naturhafen, der über Jahrtausende den lindischen Wohlstand begründete. Auf dieser Landspitze ist ein gedrungener flacher Rundbau zu erkennen, den der Volksmund als Grabmal des Tyrannen Kleoboulos kennt. Dieser Kleoboulos, einer der viel gerühmten sieben Weisen der Antike, lebte im 6. Jh. und ließ den ersten steinernen Tempel der Athena Lindia bauen.

Die Akropolis

Tgl. Di–So 8–19, Mo 12.30–19 Uhr, im Winter außer Mo 8–15 Uhr; Eintritt

Die Seefahrerstadt Líndos liegt an einer geschützten Hafenbucht

12 €, Kinder frei, Film- und Video-Erlaubnis 3 €

Die ältesten Spuren eines Heiligtums auf dem Akropolis-Felsen stammen aus der Mitte des 2. Jahrtausends v. Chr. Damals wurde eine weibliche Vegetationsgottheit in einer Höhle unter dem späteren Tempel verehrt. Als die Dorer Rhodos im 9. Jh. eroberten, formten sie den Kult zu dem der Athena Lindia um, dem einzigen in Griechenland, bei dem die Eingeweide der Opfertiere nicht verbrannt wurden (s. S. 59). Die Stätte wurde zu einem panhellenischen Wallfahrtsziel und erst Ende des 4. Jh. n. Chr. unter Kaiser Theodosius I. geschlossen. Im Arabersturm erhielt der Fels eine Befestigung, die die Johanniter später verstärkten.

Aufgrund dieser langen Siedlungskontinuität blieben Spuren aller Epochen erhalten: Auf der **ersten Terrasse** hinter der Kasse, kommt man zu dem berühmten **Trieren-Relief 1**, das am Anfang des 2. Jh. v. Chr. in den Fels gemeißelt wurde. Es

Mein Tipp

Ritt zur Akropolis

Gleich am Dorfeingang liegt der Eselplatz, wo man ein solches Grautier zum Ritt auf die Akropolis mieten kann (pro Person 5 €). Man sollte aber die Mittagshitze meiden, dann ist es dort oben extrem heiß. Am besten kommt man ganz früh am Morgen, denn ab 10 Uhr steht man am Aufgang zur Burg in der Schlange.

stellt das Heck eines antiken Kriegsschiffs dar und stammt von dem Bildhauer Pythokritos, der auch die berühmte Nike von Samothrake geschaffen haben soll. Es wurde errichtet zu Ehren des rhodischen Admirals Hegesandros, dessen Statue hier auf einem Podest aufgestellt war.

Als Ehrenmal diente auch die halbrunde **Exedra** daneben, die dem Priester Aglochartos geweiht war. Dieser hatte den Tempelbezirk wieder mit Ölbäumen geschmückt, vermutlich nachdem die Christen unter Kaiser Konstantin den Tempel geplündert und die heiligen Bäume gefällt hatten. Der Wehrturm links daneben weist im unteren Bereich byzantinische Mauertechnik auf (Ziegel als Zwi

schenlagen), oben krönen ihn Schwalbenschwanzzinnen aus der Ritterzeit. Auch am **Aufgang**, der von hier in den Festungstrakt der Ritter führt, sind unter der modernen Treppe die antiken Stufen und – an der Mauer entlangführend – die mittelalterlichen über dem heutigen Niveau zu erkennen.

Das Tor führt in den **Saal der Wachgarde** 2 , wo zahlreiche Statuensockel aufgestellt wurden, deren Inschriften ebenso wie die bei den Ausgrabungen gefundene Tempelchronik Aussagen über die Geschichte des Heiligtums ermöglichen.

Wenn man den Ritterbau wieder verlässt, steht man vor dem ersten Bauwerk des antiken Heiligtums; die große Quaderstützmauer bildet den

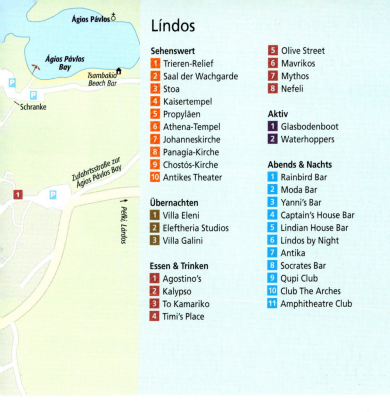

Líndos

Sehenswert

1. Trieren-Relief
2. Saal der Wachgarde
3. Stoa
4. Kaisertempel
5. Propyläen
6. Athena-Tempel
7. Johanneskirche
8. Panagía-Kirche
9. Chostós-Kirche
10. Antikes Theater

Übernachten

1. Villa Eleni
2. Eleftheria Studios
3. Villa Galini

Essen & Trinken

1. Agostino's
2. Kalypso
3. To Kamariko
4. Timi's Place

5. Olive Street
6. Mavrikos
7. Mythos
8. Nefeli

Aktiv

1. Glasbodenboot
2. Waterhoppers

Abends & Nachts

1. Rainbird Bar
2. Moda Bar
3. Yanni's Bar
4. Captain's House Bar
5. Lindian House Bar
6. Líndos by Night
7. Antika
8. Socrates Bar
9. Qupi Club
10. Club The Arches
11. Amphitheatre Club

Unterbau (Risalit) der monumentalen **Stoa** 3, eines der großartigsten Werke des Hellenismus in Griechenland. Um zu der Treppe zu kommen, die zur Stoa hinaufführt, durchquert man ein zweites Bauwerk aus der Ritterzeit. Dort ist neben weiteren Inschriften auch ein Stück der in den Fels gehauenen Treppe aus der archaischen Epoche (um 550 v. Chr.) zu erkennen. Vor dem Aufgang liegt eine zweite **Exedra** für ein Ehrenmal sowie das Podium eines römischen **Kaisertempels** 4, dessen Säulen als Hintergrund für das Erinnerungsbild beliebt sind. Bevor man zur Stoa hochsteigt, lohnt ein Blick auf den Unterbau. Rechts und links sind Gewölbe zu erkennen, die als Läden für Souvenirs und Devotio-

nalien dienten. Dahinter waren große Zisternen angelegt, in denen Wasser für die Pilger gespeichert werden konnte.

Beim Aufstieg zur **Stoa** ist es nicht ganz leicht die frühere Wirkung nachzuvollziehen. Die 87 m lange Halle, die Ende des 3. Jh. v. Chr., zur Zeit der größten rhodischen Macht, entstand, besaß ursprünglich 42 Säulen, von denen heute noch 20 aufrecht stehen. Die beiden Hallentrakte rechts und links waren überdacht, nicht jedoch der Mitteltrakt, hinter dessen Frontsäulen sich unmittelbar die 21 m breite Freitreppe der Propyläen (s. u.) anschloss. Es muss ein unerhört weihevolles Erlebnis für den Pilger der damaligen Zeit gewesen sein, zu dieser Säulenfront emporzusteigen, die in der Mitte durch eine sonnenhelle ›Lichtbahn‹ durchbrochen war, die weiter hoch zur Gottheit führte.

Das theatralische Spiel mit Licht- und Schatteneffekten setzte sich dann in den **Propyläen** 5 fort. Sie stammen vom Anfang des 3. Jh. v. Chr., sind also etwa zeitgleich mit dem »Koloss von Rhodos« entstanden. Auch sie waren schon auf monumentale Wirkung angelegt: Über die Freitreppe gelangte man in eine zu beiden Seiten vorspringende Säulenhalle. Ihre Rückwand besaß fünf Türen, die in den Temenos, den heiligen Bezirk der Athene, führte. Die erwähnte Lichtbahn erfuhr dadurch eine Zäsur, wobei durch den hinter den Türen aufschimmernden Himmel gleichzeitig die strahlende Anwesenheit der Göttin angedeutet wurde. In der Mitte des folgenden Hofs stand ein großer Altar, ringsum verlief eine weitere Säulenhalle.

Der **Tempel der Athene** 6 , heute das einzige aufrecht stehende Gebäude, nahm die Südwestecke dieses Hofs ein; er stand genau über der Kulthöhle im Steilabbruch, in der die Athena Lindia in uralter Zeit verehrt wurde. Nach all der Monumentalarchitektur war das Heiligtum selbst eher bescheiden, ein 21 m langer Amphiprostylos mit je vier Säulen an den Schmalseiten. In der Cella, dem Innenraum, stand das überlebensgroße Kultbild der Athena Lindia, gefertigt aus Holz, Gold und Elfenbein. Die Opfer wurden im Hof unter freiem Himmel vollzogen, das Fleisch der Opfertiere dann in den Räumen der Hof-Stoa verzehrt. Heute genießt man von hier oben das tolle Panorama über die Stadt mit ihren eng gesetzten weißen Häusern und die Ágios Pávlos-Bucht im Süden.

Beim Rückweg hat man einen schönen Blick auf die Ruine der **Johannes-kirche** 7 links von der Freitreppe.

Aufgrund ihres Mauerwerks mit querliegenden Ziegelbändern kann sie in byzantinische Zeit datiert werden.

Panagía-Kirche 8

Mo–Sa 8.30–12, 16–19 Uhr, am Eingang verleiht man Tücher, um nackte Beine und Arme zu bedecken

Mitten in der Stadt liegt die unter Großmeister d'Aubusson 1490 restaurierte Pfarrkirche von Líndos. Die der ›Allheiligen‹ Maria geweihte Kirche ist in typisch nachbyzantinischer Manier ausgemalt. Die ungewöhnlich themenreichen Fresken schuf 1779 ein Malermönch aus Sými.

Neben zahlreichen Ereignissen des Marienlebens erkennt man alttestamentarische Szenen und die Passionsgeschichte; zusätzlich sind im untersten Bildband im Tonnengewölbe des Hauptschiffs die 24 Strophen des Akathístos-Hymnos illustriert. Dieser orthodoxe Lobgesang auf die Gottesmutter malt in ähnlicher Fabulierlust wie die apokryphen Überlieferungen die Verkündigung, Empfängnis und Jesu Geburt aus.

Chostós-Kirche 9

Schlüssel im rechten Nachbarhaus, aber nicht in der Mittagsruhe zwischen 12 und 17 Uhr fragen

Nahe dem Aufgang zur Akropolis liegt die Kirche Ágios Geórgios Chostós, die als die älteste erhaltene Kirche von Rhodos gilt, entstanden im 9. Jh. n. Chr. Sie liegt tief unter dem heutigen Straßenniveau, und im Inneren muss man noch einmal hinuntersteigen. Daher kommt auch der Name, denn *chostós* bedeutet ›eingegraben‹. Besonders interessant wird der Bau durch die seltenen ikonoklastischen Fresken.

Der Ikonoklasmus, deutsch etwa ›Bildersturm‹, war eine mittelbyzantinische Reformbewegung, die die bildliche Darstellung von Christus und

Aufgang zur Stoa des Athena-Tempels von Líndos

den Heiligen verbieten wollte. Inspiriert wurde diese Bewegung von dem Vorbild des bilderfeindlichen Islam. 726 setzte Kaiser Leon III. erstmals ein Bilderverbot in Kraft, das mit militärischer Gewalt gegen den Widerstand des Mönchtums und der griechischen Kernländer durchgesetzt wurde. In diesem ›Bildersturm‹ wurden fast alle frühchristlichen Heiligenbilder zerstört und durch unfigürliche und symbolhafte Fresken ersetzt. Mitte des 9. Jh. gingen die Kaiser endgültig wieder auf die Seite der Bilderfreunde über – anschließend wurden die meisten ikonoklastischen Fresken übermalt. So sind Darstellungen aus dieser

Zeit sehr selten. In der Chostós-Kirche fallen vor allem Kreuze, Blüten, ornamentale Verzierungen und der Fisch als frühchristliches Symbol auf.

Theater und Tetrastoon

Auf dem Weg zum südlichen Ortsrand, Richtung Paulus-Bucht, sieht man eine gleichmäßige Rundung im Hang unterhalb des Akropolis-Plateaus. Hier lag in der Antike das **Theater** 10, das etwa 1800 Menschen Platz bot. Die Zuschauerränge waren teils in den Fels geschlagen, teils setzten sie sich auf gemauerten Seitenflügeln fort, die heute ebenso wie das dreistöckige Bühnenhaus völ-   ▷ S. 208

205

Auf Entdeckungstour: Seefahrerromantik – die Kapitänshäuser von Líndos

Dass Líndos als schönste Stadt Griechenlands gilt, verdankt es nicht nur seiner wundervollen Lage unterhalb des Akropolis-Felsens. Líndos ist auch für die Architektur seiner Häuser berühmt, die aus einer Verschmelzung der lokalen Traditionen des Dodekanes mit orientalischen und europäischen Einflüssen hervorging.

Reisekarte: ► Q 14

Planung: Die schönste Zeit ist der frühe Abend, wenn die schräg stehende Sonne die Reliefs gut herausarbeitet. Ein Abendessen auf einer Dachterrasse sollte man nicht verpassen.

Öffnungszeiten: Die erwähnten Lokale haben alle tgl. ab 10 Uhr geöffnet, Ausnahmen sind im Text genannt.

Mehr traditionelle Architektur: Koskinoú, s. Entdeckungstour S. 164, Malóna, s. S. 195.

Im 17. Jh. lebten die Griechen im Osmanischen Reich unter relativ günstigen Bedingungen, ihre Schiffe wickelten den Warenverkehr zwischen Venedig und seinen Mittelmeerbesitzungen, Istanbul, den türkischen Häfen und Palästina ab. Líndos, günstig an der Kreuzung der Seefahrtsrouten gelegen, war das Zentrum dieses Handels, hier ließen sich die wohlhabenden Kapitäne aufwendige Häuser bauen. Sie entstanden seit Mitte des

17. Jh., keines dürfte aus der Zeit vor 1610 sein, da ein Erdbeben in diesem Jahr fast die gesamte frühere Bebauung, darunter vermutlich viele antike Überreste, zerstörte. Viele dieser Häuser verstecken sich heute zwar hinter mannshohen Mauern, etliche wurden jedoch in Restaurants und Bars verwandelt.

Prachtvolle Fassaden

Typisch ist ein aufwendiger Fassadenschmuck, der vor allem an der Hauptfassade zum Hof zu sehen ist: Zierbänder und figurative Darstellungen wurden in den weichen Poros-Stein geschliffen, wobei sich frühchristliche Symbole und orientalisch beeinflusste Motive wie Pfauen oder Phönixe reizvoll mischen. Flechtbänder gliedern die Stockwerke und fassen die Fenster spitzbogig ein. An maurische Vorbilder erinnernde Scheinportale geben Raum für ein Giebelfeld über Tür und Fenster, in dem Kreuze, Tierfiguren, Amphoren und der doppelköpfige byzantinische Adler versammelt sind.

Eine schöne Fassadendekoration in diesem Stil zeigt z. B. die Hoffassade des **Restaurants Kalypso** 2 . Keine weiße Kalktünche stört bei diesen Häusern den gelben Ton des Sandsteins, der den mittelalterlichen Eindruck noch verstärkt. Bis zum Anfang des 20. Jh. prägte dieser Farbton noch das Stadtbild von Líndos. Erst dann begann man, die Häuser zu kalken.

Einen wunderschönen Innenhof erlebt man in der **Captain's House Bar** 4 am Fußweg zur Akropolis: ein schattiger Innenhof hinter einem hohen Portal im klassizistischen Stil. Wie auch die Bodenflächen im Erdgeschoss ist er komplett mit einem schwarz-weißen Kieselmosaik ausgelegt, das typisch für alle Dodekanes-Inseln ist. Chochláki-Böden (von *choch-*

láki = Kiesel) oder Krokalía nennt man diese volkstümliche Bodengestaltung. Die Mosaike zeigen ornamentale oder geometrische Muster, selten auch einfache Tier- und Pflanzendarstellungen (z. B. Hirsch oder Zypresse).

Dachblick zur Akropolis

Der Hauptraum, sehr gut zu sehen in der **Lindian House Bar** 5 (ab 18 Uhr), diente ganz der Repräsentation. Als

Weiterentwicklung der *sála* (s. S. 165) sollte er den Wohlstand des Besitzers bezeugen und einen Rahmen für die ›Souvenirs‹ des Seemanns abgeben. Ganz typisch ist die Reihe der Oberlichter über den Hauptfenstern: Sie sind mit Buntglas geschlossen, das die Händler aus Venedig, damals Zentrum der Glasherstellung, mitbrachten. Auch Glaslüster, wie man sie noch in der Panagía-Kirche von Líndos sieht, wurden aus Venedig importiert.

Ein weiteres typisches Element sind die zur Straßenseite gelegenen Turmbauten. Dort oben hatten die Männer ihren Lieblingsplatz, umweht vom kühlen Meerwind. Heute haben viele Restaurants ihre Tische auf die Dachterrassen gestellt. Wer hier jedoch abends einen Tisch mit 5-Sterne-Blick über das Dorf zur Akropolis ergattern möchte, sollte besser reservieren!

lig abgetragen sind. Links davor stand ein Tetrastoon, eine rechteckige, vierflügelige Säulenhalle.

Strände

Die **Hauptbucht Líndos Beach** ist der schönste Strand auf Rhodos: feiner Sand, da das Wasser flach ist, schön für Kinder, dazu gute Tavernen – natürlich aber auch sehr voll. Dicht gedrängt stehen die Sonnenliegen (4 €/ Pers.) auch am **Pállas Beach** nebenan.

Die kreisrunde Bucht **Ágios Pávlos** Bay hinter dem Ort ist meist ein wenig ruhiger. Nach der Überlieferung soll der zweite geschützte Naturhafen der Stadt entstanden sein, als der Apostel Paulus 51 n. Chr. auf seiner Fahrt nach Ephesos in einen Sturm geriet: Der Felsstreifen zum Meer tat sich zu einem engen Spalt auf, durch den das Schiff den Wellen entrann. Anschließend bekehrte der Apostel die Rhodier, und für ihn entstand später die Kapelle Agií Apóstoli am Ufer.

Wanderung zum Kleoboulos-Grab

Einfache Wanderung, ca. 2 Std., aber Sonnenhut und Wasser mitnehmen
Auf der Felsküste gegenüber der Akropolis ist ein gedrungener flacher Rundbau zu erkennen, den der Volksmund als ›Grabmal des Kleoboulos‹ kennt. Kleoboulos lebte im 6. Jh. und regierte Líndos als ›Tyrann‹, damals bedeutete das: Alleinherscher. Erst viel später bekam der Begriff Tyrannis die Bedeutung Gewaltherrschaft; Kleoboulos regierte Líndos erfolgreich und gut und wurde als einer der sieben Weisen der Antike gerühmt. Von ihm stammen viele allgemein gültige Aussagen, u. a. der Satz *Ton tou*

dimou echthron polemion nomisein: »Den Gegner des Volks als Feind ansehen«; auch ließ er den ersten steinernen Tempel der Athena Lindia bauen.

Ein Pfad beginnt bei den Eselspferchen an der Strandabfahrt, man kann aber auch vom Strand den Hang hochklettern. Danach folgt man einem Pfad durch die geröllige, nur von Dorngewächsen akzentuierte Ebene, anfänglich nur knapp am Steilabfall zum Meer entlang. Nach einer Weile kommt ein hoher schmaler Rundbau in den Blick, eine Mühle aus dem 19. Jh., die mit Windkraft betrieben wurde. Davor ist noch ein Eselspferch zu erkennen, wo die Tiere ›geparkt‹ wurden, die das Getreide angeliefert hatten.

Hinter der Mühle läuft der Pfad weiter den Hang empor zu einem gedrungenen Rundbau aus exakt behauenen, mörtellos gefugten Kalksteinquadern. Das ursprüngliche Kegeldach fehlt; den Eingang bildet ein hohes Monumentaltor über die

Wanderung zum Kleoboulos-Grab

gesamte Bauhöhe. Im Inneren erschließt sich eine rechteckige Kammer mit einer Nische, wahrscheinlich für die Urne. Die Datierung ist schwierig: Die Apsis gegenüber dem Eingang wird auf byzantinische Zeit datiert, die Palmettenritzung am Eingang auf das erste vorchristliche Jahrhundert. Ob der Bau tatsächlich für den weisen Kleoboulos errichtet wurde, muss daher ungeklärt bleiben.

Das schönste ist aber die Aussicht zur Akropolis, am besten, wenn man am späten Nachmittag losgeht. Den Rückweg müssen Sie über den gleichen Weg zurücknehmen, können sich dann aber am Strand im Meer erfrischen!

Übernachten

Günstige Angebote auf www.lindia net.gr.

Zimmer im Dorf – **Villa Elena 1** : Am Eselweg, Tel. 697 370 9310, www. booking.com, DZ 40 € (NS), 70 € (HS). Traditionelle Zimmer an einem schönen, sonnigen Chochláki-Hof. Gemeinschaftsküche und Tische auf der Dachterrasse.

Im Grünen – **Eleftheria Studios 2** : nahe Main Square, Tel. 694 730 9691, www.lindos-eleftheriastudios.com, DZ 42 € (NS), 52 € (HS). Einfache Studios mit kleiner Küche am Dorfrand, jeweils mit Gartenplätzen. Top: ruhige Lage, ganz nah zum Hauptstrand.

Strandstudios – **Villa Galini 3** : Nur 100 m vom Strand entfernt, Tel. 694 884 2030, www.villagalinilindos.com, Studio (2 Pers.) 45 € (NS) bis 85 € (HS). Geschmackvoll eingerichtet, hübscher ruhiger Garten, unschlagbar nah am schönsten Strand der Insel.

Essen & Trinken

Superblick – **Agostino's 1** : Am Parkplatz Richtung Péfki, Tel. 2244 031

Der schönste Blick
Für eine kleine Pause gehe ich gern in die **Rainbird Bar 1** , die etwas unterhalb des Eselwegs zur Akropolis liegt (tgl. ab 10 Uhr till late geöffnet). Hier sitzt man mit tollem Blick zum Líndos-Strand an Pariser Kaffeetischen und erfrischt sich mit kühlen Drinks und kleineren Snacks.

218, ab 18 Uhr, in der Saison auch 11.30–14 Uhr, Hauptgerichte 11–23 €. Zwar etwas abseits gelegen, doch mit tollem Blick über den ganzen Ort zur Burg. Fantasievolle Vorspeisen, z. B. Féta tso Fournoú, gebackener Schafskäse in Tomatensauce (5,50 €); köstlich das geröstete Lamm mit Rosmarin (13 €). Dazu Émbona-Wein vom Fass.

Kapitänshaus – **Kalypso 2** : Tgl. ab 18 Uhr, Hauptgerichte 11–24 €. Echtes altes Kapitänshaus mit aufwendiger Steinmetzerei und wunderbarem Kieselsteinmosaik im Innenhof. Die Küche bietet griechische und internationale Gerichte und zitiert auch türkische Rezepte.

Dorfstil ganz edel – **To Kamariko 3** : Tel. 2244 031 339, tgl. ab 18.30 Uhr, Hauptgerichte 10–15 €. Etwas versteckt in einem schönen Traditionshaus mit Dachgarten und stilvoller

Mein Tipp

Pink Floyd in Líndos

Seit Ende der 1970er-Jahre kamen illustre Briten nach Líndos: David Gilmour und Rick Wright von Pink Floyd kreuzten tagsüber mit ihren Booten in der Bucht und machten nachts Party bis zum Morgengrauen. Zwei der damals angesagten Bars gibt es noch heute: **Socrates Bar** 8 an der Hauptgasse hinter Yanni's Bar (tgl. ab 19 Uhr) ist die letzte Bastion des Rock in Líndos. Man sitzt im schönen Innenhof des prächtigen Kapitänshauses, der Gastraum innen ist vollgehängt mit Memorabilien der ›Seventies‹. Noch berühmter war einst der **Qupi Club** 9 an der Straße bei der Post (tgl. ab 22 Uhr). Den Club gründete die legendäre Franka, seit 1984 Ehefrau von Floyds Keyborder Rick Wright, damals aber noch mit einem Griechen aus Líndos verheiratet. Qupi avancierte zum Zentrum der Hippie-Jetset-Szene, auch Intellektuelle wie Ornella Muti verbrachten ihren Urlaub hier. Heute ist der Glamour zwar verflogen, aber feiern kann man dort immer noch.

Einrichtung. Serviert wird moderne griechische Küche nach internationalem Stil.

Zyperns Spezialitäten – **Timi's Place** 4 : Am ausgeschilderten Aufgang zur Akropolis aus dem Ortszentrum, Tel. 2244 031 539, tgl. 11–15, 19–23 Uhr, Vorspeisen um 7 €, Hauptgerichte um 14 €. Taverne in einem großen Kapitänshaus. Typischer Innenhof mit Chochláki-Boden und eine luftige Dachterrasse. Spezialisiert auf die Küche Zyperns.

Kreativ & schick – **Olive Street** 5 : Agiou Pavlou, Tel. 2244 031 091, Hauptgerichte um 18 €. Eine alte, zauberhaft renovierte Ölfabrik, die moderne, kreativ präsentierte Küche serviert. Kleine Portionen, etwas teurer, dafür sehr schick.

Urgestein – **Mavrikos** 6 : Platia Eleftherias, tgl. ab 10 Uhr, Hauptgerichte 12–24 €, Vorspeisen 6–11 €, Hummer 85 € das Kilo. 1933 begründet und immer noch ganz im Stil der Italiener: schöner Chochláki-Boden und ›gotische‹ Arkaden mit schmiede-

eisernen Gittern. In diesem traditionsreichen Rahmen speist man feine griechische Küche.

Bei den Göttern – **Mythos** 7 : Oberhalb der Hauptplatia, Hauptgerichte 9–18 €. Nach steilem Aufstieg begrüßen Aphrodite und Apollon die Gäste in diesem Restaurant hoch am Hang. Gute Qualität, alle Klassiker, schöne Aussicht über den Ort.

Am Strand – **Nefeli** 8 : Am Strand, tgl. ab 9.30 Uhr, Hauptgerichte 7–14 €. Eine nette Strandtaverne mit großer schattiger Terrasse, eher einfacher, aber netter Service. Das Angebot ist traditionell, jedoch lecker. Dies ist eine gute Adresse während eines Tages am Líndos Beach, aber auch, wer nur zum Besichtigen gekommen ist, wird hier günstiger satt als im Ort.

Einkaufen

Souvenirs – Die Hauptgassen wirken wie ein einziger riesiger Basar: T-Shirts und Urlaubsfummel, Keramik, Leder, Tand und Nippes – und auch manches, worüber man besser den Mantel des Schweigens breitet.

Spitze – **Stickdecken:** Vor allem am Fußweg zur Akropolis bieten die Frauen schöne bestickte Decken und andere Stickereiwaren an.

Aktiv unterwegs

Wassersport – Am Hauptstrand werden **Pedalos** vermietet. Vom Anleger vor dem Pállas Beach fährt ein **Glasbodenboot 1** zur Erkundung der Unterwasserwelt (10 €).

Tauchen – **Waterhoppers 2:** Die renommierte Tauchschule hat eine Basis über dem Líndos Beach, taucht aber meist im Péfki-Gebiet, Tel. 6976 69 29 96, www.waterhoppers.com.

Abends & Nachts

Strandblick – **Rainbird Bar 1:** s. Tipp S. 209.

Ganz edel – **Moda Bar 2:** Ortsmitte am Weg zur Akropolis, tgl. ab 10 Uhr bis spät nachts. Sehr schicke Bar in Weiß und Grün, junge Lounge-Musik, gute Drinks.

Szenetreff – **Yanni's Bar 3:** Odos Apostolos Pavlos (Hauptgasse), tgl. ab 9 Uhr. Die schattige Terrasse von Yanni's ist der Meeting Point im ruhigeren Teil des Dorfes. Ab hier sind die meisten Häuser zu Studios umgebaut, die Tagesgäste bleiben meist weiter vorne. So ist »See you at Yanni's« die unverfänglichste Verabredung – da kommt eh' jeder vorbei.

Kapitänshäuser – **Captain's House Bar 4** und **Lindian House Bar 5:** s. S. 207. Lindian öffnet erst ab 18 Uhr als Tanzbar mit 70er/80er Hits.

Akropolisblick – **Líndos by Night 6:** An der ›Barstraße‹ hinter der Post, ab 19 Uhr. Zwei Open-Air-Terrassen unterhalb der antiken Schachtgräber mit tollem Blick zur Akropolis.

Schick ausgehen – **Antika 7:** Hauptgasse, tgl. ab 11 Uhr. Music-Bar mit großem Open-Air-Bereich, angesagter Treffpunkt der jüngeren Szene.

Seventies – **Socrates Bar 8** und **Qupi Club 9:** s. Tipp links.

Clubbing – Ein echter Club im Dorf ist das **The Arches 10** oberhalb von Yannis Bar (www.arches.gr, im Sommer tgl. ab 0 Uhr). Mit tollem Burgblick tanzt man im großen **Amphitheatre Club 11** an der Hauptstraße nach Rhodos-Stadt. Im Sommer gibt es auch zwei Clubs an der Straße zum Strand.

Infos

Info-Büro: Am Platz vor dem Dorf, Infos zu Busplänen oder Ausflugsbooten.

Busse: In der Saison aus Rhodos-Stadt entlang der Ostküstenstraße vormittags etwa alle 30 Min., ab 13 Uhr etwa stdl., letzter Bus gegen 19.30 Uhr. Retour dito, letzter Bus gegen 19 Uhr. Von Gennádi (über Kiotári, Lárdos, Péfki) vormittags etwa stdl., nachmittags alle 2 Std., letzter Bus gegen 18.30 Uhr (ab Gennádi). Retour dito, letzter Bus gegen 20.30 Uhr.

Parken: Parkplätze an der Straße zum Strand kosten 3 €. Umsonst parkt man am Busparkplatz an der Straße nach Péfki. Wegen des Andrangs kommt man aber am besten mit dem Bus oder dem Moped.

Péfki ▶ Q 14

Die kleine, noch nicht allzu überlaufene Urlaubssiedlung etwa 5 km südlich von Líndos liegt unterhalb des völlig kahlen Marmári-Berges. Ringsum dehnt sich Felsenödnis, doch Péfki breitet sich in einem grünen Kiefernhain aus. Daher hat der Ort auch seinen Namen, der manchmal noch in der Form Péfkos auftaucht. Als Urlauber sind vor allem Briten und Skandinavier vertreten, Großanlagen fehlen fast gänzlich. Dafür gibt es viele Apartmenthäuser sowie eine ganze Reihe netter Bars und Restaurants. Man badet an mehreren Strandstreifen, die oft schmal, aber sandig sind. Schön ist der **Plakiá Beach** mit der Blue Waves Kantina, Zugang von der Straße nach Lárdos auf Höhe der Marianthi Studios.

Übernachten

Mittelklasse – **Thalia Hotel:** An der Hauptstraße über dem Main Beach, Tel. 2244 048 248, www.thaliahotel.com, DZ/F ab 70 (NS), 100 € (HS). Nicht allzu großer Mittelklassebau in einem schattigen Gartengelände mit schönem Poolareal. Ruhig und relativ strandnah gelegen, mit eigenem Supermarkt.

Strandzimmer – **Maria Aparts:** Kurz vor dem Main Beach, Tel. 2244 048 326, www.mariaapartmentspefkos.com, Apt. 45 € (NS), 90 € (HS). Große Studios und Apartments um 60 m², gut ausgestattet und zentral gelegen, zum Strand sind es nur 3 Min. zu Fuß. Allerdings sind die 6 Zimmer immer frühzeitig ausgebucht – am besten schon im Winter reservieren!

Essen & Trinken

Mediterraner Traum – **Coliseum:** Pefki Main Rd., www.coliseum-pefkos.com, tgl. 11–15 und ab 18.30 Uhr, Hauptgerichte 9–22 €. Das Coliseum zählt zu den schönsten Restaurants auf Rhodos: Pinke Bougainvillea-Blüten überranken ein weißes Gesamtkunstwerk, in dem riesige Keramikamphoren romantische Akzente setzen. Serviert wird mediterrane Küche nach internationalem Standard.

Toller Garten – **To Spitaki:** Pefki Main Rd., www.spitakirestaurant.com, tgl. 11–15 und ab 18.30 Uhr, Hauptgerichte 8–18 €. Romantisch in einem 1913 gebauten Haus mit blühendem Garten. Griechische Grillküche.

Ein mediterraner Traum – Restaurant Coliseum in Péfki

Familiäre Taverne – **George's Taverna:** Main Road, Tel. 2244 048 246, tgl. 11–15 und ab 18.30 Uhr, Hauptgerichte um 12 €. Hübsche Gartentaverne mit familiärer Führung und griechischer Küche zumeist vom Grill.

Abends & Nachts

Very british – **Kelari Pool Bar:** Über dem Main Beach. Moderne Frühstücksbar mit Pool. Man serviert englisches Frühstück, dazu dudelt BBC oder Sport TV – in Péfki ist halt alles sehr englisch! Abends auch Restaurant.

Party am Pool – **Eclipse Bar:** Líndos-Straße, gleich gegenüber der Bushaltestelle, www.eclipsebar.com. Beliebte Gartenbar in altem Gemäuer mit künstlichem Wasserfall und Pool, dazu gibt's 80er-Jahre-Hits. Nachts tanzen hier die Girls auf dem Tresen.

Infos

Busse: Nach Rhodos-Stadt über Líndos morgens ab ca. 8.30 Uhr etwa stdl., letzter Bus gegen 20.25 Uhr; retour morgens ab 6.45 Uhr etwa alle 60–90 Min., letzter Bus ca. 19.30 Uhr, 20.15 Uhr ab Líndos.

Lárdos ▶ Q 14

Lárdos ist ein noch recht ursprüngliches Dorf in einer fruchtbaren Küstenebene mit ausgedehnten Olivenhainen. Die meisten Hotels liegen am Meer mit einem langen Sand-Kiesel-Strand; von dort geht man etwa 3 km bis ins Dorf, wo nur einfache Unterkünfte vermietet werden. Abends lohnt ein Besuch in einer der zahlreichen netten Tavernen an der Platia mit dem Brunnen aus der Italienerzeit, an dem sich heute noch manche Einwohner Wasser holen.

Lárdos Beach ▶ Q 14
Der vordere Strand liegt etwa 2 km vom Dorf entfernt; von dort zieht sich das Areal noch weitere 2 km Richtung Péfki. Die Hotelsiedlung im hinteren Bereich am Lothiarka Beach (rund um das Clubhotel Lindos Princess) ist fast ein kleines Dorf geworden mit Supermarkt, Bars und Tavernen.

Glýstra Beach ▶ P 14
Etwa 2 km südlich vom Lárdos Beach liegt der noch ganz unverbaute feinsandige Glýstra Beach, wo eine *kantina* Snacks serviert und Sonnenschirme vermietet werden.

Wanderung bei Lárdos
Leichte Wanderung, knapp 7 km, ca. 3 Std. mit Besichtigung
Diese kleine Wanderung führt entlang den Olivenhainen von Lárdos zu zwei alten Kapellen und zum neuen Folklore Museum. Wir beginnen in der Hotelzone von Lárdos am Lothiaráki Beach. Östlich vom Hotel Lindos Princess (beim Natura Shop) liegt erhöht über der Asphaltstraße das **Kirchlein Ágios Geórgios**. Über mehrere Terrassen steigt man zum ummauerten Festplatz empor, im Tor hängt die Glocke. Das Kirchlein ist von außen geweißt, innen sind neue Fresken im alten Stil zu sehen. Zum Fest des hl. Georg am 21./22. April findet dort immer noch ein traditionelles *panagiri* statt.

Direkt hinter der Kirche führt eine betonierte Piste auf die Hochebene. Gleich am Parkplatz steht links eine alte Wasserzapfstelle, die in den 1920er-Jahren von den Italienern gebaut wurde. Die Piste führt in ca. 1,5 km zu einem **Aussichtspunkt** (an beiden Abzweigungen links halten), von dem aus man die von Olivenbäumen bedeckte Ebene von Lárdos wunderbar überblicken kann. Auf dem Rückweg führt der zweite Abzweig nach rechts zu einem weiteren Aussichtspunkt bei einer Zisterne.

Leider müssen Sie den gleichen Weg wieder zurück, dann folgt man der Asphaltstraße Richtung Lárdos, die schließlich auf die Schnellstraße nach Kiotari trifft. Dort lohnt eine Rast beim neu eingerichteten **Folklore Museum**, dessen Kurator Panagiotis Loukaras (geboren in Stuttgart) zahlreiche Dokumente, Fotos und Gegenstände zum Leben in den rhodischen Dörfern vor 100 Jahren gesammelt hat. Er führt engagiert durch seine große Sammlung und kann begeisternd erzählen. An einigen Schattentischen serviert er auch Getränke (tgl. 9.30–17 Uhr, Eintritt 3 €).

350 m weiter biegt rechts vor der Tankstelle ein Feldweg ab, von dort sind es noch 300 m zur Kathóliki-Kapelle von Lárdos. Wie das Kathólikon

von Afándou wurde sie in den Grundmauern einer dreischiffigen frühchristlichen Basilika aus dem 5./6. Jh. errichtet. Ihre Ambo-Schranken sind heute im Byzantinischen Museum im Großmeisterpalast zu sehen. Die Fresken stammen aus dem 15. Jh. An der Südwand sieht man das Stifterpaar rechts und links von Maria; in der Apsis zwischen Kirchenvätern eine Melismos-Darstellung: das entblößte Jesuskind dargeboten als Abendmahlsbrot.

Moní Ipsenís ▶ P 14

Etwa 4 km südöstlich von Lárdos liegt das 1839 gegründete Kloster Moní Ipsenís (tgl. 8–12.30 und 16–18.30 Uhr geöffnet). Wie Moní Thárri ist auch dies ein ›wiederbelebtes‹ Kloster (s. S. 242). Hier leben heute orthodoxe Nonnen, die sich der Betreuung von Kindergruppen aus den orthodoxen südosteuropäischen Staaten widmen, für die 1998 neue Trakte gebaut wurden. Dazu verkaufen sie Olivenöl, Seife, Liköre und Tee, alles aus eigener Produktion. Berühmt ist das große Klosterfest am 23. August, zu dem Tausende von Gläubigen aus ganz Rhodos zusammenströmen.

Übernachten

Hübsche Studios – **Katikies 1**: Lárdos Beach, Líndos Road, Tel. 2241 034 146, www.booking.com, Studio (2 Pers.) 55–70 €, Apt. (4 Pers.) um 95 €. Eher einfaches Aparthotel in der Strandebene, 300 m vom Meer entfernt. Kein Pool, aber recht hübsche Studios in griechischem Stil; große Zimmer mit Küche.

Am Meer – **Nicholas Beach Studios 2**: Lothiarika Beach, Tel. 2241 026 788, www.booking.com, DZ (Studio) ab 32 € (NS), ab 44 € (HS). Einfache Studios und Apartments für bis zu 6 Pers. direkt am Strand. Eine preiswerte Unterkunft für ruhige Strandtage.

Wanderung zum Lárdos-Kástro

Super-Luxus – **Lindian Village** ⬛3 : s. Tipp.

Essen & Trinken

Rund um die **Platia von Lárdos** ⬛1 reihen sich Restaurants und Bars, die teils sehr britisch geprägt sind, so das **Grapevine** mit hübscher Terrasse und oft Karaoke-Abenden oder die **Yamas Bar** im typischen Pub-Stil. Gute griechische Küche gibt es im **Roulas** oder im **Valentinas**.

Traditionshaus – **Il Gelso** ⬛2 : Nördlich der Platia, Tel. 2244 044 050, tgl. ab 18.30 Uhr, Vorspeisen ab 6 €, Pizza/Pasta um 9 €. In einem traditionellen Einraumhaus noch aus der Italienerzeit mit schattig-weinüberranktem Gartenterrasse, eine sehr schöne Location. Noch besser ist die italienische Küche einer sehr charmanten Italienerin.

Kiotári ▶ P 15

Kiotári war ursprünglich der Hafen des Dorfs Asklipío. An der Küste Richtung Líndos sind aber nun Großhotels gebaut worden, die den Namen in Beschlag nehmen. Fehlende dörfliche Atmosphäre wird durch die kilometerlangen Strände und das gute Wassersportangebot wettgemacht. Kiotári selbst besteht aus Pensionen und Tavernen rings um die alte Kirche Metamorphósis, in der frühchristliche Kapitelle verbaut sind.

Der kieselige Hauptstrand zieht sich lang bis nach Gennádi hin; zum Schnorcheln interessant ist vor allem der Felsen vor der Taverne Stefanos. Die Abschnitte im Bereich der Luxushotels Maris und Princess, wo es auch ein großes Wassersportangebot gibt, sind teils auch sandig, Badeschuhe sind dennoch empfehlenswert.

Mein Tipp

Hotel für gewisse Tage

Eine fantastische Luxus-Anlage im Stil eines Kykladen-Dorfes mit kleinen Kubenhäuschen in üppigem Garten ist das Hotel Lindian Village. Alles edel, alles modern, doch alles stilecht wie im Griechenland-Bilderbuch – ein kleines Paradies für die Hochzeitsreise oder andere besondere Tage mit seiner oder seinem Liebsten.

Lindian Village ⬛3 : Südl. Glýstra Beach (▶ P 15) links in einen Feldweg einbiegen, Tel. 2244 047 361, www.lux-hotels.com/gr/lindian-village, DZ (inkl. Frühstück) ab 140 € (NS), ab 210 € (HS); Suite mit Privatpool für 2 Pers. um 550 € pro Tag. 110 Zimmer, einige davon als Maisonettes, am Strand Wassersport.

Übernachten

Apartments mit Pool – **Hotel Ekaterini:** Im Dorf Kiotári, Tel. 2244 047 131, www.ekaterini-hotel.com, Studio 30 € (NS) bis 85 € (HS), Frühstück 5 €/Pers. Schöne Apartmentanlage mit großem Pool im Garten, sonnige Frühstücksterrasse mit Meerblick, ca. 300 m bis zum Chiliorávdi-Strand.

Strandzimmer – **Studios Kirania:** Am Kiotári-Hauptstrand, Tel. 2244 047 041, www.studios-kirania.com, Studio (2 Pers.) ca. 35 € (NS) bis 45 € (HS), Apartment (4 Pers.) 50–60 €. Saubere, helle Studios, zweckmäßig möbliert, gerade mal 20 m vom Strand.

Essen & Trinken

Meerblick – **Ouzo Bay:** Kiotari Beach, neben Al Mare Villas am Strand, Tel.

2244 047 130, tgl. 7.30–23.30 Uhr, 6–16 €, Languste 90 €. Moderner Rundbau mit tollem Seepanorama, nettem Service und guter, modern interpretierter griechischer Küche. Die Vorspeisenplatte für Zwei reicht zum Sattwerden aus.

Beach Club – **Lighthouse:** Kiotári-Strand Richtung Gennádi, Tel. 2244 047 179, auf Facebook, 5–14 €. Strandtaverne in einem nachgebauten Leuchttürmchen. 2011 wurde sie zu einem schicken Beach Club umgestaltet, seither sind zu Club- und Lounge-Musik auch Cocktails im Angebot. Im Sommer oft Livemusik und Full Moon Partys.

Italienisch – **Mourella:** Tel. 2244 047 324, auf Facebook, tgl. 10–15, 18–22 Uhr, Hauptgerichte 8–18 €. Gutes Restaurant mit Weinpergola nahe Hotel Rodos Princess. Schönes Ambiente mit Sinn für Details, traditionelle griechische Gerichte, viel vom Grill.

Stimmungsvoll – **Il Ponte:** Zwischen den Hotels Rodos Maris und Princess, Tel. 2244 047 045, tgl. 11–15, 18.30–23 Uhr, Hauptgerichte 8–16 €. Griechische und italienische Küche, abends sitzt man an dem Bachtal in verträumter Stimmung.

Fisch vom Fischer – **Taverne Stefanos:** Kiotári-Hauptstrand, Tel. 2244 047 339, tgl. mittags und ab 17.30 Uhr, Hauptgerichte 7–13 €, Fisch kann teurer sein. Alteingesessene Taverne vor dem Chiliorávdi-Strand mit echter griechischer Küche.

Aktiv

Wassersport – **Wassersportzentrum Kiotari:** www.wassersport-rhodos.de, Tel. 694 645 5458. Vor dem Hotel Rodos Maris. Großes Angebot mit Banana, Jet-Ski, Kat Sailing, Windsurfing, Wasserski und Parasailing. Auch Jachtcharter. Deutsche Leitung.

Infos

Busse: Nach Rhodos-Stadt/Líndos vormittags ab ca. 8.15 Uhr 5 x tgl., nachmittags ab 13.55 Uhr 5 x tgl., letzter Bus ca. 18.45 Uhr, retour etwa stdl. ab 6.45 Uhr, letzter Bus ca. 21.15 Uhr ab Rhodos-Stadt, ab Líndos ca. 22 Uhr.

Asklipío ▸ O 14

Das romantische Bergdorf liegt etwa 4 km im Landesinneren unterhalb eines Kastells aus der Johanniterzeit. Enge Gassen und traditionelle Häuser bestimmen das Bild. Die uralte **Kirche Kímisis tís Theotókou** am Dorfparkplatz gehört zu den sehenswertesten Kirchen von ganz Rhodos (s. Entdeckungstour S. 218). Der Kustos betreibt auch ein kleines **Folklore Museum,** das liturgische Gegenstände sowie landwirtschaftliches Gerät zeigt.

Essen & Trinken

Dorfküche – **Nikos Taverna:** tgl. ab 10 Uhr, Hauptgerichte ab 7 €. Traditionelle Taverne am großen Parkplatz Richtung Dorf. Nikolaos und seine Frau servieren hier echte griechische Dorfküche, Wein aus Embóna und selbstgebrannten Souma (Tresterschnaps).

Gennádi ▸ O 15

Gennádi ist der letzte Badeort an der Ostküste. In den 1990er-Jahren sind einige Hotels entstanden, doch noch immer ist man am ewig langen Kieselstrand und in den Strandtavernen meist unter sich. Im Dorf, entlang der Hauptgasse öffnen abends einige Bars und Musikkneipen (Antika, Southcoast), in denen sich die Jugend der

Dorfname deutet auf den antiken Heilgott Asklepios hin, und aufgrund der exponierten Lage spricht vieles dafür, dass die heute der Maria geweihte Kirche auf dem Platz eines antiken Asklepios-Tempels steht. Einige typologische Besonderheiten, etwa die ›lateinische‹ Form des Kreuzes im Grundriss oder die leicht spitzbogige Form des Tonnengewölbes, deuten auf einen weiteren Umbau in der Ritterzeit hin.

Lichtgebete und Ikonostase

Im Inneren steht gleich hinter dem Eingang ein Kerzenkasten, wo man gegen eine Spende eine dünne Kerze als Lichtgebet entzünden kann. Wundern Sie sich aber nicht, wenn der Kustos ihre Kerzen nach verlassen der Kirche wieder auslöscht: Es geht um das Symbol, nicht um das vollständige Abbrennen. Die gebrauchten Kerzen werden zuletzt einem Recycling zugeführt.

Geradeaus fällt der Blick auf die goldbemalte Ikonostase (Bilderwand). Das ist eine für orthodoxe Kirchen typische hölzerne Wand, die den Bereich der Gläubigen vom Altarraum, den nur die Priester betreten dürfen, abtrennt. An dieser herausragenden Position hängen die Ikonen von Christus, der Titularheiligen Maria und Johannes dem Täufer.

Die Fresken

Die Fresken datieren wohl aus der Mitte des 17. Jh. Eine Stifterinschrift, die das Jahr 1646 nennt, findet sich am Ende der linken Wand im mittleren Hauptschiff, eine weitere im nördlichen Querarm 1677. Allerdings wurden zahlreiche Bilder um 1923 nachgemalt – was in westlichen Augen ein kunsthistorisches Sakrileg wäre, ist hier kein Problem, denn man malt auch heutige Kirchen in dem gleichen Stil aus (s. S. 68).

Paradies und Christusleben

Im mittleren Hauptschiff zeigen die Fresken ganz oben im Gewölbe Szenen der Genesis von der Erschaffung der Welt bis zum Mord an Abel. Im Register darunter geht es um das Leben Jesu von der Geburt (rechte Seite vorn) bis zur Kreuzigung (linke Seite vorn). Die Christus-Vita setzt sich dann im nördlichen, linken Seitenarm fort. In den tiefen Wandzonen sind verschiedene Errettungsszenen zu erkennen: Daniel in der Löwengrube, Konstantin befreit unschuldige Soldaten, das Meer gibt die untergegangenen Seeleute wieder frei.

Apokalypse und Jüngstes Gericht

Im südlichen, rechten Querarm befinden sich die Fresken, die die Kirche so berühmt gemacht haben: Szenen der Apokalypse, die ein im byzantinischen Kulturkreis sehr seltenes Thema darstellen. Im Scheitel thront Christus, darunter sieht man die Gerechten in weißen Gewändern, Johannes, wie er das Buch isst, die Jungfrauen, die den Wein ausgießen, Maria, bedroht von einem siebenköpfigen Drachen, die Posaunenbläser vor der stürzenden Stadt, den Antichrist als Menschen raubendes geflügeltes Tier und natürlich die sieben apokalyptischen Reiter.

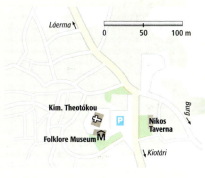

nensauce, *Katsiki avgolemono*, auf der Karte haben.

Lachaniá ▶ O 16

Lachaniá gilt als das ›Künstlerdorf‹ von Rhodos. In die stille Landschaft und die idyllische Abgeschiedenheit flüchtete seit den 1980er-Jahren und später eine kleine Gemeinschaft von Künstler und Aussteigern, die hier Häuser renovierte. Heute gibt es auf Rhodos kein zweites Dorf mit so stil- und geschmackvoll hergerichteten Häusern, die unter Hibiskus und Bougainvillea zu versinken scheinen. Mitten im Dorf, neben der Kirche mit dem typisch rhodischen, durchbrochenen Glockenturm, beschattet eine riesige Platane die Platia; daneben plätschert ein kühler Brunnen.

Essen & Trinken

Am Brunnen – **Taverne Platanos:** Platia, Tel. 2244 046 027, www.lachania platanostaverna.com, Hauptgerichte ab 7 €. Unter der Platane am Kirchplatz gibt es echte rhodische Küche (auch Fisch); auf der Website wird auch eine Dorfunterkunft, das Hotel The Four Elements, verlinkt.

Plimmýri ▶ O 17

Plimmýri ist eigentlich nur der Hafen von Lachaniá, ein kleiner, einsamer Strand bei dem Kirchlein **Zoodóchou Pigís** (›Leben spendender Quell‹, Beiname Marias). Hier lag in der Antike die Stadt Ixion, das Gelände ist aber noch nicht erforscht. Spuren aus dieser Zeit finden sich nur an der interessanten Kirche: Der Bau besteht aus einem Tonnengewölberaum, der von starken Stützmauern eingefasst wird. Vor ihm

liegt ein doppelter Kreuzrippennarthex; dort sind die schönsten antiken Bauteile von Rhodos verarbeitet.

Gleich vorn erkennt man im Boden ein Wasserbecken mit frühchristlichem Kreuz, das auf einer Scheibe steht. Dieses Werkstück ist die Bodenplatte einer Predigtkanzel aus dem 5. Jh.; die gewölbte Seite war der von unten sichtbare Teil, der als Becken des Brunnens dahinter umfunktioniert wurde. Das Gewölbe ruht auf unterschiedlich starken Säulen, die vermutlich sogar noch auf einen antiken Tempel zurückgehen. Die Inschriften in griechischer Sprache wurden allerdings erst in frühchristlicher Zeit eingemeißelt.

Die Säulen in der zweiten Vorhalle stehen auf umgedrehten korinthischen Kapitellen, die Säule in der vorderen rechten Ecke sogar auf zweien – hier wurde ein antiker Tempel nach Kräften ›recycelt‹. Über dem Eingang zur Kirche sind schließlich noch die Brüstungsplatte des Ambos, der erwähnten Kanzel, zu sehen, und außerdem ein Teil der Chorschranke aus der frühchristlichen Basilika. Die Gebäude zum kilometerlangen Strand hin, in denen sich heute eine Taverne etabliert hat, gehören zu einem früheren, 1837 gegründeten Kloster.

Mein Tipp

Rast beim Pápa
In Lachaniá betreibt der Pápa, der Dorfpriester, mit seiner Frau die **Taverne Chrissis Acropol,** die auch Zimmer vermietet (an der Straße nach Mesanagrós, Tel. 2244 046 032). Der Pápa ist aufgeschlossen und unterhält sich gern mit Touristen – hier kann man viel über Rhodos erfahren.

Lachaniá gilt als eines der stilvollsten Dörfer von Rhodos

Essen & Trinken

Fischertaverne – **Plimmíri**: tgl. ab 9 Uhr, Hauptgerichte ab 8 €. Spezialität der Strandtaverne sind Fisch und Oktopus, der oft vor den Tischen zum Trocknen hängt. Die Besitzer betreiben auch Strandduschen und vermieten Sonnenschirme (in der Saison).

Kattaviá und Prasonísi❗ ▶ M 16/17

Über die Ruinen von **Ágios Pávlos**, einst geplant als Mustergut der Italiener, fährt man durch windgepeitschte, steppenhafte Landschaft zum Dorf **Kattaviá**. Dies ist die südlichste Siedlung von Rhodos, wo sich die Straße an der Ostküste und die an der Westküste treffen. In dem noch sehr traditionellen Dorf gibt es einige einfache

Unterkünfte, wo zumeist Prasonísi-Surfer unterkommen. Rund um die zentrale Dorfplatia reihen sich einfache Tavernen mit dörflicher Küche.

Prasonísi

Noch etwa 8 km fährt man zur Halbinsel Prasonísi (Prassoníssi), einem beliebten Revier der Starkwindsurfer – 6 bis 8 Beaufort sind hier normal, dazu kann man zu gleicher Zeit auf der einen Seite mit Offshore-Wind Speed geben, auf der anderen mit auflandigem Wind in 2 bis 3 m hoher Brandung fahren!

Neben zwei Hotels haben sich daher inzwischen drei Surfstationen etabliert. Viele Surfer haben auch die Gelegenheit genutzt, um wild in den Dünen zu campen, wo sich inzwischen der Müll ansammelt. Das ist natürlich verboten, in der Hochsaison wird immer mal wieder polizeilich kontrolliert.

Wanderung zur Prasonísi-Insel ▸ M 17

Einfache Tour, 4 Std. plus Badepausen
Man kann auf den Sand fahren und dort parken. Meistens ist die Sandbrücke zur vorgelagerten Insel intakt, sodass man bis zum südlichsten Punkt von Rhodos fahren oder wandern könnte. Manchmal reißen die Winterstürme aber einen Meereskanal auf – schwimmen ist dort aufgrund der Strömungen sehr gefährlich (im Notfall muss einer am Strand den Schwimmer im Auge behalten, ein anderer das Motorboot der Surfschule alarmieren!). Aber selbst im Hochsommer ist es auf der Sandbank aufgrund des Meltémi-Windes sowieso zu frisch für echte Badefreuden.

Der Weg von Machéria bis zum Steilkap ganz im Süden ist ca. 3 km lang, wer es eiliger hat, fährt besser. Der Ausblick vom Kap ist grandios, bei etwas stärkerem Wind könnte man sogar von einem gewissen ›Titanic-Feeling‹ sprechen. Vor dem Kap zweigen Fußpfade zu zwei Strandbuchten ab (ca. 500 m), wo man windgeschützt baden kann. Die erste Bucht ist größer und bietet auch etwas Strauchschatten.

Vroúlia ▸ M 17

Ein zweites Ziel ist die antike Siedlung Vroúlia westlich vom Strand auf dem Festland. Der kleine Ort aus Lehm-Steinhäusern wurde schon im 6./5. Jh. v. Chr. verlassen und entspricht damit noch der Baustruktur der archaischen Epoche. Man erkennt in Ansätzen noch die gerade den Abhang hochlaufende Stadtmauer, an der sich meerseitig die Häuser aneinander reihten. Weiter westlich lag eine Agora mit einem Turm und

Der beste Surfstrand: Prasonísi liegt zwischen zwei Meeren

Wanderung zur Prasonísi-Insel

Tempelresten. Die Baureste sind allerdings bescheiden, am schönsten ist hier die Aussicht von der Agora-Höhe auf den Prasonísi-Strand.

Übernachten

Surferspot – **Light House:** Prasonísi, Tel. 2244 091 030, www.prasonisilight house.com, DZ/F 44–90 €. Hotel mit Taverne direkt am Strand und fest in der Hand von Surfern. Für Juli und August muss man frühzeitig reservieren.

Essen & Trinken

Unterm Ficus-Baum – **Penelope:** Kattaviá, Tel. 694 479 4342, tgl. ab 9.30 Uhr, Hauptgerichte ab 9,50 €. Die älteste Taverne in Kattaviá, einst das Dorf-Kafenió direkt an der Platia. Man sitzt schön schattig unter einem gewaltigen Ficus-Baum. Allerdings ist die Werbung sehr intensiv und der Service nicht unbedingt herzlich.

Dorfküche – **Eftihia:** Kattaviá, Platia, Tel. 2244 091 060, tgl. ab 9 Uhr. Etwas versteckt und abseits der Zentraltaverne Penelope, aber mit hübscher Aufmachung und guter griechischer Küche von der Mama: griechischer Salat um 5 €, Keftedes um 7,50 €.

Aktiv

Surfen – **Pro Center Chr. Kirschner:** Prasonísi, www.prasonisi.com. Tel. im Sommer: 2244 091 045, im Winter in Österreich: +43 316 31 86 06. Moderne Surfstation, deutschsprachige Leitung, gut ausgestattet. Über die Website werden Unterkünfte vermittelt.

Infos

Busse fahren nur Di, Do 1 x tgl. bis Kattaviá (ab Rhodos-Stadt 14.30, retour 7.15 Uhr). Von dort noch 7 km über Asphalt durch ein Übungsgelände des Militärs (Fotografierverbot!).

Das Bergland

Highlights!

Émbona: Tief im Süden, auf ausgebauter Straße aber gut zu erreichen, liegt das große Bergdorf, das gern als Weinhauptstadt von Rhodos bezeichnet wird. Unterhalb des mächtigen Gipfels des Attavýros kann man in bäuerlichen Tavernen einkehren. S. 234

Monólithos: Die Ritterburg thront in spektakulärer Lage auf einem spitzen Felskegel über einsamen Wäldern und unzugänglicher Küste: Tolles Panorama, tolle Fotomotive. S. 239

Auf Entdeckungstour

Schmetterlinge suchen in Petaloúdes: Das Schmetterlingstal in den Ausläufern des 485 m hohen Psínthos-Massivs ist eines der beliebtesten Ausflugsziele im heißen Sommer: Über plätscherndem Wasser und unter Baumschatten kann man gut die Hitze überstehen. Manchmal sieht man auch die Schmetterlinge ... S. 228

Weinanbau in Émbona: Rund um den Attavýros wird auf fruchtbarer Kalkerde weißer und roter Wein angebaut. In der großen Fabrik von Emery und in kleineren Kellereien kann man ihn verkosten. S. 236

Kultur & Sehenswertes

Ágios Nektários: Die Kapelle im Wald ist ganz im traditionellen byzantinischen Stil ausgemalt. S. 230

Ágios Nikólaos Foundouklí: Das stimmungsvollste Kirchlein von Rhodos beeindruckt durch eine traurige Stiftungslegende. S. 231

Kloster Moní Skiádi: Das kleine Kloster in tiefster Macchia-Wildnis verwahrt eine uralte Marienikone, die auch wundertätig sein soll. S. 245

Zu Fuß unterwegs

Wanderung bei Ágios Nektários: Von der Kapelle führt ein Pfad zu einem schönen Aussichtspunkt. S. 231

Wanderung am Profítis Ilías: Von Sálakos steigt man über einen Eselpfad durch dichten Wald zum Gipfel empor. S. 232

Genießen & Atmosphäre

Tavernen in Maritsá: In dem kleinen Dorf 17 km von Rhodos-Stadt entfernt kann man zahlreiche gute Tavernen in nettem Dorfambiente besuchen. S. 226

Taverne Alonia in Émbona: Urige Taverne mit nettem Service, historischem Bauerngerät an den Wänden und manchmal Livemusik. S. 234

Taverne Ingos in Laérma: Im wohl ursprünglichsten Dorf von Rhodos servieren Heimkehrer aus Stuttgart ursprüngliche Bauernküche. S. 242

Abends & Nachts

Dorfabend in Psínthos: Am großen Dorfplatz von Psínthos kann man in den lebendigen Tavernen einen netten Abend zwischen Familienplausch und tobenden Kindern erleben. S. 226

Bauerndörfer und weiße Klöster

Das Innere von Rhodos ist ländlich, grün und hügelreich – beschauliche Bauerndörfer wechseln ab mit romantischen Kapellen und uralten Klöstern. Die Routenvorschläge vermeiden die schlechten Straßen, erschließen aber alle wichtigen Ziele und hübsche Tavernen; auch Strandtipps werden nicht vergessen.

Rund um Psínthos und Profítis Ilías

Ausgangspunkt ist Rhodos-Stadt. Man fährt zunächst Richtung Ialyssós, wo man das Kloster und die antiken Ausgrabungen von Filérimos besuchen kann (s. S. 151). Anschließend bietet sich das quirlige Dorf Kremastí für eine Kaffeepause an (s. S. 152). Von dort geht es weiter zum Bergdorf Maritsá, durch eine kilometerlange Oleanderallee, die zur Blüte im Juni am schönsten ist.

Maritsá ▶ R 10

Maritsá ist ein relativ wohlhabender Ort mit einigen hübschen Tavernen an der verkehrsberuhigten Dorfstraße, wo im Sommer abends viele Griechen aus Rhodos-Stadt ausgehen. Typisch griechisch ist das Kafenió Koutouki, wo der freundliche Wirt exzellente Omelettes serviert.

Etwas außerhalb liegt das Kirchlein Ágios Nikólaos mit interessanten Fresken (Richtung Psínthos, letzte Dorfstraße nach rechts, hinter einem Bach nach links, meist geöffnet). Die Stifterinschrift datiert die Ausmalung auf 1435.

Essen & Trinken

Edel mit Antiquitäten – **Massasoura:** Maritsa Platia,Tel. 2241 048 109, nur abends geöffnet, Hauptgerichte ab 9 €. Ein echter Geheimtipp, lohnt den Ausflug. Im hochbürgerlich eingerichteten Gastraum und auf der Terrasse wird eine feine griechische Küche kredenzt, beliebt bei Einheimischen.
Traditionell – **Odisseia:** 25 Martiou, Tel. 2241 009 077, auf Facebook, tgl. 11–14.30, ab 18 Uhr, Hauptgerichte ab 8,50 €. Urige Taverne in der ›Fressmeile‹ mit typisch griechischer Grillküche, gute Mezedes, abends mitunter Livemusik.

Psínthos ▶ R 10

Die nächste Station ist Psínthos, ein großes Bauerndorf mit mehreren ur-

Infobox

Internet
www.rhodos-travel.com: Tipps zu vielen Inlandsdörfern und Ausflugszielen.

Anreise und Weiterkommen
Die Straßen im Inland der Insel Rhodos sind inzwischen fast alle asphaltiert und damit viel einfacher zu befahren als noch vor 10 Jahren. Allerdings sind sie oft noch schmal und vor allem kurvig, sodass ein wenig Vorsicht anzuraten ist. Die Durchschnittsgeschwindigkeit liegt immer deutlich unter 50 km/h, also bei Ausflügen genügend Zeit einkalkulieren!

Dorftavernen reihen sich um den uralten Olivenbaum am Dorfplatz von Psínthos

sprünglichen Tavernen. Die Platia mit dem riesigen Ölbaum ist eine dörfliche Idylle: Die Männer fahren mit Traktoren ins Kafenió, während die Soldaten der nahen Kaserne sich hier abends zum Gyros-Essen treffen. Ein kleiner Spaziergang führt ins Tal der Fasouli-Quelle, ein grünes Paradies an der Straße Richtung Archípoli mit der Taverne »Fasouli Spring«.

Essen & Trinken

Ein deutscher Grieche – **To Smaragdi:** Platia, Tel. 2241 050 222, www.psin thos.eu, tgl. ab 10 Uhr, Hauptgerichte ab 8,50 €. Wirt Giorgios Markou ist in Deutschland aufgewachsen und führt seine Taverne überaus aufmerksam und freundlich – hier kommt man rasch in Kontakt. Auf der Karte stehen dörfliche Spezialitäten, z. B. ein echt-rhodisches Ziegen-Stifado aus dem Backofen, dazu wird selbstgebackenes Brot gereicht.

Dorftaverne – **To Stolidi:** Platia, Tel. 2241 050 009. Michali Tsoullos führt seine Dorftaverne in langer Familientradition. Neben guten Grillgerichten und Klassikern wie Moussaka gibt es auch leckere Tyrokeftedes, gebackene Käsebällchen.

Petaloúdes (Schmetterlingstal) ▶ Q 10

Richtung Westküste kommt man von Psínthos aus nach Petaloúdes, ins Schmetterlingstal (s. S. 228).

Auf Entdeckungstour: Schmetterlinge suchen – das Petaloúdes-Tal

Das Petaloúdes-Tal in den dicht bewaldeten Psínthos-Bergen ist seit Jahrzehnten eines der beliebtesten Ausflugsziele von Rhodos. Man steigt über Terrassen, Treppen und Brücken durch das Tal hinauf und kommt schließlich zu einem Klostergebäude mit schöner Aussicht. Zum Abschluss kann man eine Straußenfarm besuchen.

Reisekarte: ▶ Q 10
Öffnungszeiten: Juni bis Sept. 8–19 Uhr, sonst lediglich bis zum jeweiligen Sonnenuntergang, Eintritt 5 €.
Achtung: Um die Falter zu schützen, ist jegliches Aufschrecken verboten und kann mit Bußgeld bestraft werden.
Abstecher: Außergewöhnlich gute Tavernen gibt es nicht weit entfernt im Dorf Psínthos, s. S. 226.

Nur im **Petaloúdes-Tal** 1 wachsen auf Rhodos die aus der subtropischen Türkei und Syrien stammenden Orientalischen Amberbäume *(Liquidambar orientalis).* Die Bäume haben eine graue, längsgefurchte Rinde und fünflappige Blätter, die an Ahorn erinnern. Sie sondern ein aromatisches Harz ab, das entfernt an Vanille erinnert. Dieses Styrax-Harz findet seit Alters her in der orthodoxen Kirche als ein Bestandteil von Weihrauch Verwendung, dient heute aber auch zur Parfümierung von Tabak (v. a. Shisha-Tabaken) und in der Aromatherapie.

Die Schmetterlinge

Das Harz lockt auch eine besondere Art von Schmetterlingen in großen Schwärmen an. Der *Callimorpha quadripunctaria*, der sogenannte Russische Bär, besitzt zwei verschiedenfarbige Flügelpaare. In geschlossenem Ruhestand ist nur die unauffällige braun-beige Mimikry der Oberflügel zu sehen, mit der sich die Tiere kaum vom Untergrund der Baumrinde abheben. Öffnen sich jedoch die Flügel, erscheint ein hellrotes Paar Unterflügel, das mit vier dunklen Punkten besetzt ist.

Dies macht auch den eigentlichen ›Reiz‹ der Schmetterlinge aus. Fliegen plötzlich sehr viele Tiere auf, so scheint sich eine rosafarbene Wolke zu erheben. Schon im Merian-Heft über Rhodos aus dem Jahr 1967 wird von einem Wärter berichtet, der mit einem einzigen schrillen Pfiff die Schwärme aufschrecken konnte. Doch die ständige Störung ermattete die Tiere und hielt sie von der Paarung ab, sodass der Bestand immer weiter zurückging. Deshalb wurde inzwischen jede Störung nach den EU-Regeln verboten.

Schmetterlingszeit ist bei der Paarung im Juli und August, dann bevölkern die Falter zu Tausenden das enge, feuchte Tal, sitzen in dicken Polstern auf den Baumstämmen und Blättern. In anderen Monaten wird man eher enttäuscht von dem Ausflug zurückkehren. ›Schmetterlinge Fehlanzeige‹, lautet die Meldung dann meist kurz und bündig.

Wanderung zum Kloster

Auch ohne ›Schmetterlingswolken‹ ist das Tal ein schönes Ausflugsziel. Je höher man von der **Taverne Petaloúdes**

[1] wandert, desto enger wird es, Holzbrücken und Stege führen entlang von kleinen Wasserfällen aufwärts. Auf halber Strecke kreuzt die Asphaltstraße; dort gibt es zahlreiche Souvenirstände und Snackbuden. Schließlich erreicht man über eine Steintreppe das ehemalige Kloster **Moní Panagía Kalópetra** [2], was ›schöner Fels‹ bedeutet: Und das zu Recht, denn man überblickt

weithin die grünen Landschaften des rhodischen Nordens – an klaren Tagen reicht das Auge bis hin zum mächtig-grauen Gipfel des Attavýros im Süden! Im kleinen Kafenío im Klosterhof kann man unter einem Orangenbaum rasten, die alte, ausgemalte Klosterkirche ist zur Besichtigung geöffnet.

Die Straußenfarm

Bei Epáno Kalamónas, ca. 1,8 km vom Schmetterlingstal Richtung Westküste, liegt die **Rhodes Ostrich Farm** [3]. Dort kann man in verschiedenen Freigehegen nicht nur Straußenvögel beobachten, sondern auch Ziegen, Lamas, Kamele und Känguruhs (tgl. 9–19.30 Uhr, Tel. 2241 076 128, www.rhodesostrichfarm.gr). Im Shop werden Federn und Eierschalen verkauft, in der Snack-Bar gibt es Straußen-Burger und Omelettes zu verkosten.

Archípoli ▸ Q 11

Wieder zurück über Psínthos geht es nach Archípoli. Auf halber Strecke liegt das Kirchlein Ágia Triás, erbaut wohl auf den Fundamenten eines antiken Tempels, aus dem noch der girlandengeschmückte Altarblock stammt.

In Archípoli steht der eigenartigste Glockenturm von Rhodos: Die wie üblich vielfach durchbrochene, in vier Stockwerken nach oben verjüngte Form erhält durch die Farbgebung von Rosa bis Rostrot eine verspielt kitschige Note. Schon an der Straße sind die blau gestrichenen Bienenkästen aufgefallen – und tatsächlich ist Archípoli ein traditionelles Imkerdorf. Verkauft wird der sehr aromatische Thymian- und Pinienhonig an der Nektários-Kirche einige Kilometer Richtung Kolýmbia (s. S. 181), aber auch im kleinen Supermarkt gegenüber der Dorfkirche kann man ihn bekommen.

Ágios Nektários ▸ Q 11

Die Kirche zwischen Archípoli und Épta Pigés (s. S. 184) ist dem hl. Nektários geweiht, dem jüngsten Heiligen der orthodoxen Kirche, der erst in den 1920er-Jahren kanonisiert wurde. Der Bau ist groß und modern mit einer für westliche Augen etwas kitschigen Ausmalung, der aber nur die Patina der Zeit fehlt – bis zum heutigen Tag folgt die orthodoxe Kirchenmalerei den überlieferten Gestaltungsregeln, die auf die byzantinische

Die neue Kirche Ágios Nektários, ausgemalt im byzantinischen Stil

Zeit zurückgehen (s. S. 68). Für den orthodoxen Christen ist das Bild (ikóna) die mystische Vergegenwärtigung des göttlichen Wirkens in der Welt jenseits aller Vernunft: Jedes Detail ist Symbol (z. B. Marias Kopftuch als Zeichen ihrer Jungfräulichkeit) – Perspektive und Maßstabsgerechtigkeit erscheinen hingegen überflüssig. Jede Szene hat ihre Darstellungsregeln, die kein Maler verletzen würde – ewige Wahrheiten sind unumstößlich.

Vor der riesigen, unten ausgehöhlten Platane am Eingang wird Bauernhonig verkauft, eine Taverne serviert Snacks. Auf der rechten Seite von der Kirche beginnt ein markierter Aufstiegspfad zu einem **Aussichtspunkt** in wilder Felslandschaft, von wo aus man weit über die grünen Hügel von Rhodos blicken kann.

Eleoúsa ▶ Q 11

Weiter geht es nach Eleoúsa, ein kleines Bergdörfchen auf einer bewaldeten Bergkuppe, das ein ganz besonderes Kuriosum besitzt. Mitten im Wald über der Streusiedlung öffnet sich eine riesige ›Piazza‹ mit zwei langen Arkadengängen an den Längsseiten. Die Anlage erinnert nicht von ungefähr an oberitalienische Plätze, denn tatsächlich wurde sie von den Italienern angelegt. Der Palast gegenüber der gut gepflegten Kirche mit der imposanten Freitreppe war einst die Sommerresidenz des Gouverneurs und verfällt heute leider ebenso wie die Gebäude an den Längsseiten des Platzes.

Essen & Trinken

Dorftavernen – Unterhalb der Piazza, an der Straße Richtung Dimiliá, lädt die **Taverne Oasi** der Wirtin Sta-

matia (Tel. 2246 098 279) zur Einkehr ein. Hausgemachte Bauernküche und Wein vom Fass serviert aber auch die **Taverna Mitsos** im Zentrum von Dimiliá (2 km, Tel. 2246 098 210, auf Facebook).

Ágios Nikólaos Foundouklí ▶ P 11

Auf der Straße zum Profítis Ilías passiert man das Kirchlein Ágios Nikólaos Foundouklí (›Hl. Nikolaus bei den Haselnüssen‹). Obwohl die Fresken durch moderne Übermalung viel an Qualität eingebüßt haben, sind sie doch ein gutes Beispiel für den Erzählcharakter der spätbyzantinischen Kunst. Die Kirche wurde Anfang des 15. Jh. von einem griechischen Verwaltungsbeamten aus Anlass des Pesttodes seiner Kinder gestiftet. Neben dem üblichen Bildprogramm zeigt die Ausmalung zahlreiche darauf bezogene Anspielungen.

Es ist eine einfache Vierkonchenanlage, also ein Quadrat mit vier angesetzten Apsiden, deren östliche, die Altarapsis, durch ein Tonnengewölbe verlängert wurde. Die schönsten Szenen entdeckt man in der Westkonche gegenüber: Rechter Hand sind dargestellt der griechische Beamte, inschriftlich nur mit seinem Titel Logothetos ausgewiesen, und seine Frau, die zusammen ein Modell der Kirche halten. Gegenüber sieht man ihre Kinder, für die der Bau gestiftet wurde. Über ihnen thront segnend der jugendliche Christus, inschriftlich sind sogar noch die Namen der verstorbenen Kinder erhalten: Geórgios hieß der kleine Junge, Maria das Mädchen. Dargestellt wurden die Kinder zwischen Blumenranken und Vögeln, die das Paradies symbolisieren. Ein Kindermotiv wird auch in der Südkonche gegenüber dem Eingang aufgegriffen: Über den stehenden Heiligenfiguren erkennt man die Taufe Christi mit spielenden Kindern.

Profítis Ilías ► O/P 11

Weiter geradeaus fahrend überquert man den Profítis-Ilías-Berg, dessen 798 m hoher Gipfel nur zu Fuß zu ersteigen, teils aber als Militärzone gesperrt ist (ab Sálakos, s. unten, führt ein Waldweg hinauf). Mitten im Wald, am Abzeig der Piste zur Gipfelregion, stehen zwei außergewöhliche Bauten im schweizerischen Chalet-Stil, die noch in italienischer Zeit entstanden. Der damalige Albergo del Cervo stand lange Zeit verlassen, wurde aber ab 2009 renoviert – lohnt zumindest für eine Pause im Cafe.

Übernachten

Berghotel – **Hotel Elafos:** Tel. 2246 022 402, www.elafoshotel.gr, DZ/F ab 90 €. Das wunderbar altmodische, aber mit Stil renovierte Hotel soll wieder ein Treffpunkt für Politiker und Intellektuelle werden, wie es einst einmal war. Umgeben von stillen Wäldern, findet man hier Ruhe und viel Gelegenheit für Spaziergange.

Sálakos ► P 11

An der Nordflanke des Prof. Ilías-Massivs liegt Sálakos, ein kleines, traditionelles Bergdorf mit schönen Tavernen an der Dorf-Platia, deren hübscher Brunnen von den Italienern angelegt wurde. Die Einwohner leben von der Landwirtschaft, vom Weinanbau (für die CAIR, s. S. 238) und von der Wasserabfüllung. Etwas außerhalb (an der Straße nach Dimiliá) liegt die Ma-

karouniá-Höhle mit der mythischen Quelle der Nymphe (gemeint ist Rode, s. S. 58), die in Flaschen abgefüllt wird und in vielen Supermärkten der Insel zu finden ist.

Für Wanderer und auch Mountainbiker ist Sálakos ein gutes Standquartier. An der Straße Richtung Émbona ist ein **Wanderpfad** zum Aufstieg auf den Profítis Ilías-Berg in einer scharfen Rechtskurve ausgeschildert, ringsum den Ort dehnen sich einsame Wälder.

Übernachten

Dorfhotel – **Nymph:** Tel. 2246 022 206, www.nymph.gr, DZ/F ab 40 €. Eher einfache, aber stilvolle Zimmer mit TV und AC in einer Villa aus der Italienerzeit mit hübschem Garten, den riesige Palmen beschatten.

Essen & Trinken

An der Platia – **Ta Kitala:** Platia, Tel. 2246 022 111, tgl. ab 10 Uhr. Die Taverne mit Tischen auf dem Dorfplatz bietet preiswerte griechische Klassiker nach Traditionsrezepten, auch Fisch und Grillgerichte.

Am Brunnen – **Sintrivani:** Epar. Od. Kalavardas-Embona, Tel. 2246 022 396, tgl. ab 10 Uhr. Nett geführte Dorftaverne mit Tischen am Platia-Brunnen. Die Wirtin Meni verkauft auch selbstgemachte Marmeladen und Olivenöl.

Apóllona ► P 11

An der Südflanke des Massivs überblickt das Dorf Apóllona das weite menschenleere Hügelland östlich des Attávyros. Es ist ein großes, traditionelles Dorf mit blumengeschmückten Häusern. Forscher vermuten, dass der Name von einem **Apollon-Heiligtum** abgeleitet ist; ein solches wurde

Auf der kleinen Platia von Sálakos schlagen die Uhren noch nach alter Zeit

aber noch nicht gefunden. In einem kleinen **Folklore-Museum** kann man rund um die alte Ölpresse des Dorfs rhodische Keramik, Trachten und bäuerliche Gebrauchsgegenstände, u. a. zur Produktion von Olivenöl, besichtigen (in der Saison Mo–Sa 9.30–12.30, 15–18 Uhr). Nahebei verkaufen die Tavernen Produkte wie Öl, Soúma, Stickereien oder Süßigkeiten.

Essen & Trinken

Dorftavernen – Für einen Tavernenstop empfehlenswert sind die Taverne **Yiarenis** (Tel. 2246 091 323) am Ortsrand Richtung Èmbona mit Weinlaubterrasse und das museal dekorierte **I Paraga** (Tel. 2246 091 247) am Dorfrand Richtung Eleoússa in einem alten Offizierscasino der Italiener.

Platánia ▸ P/Q 11

Über Platánia, mit weißen Häusern am steilen Hang gelegen, fährt man zurück nach Archípoli und Richtung Kolýmbia. Das Dorf zählt zu den kleineren auf Rhodos, besitzt aber eine große Dorfkirche und auch den typischen, durchbrochenen Glockenturm – auch wenn der ein wenig improvisiert wirkt.

Essen & Trinken

Mit Panorama – **Perama:** Epar. Od. Pastidas-Mesanagrou, Tel. 2246 098 404, tgl. ab 10 Uhr. In großem Neubau am Dorfrand an der Hauptstraße gibt's rhodische Bauernküche nach Familienrezepten; schönes Panorama von der Terrasse.

Rund um den Attávyros

Diese Tour lässt sich als Fortsetzung ab Apóllona machen oder schließt auch an eine Westküstenfahrt bis Kritiniá (s. S. 159) an. Von der südlichen Ostküste kann man über Laérma zum Attávyros fahren.

Émbona ! ▶ N/O 12

Karte s. Entdeckungstour S. 237
Das große Bergdorf mit ca. 1500 Einwohnern liegt auf 650 m Höhe unterhalb des Attávyros-Massivs und gilt als ›Weinhauptstadt‹ von Rhodos (s. Entdeckungstour S. 236). Émbona wird viel von organisierten Ausflugsgesellschaften angefahren und ist tagsüber recht überlaufen; erst abends kehrt das traditionelle Leben wieder zurück. Entlang der Hauptstraße bieten viele Shops Souvenirs wie bestickte Tischdecken, rhodische Keramik, Olivenöl, Soúma-Schnaps, und auch im Dorf hergestellte Strickwaren und Lumpenteppiche an.

Von der unteren Platia, wo die Busse vor Souvenirgeschäften und überdimensionierten ›Tavernen‹ parken, geht man nur wenige Minuten in das noch dörfliche Ortszentrum. Dessen Sackgassen erschließen eine traditionelle Architektur kleiner Kubenhäuschen mit Schornsteinen, die von ausrangierten Tontöpfen abgedeckt sind. Viele Häuser haben kleine Anbauten, die durch rußgeschwärzte Eisenklappen als Backofen erkennbar sind. Auch bei der großen Hauptkirche im alten Ortskern finden sich Restaurants, die aber weniger überlaufen sind.

Wenn man auf der Hauptstraße weiter Richtung Laérma fährt, kommt man zur großen Weinkellerei Emery (s. Entdeckungstour S. 236), aber auch kleinere Weinproduzenten haben ihren Keller zur Verkostung geöffnet.

Übernachten

Mit Pool – **Hotel Ataviros** **1** : am Ortsrand Richtung Siána, Tel. 2246 041 235, www.atavroshotel.gr, DZ/F 35 € NS, 40 € (HS). Gutgeführtes, ordentliches Hotel mit Pool, mit Restaurant. Aber auch viele Tavernen vermieten Zimmer.

Essen & Trinken

Tradition – **Taverne Alonia** **1** : Epar. Od. Kalavardas-Embona, Tel. 2246 041 317, tgl. ab 10.30 Uhr. Hauptgerichte um 9 €. Im mit Antquitäten vollgehängten Gastraum und auf der großen Terrasse unter Weinlaub werden traditionelle Vorspeisen und und Grillgerichte aufgetischt. Hier treffen sich die Einheimischen.

Attávyros ▶ N/O 12

Der völlig kahle, mächtige Gipfel des Óros Attávyros, des höchsten Gipfels von Rhodos (1215 m), ist für Wanderer eine Herausforderung. Es gibt auch

Heilige Siesta
Auch den Griechen ist die Mittagsruhe heilig. Zwischen 13 und 17 Uhr wirken viele Dörfer wie ausgestorben, nur wenige Lokale haben sich auf Touristen eingestellt. Daher sollte man sehr früh losfahren, wenn man mal einen Menschen sehen oder Kirchen besichtigen will. Nach 13 Uhr fährt man besser an den Strand – erst am Abend beleben sich die Dörfer wieder.

noch den alten Bergpfad (Start an der Straße nach Siána, Wegbeschreibung auf www.rhodos-travel.com). Unbedingt muss man ausreichend Wasser mitnehmen und beim ersten Sonnenstrahl losgehen! Da man auf jeden Fall im Dorf übernachten muss, sollte man mit seinem Wirt eine Rückmeldezeit vereinbaren – falls etwas schiefgeht.

Es führt auch eine Straße auf den Gipfel, die allerdings manchmal durch die Armee gesperrt wird. Oben hat man eine tolle Aussicht über ganz Rhodos, sieht auch die umliegenden Inseln im Blau verschwimmen. Auf einem Sattel unterhalb des Gipfels sind die Trümmer eines antiken Tempels zu erkunden, der Göttervater Zeus geweiht war.

Den Attávyros kann man auch auf einer Asphaltstraße einmal ganz umrunden. An der Straße mit schönen Aussichtspunkten lohnt ein Stopp beim Kloster Moní Artamíti, das eine kuriose geschnitzte Ikonostase von 1870 besitzt: Im obersten Register ist

sie mit barbusigen ›Engeln‹ und einem Drachen versehen.

Ágios Isídóros ▶ N 13

Das Weinbauerndorf Ágios Isidóros an der Ostseite des Attávyros, das die grünen Hügel des Binnenlandes überblickt, ist noch sehr viel beschaulicher als das überlaufene Émbona. Weiße Häuschen staffeln sich am Hang, stets windumfächelt wegen der Fallwinde vom Bergmassiv. Charakteristisch sind die Vögelköpfen gleichenden Kaminhauben, die verhindern, dass der Wind den Qualm zurück in den Kamin drückt.

Essen & Trinken

Dorftaverne – Bei der Kirche verkauft die **Taverne Ataviros** Honig, Wein oder Soúma aus dem Dorf und serviert z. B. knusprige Souvlaki vom Holzkohlengrill oder auch ▷ S. 239

Bei der Weinlese am Attavýros-Massiv bei Émbona

Auf Entdeckungstour: Retsina und mehr – Weinanbau auf Rhodos

An den sonnenverwöhnten Kalkhängen am Fuß des Attávyros-Massivs ziehen sich ausgedehnte Weinflächen. Schon seit der Antike ist der Weinanbau ein bedeutender Wirtschaftszweig. Bei einer Rundfahrt um den höchsten Berg der Insel finden sich in Dörfern wie Ágios Isidóros und Émbona kleine und große Kellerelen, wo man den Rebensaft verkosten kann.

Reisekarte: ▶ N/O 11
Planung: Emery, Tel. 2246 041 208, Mo–Sa 9.30–15.30, kleinere Dorfkellereien bis gegen 18 Uhr.
Einkehr: Taverne Alonia **1** S. 234
Ausflüge: In allen Hotels kann man organisierte Busausflüge buchen, ist mit der Gruppe dann aber sehr festgelegt und hat kaum Gelegenheit zu eigenen Entdeckungen. Besser mietet man zu zweit einen Kleinwagen, das ist preislich ungefähr vergleichbar.

Weine griechischer Provenienz, in den 1960er- und 1970er-Jahren noch begehrt wegen ihrer sehr hohen Natursüße, haben heute keinen guten Ruf mehr. Doch kann man aus griechischen Trauben durchaus hervorragende trockene Weine erzeugen, zumal auf Rhodos. Schließlich ist die Insel bereits seit der Antike eines der bedeutendsten Weinanbaugebiete Griechenlands. Hohe Sonneneinstrahlung auf kalkreichen Berghängen, ausreichend Regenfälle im Winter und kühlende Winde im Sommer sorgen hier für ein einzigartiges Mikroklima.

In der Weinhauptstadt

Wein wird auch am Profítis Ilías-Massiv bei Sálakos und bei Kritiniá produziert, die ›Weinhauptstadt‹ von Rhodos ist aber das kleine Bergdorf Émbona am Nordhang des Attávyros-Massivs. Dort produziert seit 1966 die in Familienbesitz befindliche **Kellerei Emery**  Wein, seit den 1970er-Jahren innerhalb des Prädikats VQPRD (Vins de qualité produits dans des régions déterminées). Das bedeutet konkret, dass innerhalb eines definierten Anbaugebiets nicht mehr als zehn Tonnen Trauben pro Hektar produziert werden dürfen und dass die Weine nach dem Anbaugebiet heißen sollen. Daher musste ein griechischer Hersteller seine Marke mit dem Fantasienamen Líndos wieder vom Markt nehmen.

Das Unternehmen Emery, 1923 noch in Rhodos-Stadt von der Familie Triantafillou gegründet, investierte in den 1990ern nicht nur in moderne Pressen und Stahltanks, sondern kreierte auch eine französisierende Produktlinie, die zwar die rhodischen Trauben nutzt, die es aber mit der EU-Konkurrenz durchaus aufnehmen kann. Die beiden wesentlichen Rebsorten auf Rhodos sind der Athiri für Weißwein, für Rotwein der Mandiliara, der auf Rhodos Amorgiano genannt wird. Der Athiri ist eine hellgrüne Traube mit fruchtigen, spritzig-leichten Aromen, der auch auf anderen Ägäis-Inseln kultiviert wird. Amorgiano überzeugt durch eine warme rote Farbe und lebhafte Aromen bei geringem Tanningehalt.

Die Erfolge bei den Touristen sorgten für guten Absatz, sodass sich Emery auch an die Herstellung eines sehr akzeptablen Sekts, des »Grand Prix Brut« wagte. Die Top-Weine sind »Villaré Blanc de Blanc«, ein trockener Weißer (gut zu Fisch und Hummer), der »Zacosta«, ein trockener Roter (zu Steak, Wild, Käse) und der »Athiri Vounoplagias«, ein fruchtiger Weißer (zu Geflügel, Meeresfrüchten, Desserts). All diese Tropfen kann man in der Fabrik verkosten und natürlich auch kaufen.

Kleinkellereien in Émbona

Fast 90 % der rhodischen, durchgehend von Kleinbauern angebauten Erträge gehen an die zwei großen Weinhersteller, neben Emery das noch von den Italienern gegründete Unternehmen CAIR bei Rhodos-Stadt. In Émbona gibt es aber noch zwei kleine Privatkellereien, die auch noch nach den traditionellen Regeln produzieren. Sie stellen daher auch noch einen natursüßen Wein (weiß ebenso wie rot) und auch den Tresterschnaps »Soúma« (s. S. 31) her: Die **Kellerei Alexandris** **2** (Tel. 2246 041 349) liegt an der Straße von Emery ins Dorf, die **Kellerei Kounaki** **3** (Tel. 2246 041 440) im Dorf (mit Shop an der Hauptstraße), die **Kellerei Merkouris** **4** an der Straße nach Siána (Tel. 2246 041

304), alle haben in der Saison tgl. 10–17 Uhr geöffnet.

Retsina aus Rhodos

Retsina, den Schankwein Griechenlands par excellence, stellt man in Émbona nicht her, wohl aber bei der **Kellerei CAIR** in Rhodos-Stadt an der Líndos-Straße (www.cair.gr). Retsina ist ein einfacher Weißwein – auf Rhodos gekeltert aus der Athiri-Traube –, dem das Harz der Aleppo-Kiefer zugegeben wird, die auf Rhodos in allen Höhenlagen wächst.

Was in der Antike als produktionstechnische Notwendigkeit zur Abdichtung der Weinschläuche begann, wurde dann ein geschmacklicher Selbstläufer, zu dem sich allerdings noch ein jeder den Zugang ›antrinken‹ muss. Heute wird das Harz während des Gärens in Stückchen zugegeben, durch den entstehenden Alkohol löst es sich langsam auf. Früher lag der Harzgehalt deutlich höher bei bis zu 3 %, jetzt begrenzt ihn eine EU-Richtlinie auf 0,15 bis höchstens 1 %.

Der frisch-herbe Retsina von CAIR in den typischen Halbliterflaschen mit gelbem Etikett hat in den den Tavernen auf Rhodos eine Monopolstellung, aber auch sonst kann man sich einige Namen dieser Firma merken: Der beste Weiße ist der »Rodos 2400« aus der Athiri-Rebe, dessen feines Aroma gut zu Meeresfrüchten passt. Der »Rouvinio« ist ein trockener Rosé mit Pfirsichduft, gekeltert aus Athiri und Moschato Trani, den noch die Italiener aus Apulien einführten. Der »Archontiko« kommt als trockener Roter aus der Amorgiano-Traube gemischt mit Grenache, er begleitet gern Gerichte mit intensivem Eigengeschmack. Nicht zu vergessen: der »Rosé Réserve 10 Ans Brut«, ein ausgezeichneter Sekt nach traditioneller Champagner-Methode.

Süß oder trocken, rot oder weiß – hier findet sich für jeden ein guter Tropfen

traditionelle Moussaka (keine Küche zwischen 14–18 Uhr). Schöner noch, mit viel Antiksachen, ist die Taverne **Alotria** etwas weiter an der Straße.

Glyfáda ▶ M 12

Von der Straße zwischen Émbona und Siána führt ein kurviges Aphaltsträßchen hinunter in die Bucht von Glyfáda. Der Abstecher lohnt eigentlich nur, wenn man in den beiden Fischrestaurants, einem Geheimtipp der Rhodier, essen will. Der Strand ist ganz einsam, abends kann man hier schöne Sonnenuntergänge erleben. Wer allerdings baden möchte, muss sich auf naturbelassene Anschwemmungen dicker Seegraspolster einstellen; auch ist der Wind mitunter sehr stark.

Siána ▶ N 13

Der kleine Ort am Hang des Akramítis überblickt die Ebene von Apolakkiá bis zu den langen Stränden der südlichen Westküste. Zentrum des Straßendorfs entlang der Hauptstraße ist der geräumige Kirchplatz. Die große Kirche Ágios Pandelímonos (s. S. 69) ist im byzantinischen Stil ausgemalt und hat einen durchbrochenen Glockenturm, wie er typisch für Rhodos ist. Die Uhr steht immer auf 9.35 Uhr: Sie ist nur aufgemalt.

Essen & Trinken

Familientradition – **Ta Elafia:** Am Kirchplatz, Tel. 2246 061 234, tgl. ab 10 Uhr, Vorspeisen um 4,50 €, Hauptgerichte um 9 €. In seiner hübschen Taverne serviert Lakis Mastrosavvas dörfliche Tradtionsküche und verkauft seinen selbstproduzierten Honig und Soúma-Schnaps.

Einkaufen

Souvenirs – An der Hauptstraße bieten zahlreiche Läden **Web- und Stickwaren** an (meist aber keine handgemachten). Auch ländliche Produkte wie **Olivenöl** oder **Honig** (Pinie, Thymian) verkauft sowie **Soúma**, ein klarer Tresterschnaps wie z. B. Grappa.

Monólithos‼ ▶ M 13

Dem Weiler mit seinen locker verstreuten Häusern fehlt ein echtes Zentrum. Er ist noch sehr traditionell geblieben , profitiert aber schon von den Ausflüglern zur Ritterburg.

Etwa 4 km außerhalb des Ortes ragt das eindrucksvolle **Kástello Monólithos** über der Küste empor (s. Lieblingsort S. 241). Vom Parkplatz führt ein Treppenweg zur Anhöhe hinauf. Hier stand schon seit byzantinischer Zeit ein Kastell, das in der Johanniterzeit noch einmal verstärkt wurde (1476). Man erkennt noch das alte byzantinische Mauerwerk mit roten Ziegeln dazwischen, vor das die Johanniter eine massivere Ummantelung gelegt haben. Auf der Felsspitze steht heute noch das kleine Kirchlein Ágios Pandélimon.

Essen & Trinken

Taverne mit Zimmern – **Christos Corner:** an der Hauptkreuzung, Tel. 2246 061 310. Man serviert Fisch- und Grillgerichte sowie schmackhafte Klassiker und verkauft selbstgebrannten Soúma-Tresterschnaps. Auch einfache Zimmer kann man mieten.

Kap Foúrni ▶ M 14

Am Kap Foúrni unterhalb von Monólithos liegen zwei ganz einsame Bade-

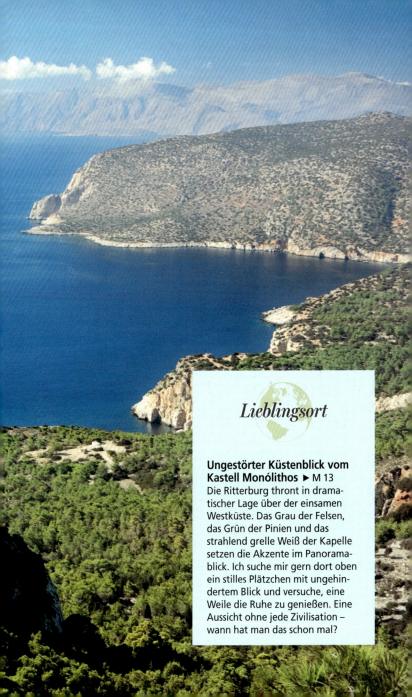

Lieblingsort

Ungestörter Küstenblick vom Kastell Monólithos ▶ M 13
Die Ritterburg thront in dramatischer Lage über der einsamen Westküste. Das Grau der Felsen, das Grün der Pinien und das strahlend grelle Weiß der Kapelle setzen die Akzente im Panoramablick. Ich suche mir gern dort oben ein stilles Plätzchen mit ungehindertem Blick und versuche, eine Weile die Ruhe zu genießen. Eine Aussicht ohne jede Zivilisation – wann hat man das schon mal?

buchten mit Kieselstrand, wo es aber oft große Seegrasanschwemmungen gibt. Man kann Liegestühle mit Schirm beim Wirt der Strandkantine (einfache Snacks) mieten, im Sommer kommen einige Leute zum Baden dorthin, da immer ein kühler Wind geht.

Interessant ist auch die Landzunge selbst, wo spätantike und frühchristliche Gräber sowie Felskapellen erhalten geblieben sind. An den Felswänden sieht man Kreuze und andere Symbole der ersten Christen.

Der Süden von Rhodos

Obwohl man Rhodos auf Asphaltstraßen an einem Tag umrunden kann, ist eine Inlandstour rund um die **Koukouliári-Hügel** immer noch ein Abenteuer. Startpunkt ist Lárdos an der Ostküste, und wer von der Westküste kommt, kann in Apolakkiá ›einsteigen‹.

Láerma ▸ O/P 13

Von Lárdos geht es auf Asphalt in das noch bäuerliche Dorf Láerma, das einsam in der Inselmitte von Rhodos liegt. Das Dorf war beim großen Waldbrand 2008 fast eingekesselt und stand kurz vor der vollständigen Evakuierung. So ist die Umgebung noch bis heute durch Waldschäden geprägt. Etwas oberhalb der Straße nach Moní Thárri liegt das Dorfzentrum mit einer Schule in der schönen Architektur der Italienerzeit. Zwei Tavernen lohnen eine Rast hier.

Essen & Trinken

Dorftavernen – Im Dorf an der Lárdos-Straße liegt das **Grill House Bella Vista** (Tel. 2244 061 071), wo man gute Grillgerichte zum selbstgebrannten Soúma bekommt. Der Wirt der **Ingos Taverna** (Tel. 2244 061 450) an der Straße zum Kloster hat lange bei Stuttgart gelebt, spricht gut Deutsch und serviert auch vielerlei Mezedes (z. B. sehr leckere Pitarousia, gebackene Zucchini-Fladen) – auf Vorbestellung kocht die Wirtin zudem auch Schmorgerichte wie Kleftiko oder Stifado.

Aktiv

Reiten und Wandern – **Elpida Ranch:** Moní Thárri Road (im Dorf nach dem Weg fragen), Tel. 694 818 2977, www. elpidaranch.eu. Die Ranch von Augustinus und Elpida (die beiden sprechen auch Deutsch) hat 12 Pferde und einen Esel und bietet z. B. 2-stündige Trailritte zum Kloster, aber auch GPS-Wander-Trails (GPS-Geräte verfügbar).

Moní Thárri ▸ O 13

Das Kloster Moní Thárri in den Wäldern südlich von Láerma war jahrelang verlassen, ist seit Anfang der 1990er-Jahre aber wieder bewohnt. Initiator dieser Wiederbelebung ist wie bei Moní Ipsenís (s. S. 214) der Abt Amfilóchios, der mit etwas mehr als einem Dutzend Mönchen Kindergruppen aus den orthodoxen Staaten Südosteuropas betreut und eine Radiostation betreibt, die sich gegen die ›Amerikanisierung‹ von Rhodos wendet.

Die Gründung des Klosters soll auf eine byzantinische Prinzessin zurückgehen, die sich mit einer unheilbaren Krankheit nach Rhodos zurückgezogen hatte. Im Traum erschien ihr der Erzengel Michael und sprach »Hab Mut«, griechisch tharsí, »Du wirst gesund«. Daraufhin stiftete sie Kirche und Kloster, das daher auch den Na-

Moní Thárri soll von einer byzantinischen Prinzessin gegründet worden sein

men erhielt. Dies ist jedenfalls Lesart der jetzigen Mönchsgemeinschaft, die das ›Tharsi!‹ des Erzengels als Bekräftigung versteht, sich den modernen Entwicklungen entgegenzustemmen.

Die jetzigen Gebäude entstanden im 14. Jh., die Kirche wurde aber um 1600 noch einmal vergrößert. Rund um den Hof verlaufen Trakte mit den Schlafsälen für Pilger, an einer Ecke steht ein kaum mannshoher Glockenturm. Das Bildprogramm zeigt Fresken im postbyzantinischen Stil (17. Jh.).

Im Tonnengewölbe erkennt man Szenen aus dem Neuen Testament. In der Kuppel ist Christus als Pantokrator, als Weltenherrscher mit der segnenden Rechten, dargestellt, darunter stehen die Propheten und die Evangelisten. Die Fresken in der Apsis (sie sind die ältesten) zeigen die Kirchenväter, die Apostelkommunion und

darüber eine Deesis: Christus flankiert von Maria und Johannes dem Täufer, die Fürbitte für die Gläubigen leisten. Interessant ist auch die Darstellung des Mandilion: Dies war nach der apokryphen Überlieferung das Tuch mit dem Bild des Antlitzes Christi, das dieser selbst zum König Abgar von Edessa gesandt hatte. Nach dem Ikonoklasmus, dem Bilderstreit im 8. Jh., galt es als Rechtfertigung der bildlichen Kirchenausmalung.

Vom Kloster kann man jetzt auf neuer Asphaltstraße direkt nach Süden nach Asklipío und Kiotári fahren.

Profýlia und Ístrio ▸ N 14

An der kleinen Kapelle Irini Chrissovalandou zwischen Laérma und Moní Thárri biegt man auf Schotterpiste (im

Frühjahr stark ausgewaschen) weiter gen Süden ins stille Dorf **Profýlia**, das mit seinen weiß gekalkten, würfelförmigen Häusern fast kykladisch anmutet. Die Kirche Ágios Geórgos direkt rechts oberhalb vom Dorfplatz soll aus dem 15. Jh. stammen, die Fresken sind ins 16./17. Jh. datiert. Zentrales Thema ist das Leben Jesu. Die Ausmalung der Friedhofskirche Agía Anastasía ist vor einigen Jahren restauriert worden.

Ístrio, die nächste Station, ist dagegen eine weitläufige Streusiedlung tiefer im Tal, inmitten von Gärten und Olivenbäumen. An der Hauptstraße findet man eine einfache Taverne, die aber nur im Sommer geöffnet hat. Unterhalb des Kirchplatzes steht ein altes Friedhofskirchlein, in dem antike Spolien (u. a. eine Säule) verbaut sind.

Arnítha ▶ N 14

Von dort geht es südlich bis zur Schnellstraße, wo man geradeaus fahrend Arnítha besuchen kann, ein kleines, fast kykladenhaftes Dorf, an dessen Südwestrand die Kirche Ágios Níkon (Nikólaos) mit Fresken aus dem 14. Jh. steht. Von hier sollte man nicht weiter nach Mesanagrós fahren (die Piste ist teilweise sehr ausgewaschen), sondern besser nach Apolakkiá.

Apolakkiá ▶ N 14

Das südlichste Dorf an der Westküste ist ein beliebter Zwischenstopp für Ausflügler, daher gibt es hier einige Tavernen. Apolakkiá liegt im Zentrum eines fruchtbaren Beckens zwischen den Massiven Akramítis und Koukoulári und lebt vor allem vom Anbau von Obst (v.a. Melonen) und Gemüse. Zentrum des Dorfs mit ca. 600 Einwohnern bildet der verkehrsberuhig-

te Zentralplatz mit einem typischen Brunnen und einer Villa aus der Italienerzeit.

3,5 km nördlich, auf einer Anhöhe über dem großen Apolakkiá-Stausee, liegt die Kapelle **Ágios Geórgos Várdas**, deren Fresken zu den ältesten auf Rhodos gehören (Ende 13. Jh.) und dem strengen Stil der spätbyzantinischen Paläologenzeit folgen – am Ortsausgang Richtung Gennádi zum Staudamm abbiegen. Die Ausmalung dürfte nach der Eroberung der Insel durch die Johanniter entstanden sein.

Von Apolakkiá ist die Route Richtung Kattaviá bestens ausgebaut, die Küste mit einsamen, aber schattenlosen Sand-Kies-Stränden jedoch noch kaum erschlossen. Die naturbelassenen Dünen, vereinzelt mit Bewuchs von Zedern-Wacholder, sind eines der bedeutendsten Ökosysteme von Rhodos; auch Caretta-Meeresschildkröten und Monachus-Seerobben wurden hier gesichtet. Die schönsten Abschnitte zum Baden liegen am **Limni Apolakkiás**, einer seichten, kinderfreundlichen Bucht und am **Kálamos Beach** im nördlichen Abschnitt.

Übernachten

Standquartier im Süden – **Hotel und Taverne Amalia:** Ortsmitte, Tel. 2244 061 365, DZ/F mit 58 €, HP + 8 €/Pers. Geräumige helle Zimmer mit Balkon, TV und AC. Juni bis Sept. mit Pool.

Rückfahrt über Váti ▶ O 14

Am kleinen Dorf Váti (sprich watti, gr. Báti) rast die neue Schnellstraße einfach vorbei. Ein Stopp hier lohnt aber wegen der urigen Tavernen am Dorfplatz. Auf der Speisekarte stehen auch Zicklein, Oktopus und bäuerliche Schmorgerichte.

Die Taverne serviert gute Grillgerichte und vielerlei Mezedes.

Essen & Trinken

Fisch am Strand – **Chrisama:** 4 km südlich am Strand, Tel. 6973 98 2156, in der Saison tgl. 10–20 Uhr. Freundlich geführte Familientaverne etwas oberhalb vom Strand mit schöner Aussicht auf die unverbaute Küste (toller Sonnenuntergang). Spezialität ist Fisch, es gibt aber auch Pizza, Snackküche und griechische Hausmannsrezepte.

Moní Skiádi ▶ N 15

Von der Hauptstraße zweigt eine im Sommer durchaus passable Schotterstrecke zum Kloster Moní Skiádi (auch Skiáthi oder Skiadéni) ab, das man durch eine wilde Frygána-Landschaft mit dichtem Niederbuschwerk erreicht (s. S. 56). Da man kaum schneller als 30 km/h fahren kann, muss man entsprechend Zeit einkalkulieren.

Die Kirche wurde 1861 gestiftet. Eine lange Tradition erkennt man an der Apsis der Klosterkirche, ursprünglich eine kleine Kreuzkuppelanlage aus dem 13. Jh., die in den modernen Bau einbezogen wurde. Das Innere der Kirche wirkt zunächst nicht besonders eindrucksvoll, berühmt ist jedoch die Marienikone (s. S. 70). Bis auf das Gesicht und die Hände ist die Panagía (›Allheilige‹) von Skiádi mit einem Silber-Gold-Blech verdeckt. Der Schnitt auf der rechten Wange stammt der Legende nach von einem türkischen Offizier. Nach dieser Freveltat sei er erblindet und habe erst sein Augenlicht wiedererhalten, als er zum Christentum konvertierte.

Das Kloster wird von Mönchen aus dem Thárri-Kloster betreut, Besucher sollten sich mit einer Spende für die Führung erkenntlich zeigen. Der Priester zeigt auch die bessere Straße nach Mesanagrós, das man auf einem Umweg nach Süden erreicht.

Mesanagrós ▶ N 15

Der sehr verschlafene Ort leidet stark unter der Abwanderung. Die Jungen ziehen in die Stadt, die traditionelle Wohnarchitektur, die hier noch fast unberührt erhalten ist, verfällt.

In frühchristlicher Zeit war das Dorf die Bischofsstadt dieser Region. Dort, wo heute das Marienkirchlein **Kímisis tís Theotókou** steht, erhob sich im 5. Jh. eine Basilika mit drei Schiffen. Auf deren Fundamenten entstand dann im 14. Jh., als sich Rhodos unter der Johanniterherrschaft wieder erholte, die heutige kleine Kirche. Zahlreiche Bauteile zeugen von diesen Vorgängerbauten, u. a. eine frühchristliche Marmorsäule mit schlankem Kreuzsymbol, die über dem Nordportal eingemauert ist, und ein Taufbecken, in dem eine griechische Inschrift eingeritzt ist: »Wohlergehen und Erlösung denen, deren Namen Gott kennt.«

Die Kirche liegt direkt neben der Bar **O Tsambikos**, wo man den Schlüssel erhält und auch einfache hausgemachte Bauerngerichte essen kann – groß ist die Auswahl aber nicht.

Ágios Thomás ▶ N 15

Wieder auf Asphalt, fährt man nun gen Lachaniá und passiert dabei das von Zypressen gerahmte Kirchlein Ágios Thomás. Am Thomas-Sonntag (Sonntag nach Ostern) findet auf dem weiß bemalten Festplatz ein großes Fest statt, an dem der gesamte Süden und auch die Panagía von Skiádi teilnehmen.

Ausflüge von Rhodos

Highlight❗

Sými-Stadt: Auf der kleinen Insel empfängt eine der schönsten Städte der Ägäis die vielen Tagesbesucher. Vor der Kulisse einer wunderbaren klassizistischen Architektur sitzt man in echten Fischertavernen am Hafenkai. Wer länger bleibt – Pensionen gibt es genug –, kann auf Wanderungen eine baumlose, einsame Insellandschaft entdecken. S. 248

Auf Entdeckungstour

Auf den Spuren der Schwammtaucher von Sými: Seit Mitte des 19. Jh. kamen Inseln wie Sými, Chálki oder Kálymnos durch den Handel mit echten Schwämmen zu Reichtum. Noch heute kann man hier relativ günstig Schwämme kaufen. S. 256

Der Vulkan von Níssyros: In der Antike galt der Titan Polybotes als Auslöser für den Vulkan von Níssyros. Wenn das Schiff anlegt, starten heute Ausflugsbusse hinauf zum Krater, wo in stinkenden Schwefellöchern der Schlamm kocht. S. 272

Der Vulkan von Níssyros

Die Schwammtaucher von Sými

Sými-Stadt

Kós

Kós

Níssyros · Mandráki

Sými

Marmaris

Kastellórizo

Tílos

Chálki

Chálki

Rhodos

Mittelmeer

Kultur & Sehenswertes

Kalístrata, Sými: Die ›schöne Treppe‹ von Sými führt marmorgepflastert vom Hafen hinauf in die Oberstadt. S. 247

Antike Ausgrabungen, Kós: Ähnlich wie Rhodos war Kós im Altertum eine blühende Stadt. Nach Zerstörung der mittelalterlichen Stadt durch ein Erdbeben konnten Archäologen das antike Stadtzentrum freilegen. S. 276

Aktiv unterwegs

Sými, Strandboote: Vom Hafen Sými fahren täglich Fischer-Kaiks zu kleinen einsamen Buchten ohne jede Bebauung. S. 259

Wanderung am Níssyros-Krater: Vom kleinen Dorf Nikíta führt ein Eselpfad hinunter zum Kraterboden; ein zweiter Pfad geht vom Krater zum verlassenen Kloster Moní Stávros am westlichen Kraterrand. S. 272

Genießen & Atmosphäre

O Meraklis, Sými: Urig-traditionelle Taverne mit echt griechischer Küche, etwas abseits vom Hafenkai. S. 255

Nick's Taverna, Chálki: Inselidylle am Póndamos Beach. S. 263

Megisti Hotel, Kastellórizo: Eine tolle Adresse für Honeymooner, weit weg von allem, was stören könnte. S. 267

Platia Ilikiomeni, Níssyros: Der Dorfplatz auf der Vulkaninsel wird überschattet von einer Platane und gesäumt von urigen Tavernen. S. 269

Abends & Nachts

Vapori Bar, Sými: Szenetreff mit cooler Lounge-Musik. S. 259

Bar Street, Kós: In den Gassen zwischen Hafen und antiker Agora geht nachts die Post ab: viele Bars und Clubs. S. 281

Sými – Insel mit schöner Fassade

Wenn das kleine Ausflugsboot von Rhodos aus sich gegen den immerwährenden Meltémi-Wind auf Sými zuquält, scheint die Insel eigentlich nur ein Berg aus Geröll zu sein. Doch dann gleitet das Schiff in die enge Hafenbucht und man fährt auf eine der schönsten Städte der Ägäis zu.

Sými besitzt die am stärksten zerlappte Küstenlinie der Ägäis; felsige Buchten schneiden vielfach verzweigt tief ins Landesinnere. Nur ca. 8 km trennen die Insel von Kleinasien, das mit den lang gestreckten Halbinseln von Knidos und Hisarönü nach dem Eiland zu greifen scheint. Sými war wie Rhodos zuerst von Karern besiedelt, gehörte danach zum dorischen Rhodos. Aus dem Peloponnesischen Krieg ist eine Seeschlacht überliefert, in der die Spartaner nahe der Insel die athenische Flotte vernichteten.

Im 19. Jh. lebten auf Sými knapp 15 000 Menschen. Die Insel hatte sich auf den Orienthandel spezialisiert, zugleich gab es mehrere große Werften, die schnelle Segelboote für den Kurierdienst des osmanischen Sultans bauten. Viele Menschen lebten auch von der Schwammfischerei, die hier einen ähnlich wichtigen Wirtschaftszweig wie auf Kálymnos bildete. Der Niedergang setzte mit dem Aufkommen der Dampfschifffahrt ein, beschleunigte sich aber mit der Zugehörigkeit von Sými zum italienischen Ägäisreich seit 1912, wodurch die Symioten von Kleinasien, ihrem traditionellen Hinterland, abgeschnitten waren. Schon 1922 betrug die Bevölkerung nur noch 8000 Menschen, heute sind es nach einer langen Phase weiterer Abwanderung immerhin schon wieder 2900.

Infobox

Anreise

Ausflugsboote: Täglich Ausflugsboote vom Mandráki-Hafen (Rhodos-Stadt), Abfahrt zwischen 9 und 10 Uhr, retour zwischen 16 und 17 Uhr. Wer nur one-way zahlt, kann auch mit einem anderen Boot zurückfahren.

Katamarane: Wenn man auf den Stopp in Panormítis verzichten will, ist es auch möglich, tgl. gegen 8.30 Uhr mit einem schnellen Katamaran zu fahren, z. B. mit der ›Dodekanisos Pride‹ (www.12ne.gr, 36 € h/z).

Fähren: 2 x wöchentlich die Autofähre ›Diagoras‹ auf der Route Pireas – Kos – Rhodos und retour, davon 1 x mit Stopps in Níssyros, Tílos und Kastellórizo (www.bluestarferries.gr).

Geld

Banken mit EC-Automaten am Hafenkai (Automaten nur zu Geschäftszeiten zugänglich), Post im Hafengebäude am Uhrturm, öffentliches Telefon am Kiosk bei der Fischhalle.

Sými-Stadt❗ ▸ N 6

Die Stadt Sými liegt auf einem halbhohen Joch unterhalb des stumpfen Kegelberges, auf dem früher die Akropolis stand. Heute erheben sich hier die Reste der Johanniterburg. Links vom Kástro zieht sich eine lange Kette von Windmühlen über einen etwas erhöhten Hügel. Die Häuser der Gialós (sprich Jalos) genannten Unter- oder Hafenstadt stammen zumeist aus den letzten Jahren des 19. Jh. Es

Klassizistische Hausfassaden prägen die Insel Sými

sind prächtige klassizistische Bauten, die sich rings um den Hafenkai ziehen – wie vor 100 Jahren in den typischen Sými-Farben gestrichen: weiß-beige das Haus an sich, blutrot die Giebelpartie mit einem kleinen gelben Kreis innen, schokoladenbraun die Umrandungen der Fenster. Nur die Parteibüros von Pasok und ND in Grün und Blau stechen aus den pastellsanften Gelb- und Rottönen der Häuser hervor.

Am Kai, dort wo die Ausflugsboote anlegen, erhebt sich markant ein freistehender **Uhrturm,** der 1881 als Zeichen des Wohlstands gebaut wurde. Von hier führt die Uferstraße am Hafenrund entlang. Es ist eine lange Reihe von Tavernen und Souvenirshops, die deutlich machen, wie sehr der

Wohlstand der Insel heute vom Tourismus abhängig ist. Man kann zu günstigen Preisen Fisch und Hummerlangusten essen, in den Läden werden Schwämme, riesige Muscheln und Gewürze verkauft. Im **Sea Sponge Center** beim Anleger informieren die Taucher von Sými über ihren immer noch gefährlichen Beruf und die Schwammverarbeitung.

Kurz hinter der Anlegestelle erinnert das **Felsrelief eines Trieren-Hecks,** eine Kopie des Originals von Líndos (s. S. 201), an die Kapitulation der deutschen Truppen auf Rhodos am 8. Mai 1945. Auf Sými, während des Kriegs Hauptquartier der britischen Streitkräfte, wurde damals Geschichte gemacht: Im Hotel Aliki hinter dem Uhrturm unterschrieb die letzte

Lieblingsort

Sými von oben ▶ N 6

Vom Kástro, der mittelalterlichen Burg über Sými-Stadt, hat man den tollsten Insel-Blick: unter sich die klassizistischen Häuser, die die Hügelhänge überziehen, über sich nur noch den Himmel. Weit fällt der Blick auf die Hafenbuchten, zum Mühlenhang und ins Tal von Pédi. Am liebsten sitze ich hier bei Sonne, wenn ganz Sými im Farbenrausch strahlt.

Baden auf Sými

Eine besonders gute Badeinsel ist Sými nicht, schöne Strände sind nur per Boot zu erreichen (s. S. 259). In fußläufiger Nähe zur Stadt besucht man am besten das kleine Strandbad am Nos Beach, das hinter dem Uhrturm und dem Kloster Evangelísmos liegt. In der Bucht gibt es eine kleine Taverne, ca. 50 m Kieselstrand und trotz Hafennähe sauberes Wasser.

deutsche Einheit des Weltkrieges ihre Kapitulation. Das war erst am 8. Mai 1945, eine Woche, nachdem Berlin gefallen war.

Geht man am Kai weiter, kommt man zu einer Brücke und der **Fischmarkthalle,** wo die Fischer vormittags ihre Fänge anbieten. Auf dem großen Platz dahinter findet die Aufführungen des Sými Festivals im Juli/August statt. Auf der rechten Seite ist ein Herrenhaus (früher Residenz eines Schwammhändlers) als **Nautisches Museum** geöffnet (s. S. 258).

Die Oberstadt (Chorió)

Von der Hafenseite gegenüber dem Anlegekai führt die **Kalístrata,** eine sorgfältig gepflasterte Treppenstraße, hinauf nach Áno Sými oder Chorió, der Oberstadt. 387 Stufen hat die ›Gute Straße‹, aber der leicht schweißtreibende Aufstieg lohnt sich. Anfangs wähnt man sich in einer Geisterstadt: Fast nur Ruinen säumen den Weg, große *archóntika* (Herrenhäuser), die bei den Bombenangriffen im Zweiten Weltkrieg zerstört wurden. Erst weiter oben lässt sich an den klassizistischen, gut gepflegten Fassaden erahnen, was für eine wohlhabende, geschäftige Stadt Áno Sými einmal gewesen sein muss.

Ganz oben verdient die alte **Apotheke von Sými** (Symotikon Pharmakeion) mit ihrer originalen Einrichtung einen Besuch.

Obwohl das **Sými Museum** (Di–So 8–14 Uhr) schwer zu finden ist, lohnt die Suche. In einem alten Kapitänshaus sind römische und byzantinische Reliefs, Ikonen, Musikinstrumente, Möbel und Trachten ausgestellt, aber auch ungewöhnliche Objekte wie chinesisches Porzellan und Münzen aus aller Welt, die die Seefahrer von Sými von ihren Reisen mitbrachten.

Kástro (Akropolis)

Einen imposanten Blick über die gesamte Stadt Sými erhält man, wenn man von der Platia Syllogos, dem Hauptplatz im Oberdorf, zum **Kástro-Hügel** aufsteigt, um den sich die Stadt herumzieht. Auf Höhe des kleinen blau-weißen Kirchleins kann man den Berg ganz umrunden und fantastische Panoramablicke genießen (s. S. 250). Die Burg wurde unter dem Johanniterorden erbaut (Wappenschild des französischen Großmeisters Filibert de Niallac blieb erhalten) auf den antiken Fundamenten der Akropolis erbaut und Zweiten Weltkrieg weitgehend zerstört.

Pédi ▶ N 6

Das Tal von Pédi unterhalb des Kástro-Hügels ist das fruchtbarste Ackerland der Insel und breitet sich mit seinen vielen Olivenbäumen wie eine grüne Oase unter den steingrauen Hängen ringsum aus. Die Bucht von Pédi wirkt wie ein großer flacher Binnensee und ist nur durch eine schmale Ausfahrt mit dem Meer verbunden. Der Strand beim Hotel Pédi Beach und den Tavernen ist zwar nicht so schön, doch startet in der Buchtmitte täglich ein Badeboot zu den Stränden der Südküste.

Strände ▶ N 6/7

Nimborió: Ca. 4 km hinter dem Evangelísmos-Kloster, schmaler, kieseliger Strand mit Tavernen und auch einfachen Kleinhotels. Im Hinterland liegen drei weiß gekalkte Kapellen, neben denen unter einem Schutzdach der Mosaikboden einer frühchristlichen Basilika zu sehen ist.

Ágios Nikólaos: Rechte Seite der Pédi-Bucht (zu Fuß etwa 20 Min.). Kleine, schmale Bucht mit vielen Kieseln.

Agía Marína (›Santa Maria‹): Linke Seite der Pédi-Bucht (zu Fuß etwa 25 Minuten über einen steinigen Ziegenpfad). Ein Inselchen mit einer Marienkapelle schützt den Meeresarm vor den Nordwinden. Am Sand-Kies-Strand werden Liegen und Sonnenschirme vermietet, es gibt auch eine Taverne. In der Saison gut besucht von den Gästen der Hotels von Pédi.

Nánou: Lange Strandsichel mit Sand-Kies-Gemisch, gutes Schnorchelrevier, wenig Schatten, aber Olivenhaine im Hinterland, eine kleine Taverne. Ist der beliebteste und schönste Strand.

Georgioú Disálona: Schmaler Uferstreifen mit Sand-Kies-Strand, wenige Bäume vor beeindruckenden, ca. 200 m steil abfallenden Felshängen, keine Taverne, kleine Kapelle im Inland.

Wanderungen

Obwohl die steinigen Hänge über Sými-Stadt keinen besonders einladenden Eindruck machen, sollten sich die, länger auf der Insel bleiben, Wanderungen zum Kloster Roukouniótis und hinauf zum Vígla-Berg nicht entgehen lassen. Hoch oben vom Vígla kann man sogar gleichzeitig in alle Buchten des nördlichen Teils von Sými blicken.

Etwa 1 Stunde läuft man zum **Kloster Roukouniótis** (▶ N 6): Vom Platz bei der Fischhalle ins Inland zur Schlucht mit dem Regenwasserwehr, dort steigt der Fußweg empor. Auf halber Strecke liegt die verschlossene Kapelle Ágios Fanoúrios am Weg, wo man wieder auf einen geschotterten Feldweg stößt. Das Kloster ist mit seiner mächtigen Schirmzypresse von Weitem auszumachen. Die Kirche hat zwei Stockwerke: Der untere Bau wurde zu Zeiten der Kreuzritter auf den Fundamenten eines antiken Tempels errichtet, darüber baute man im 18. Jh. eine weitere Kirche. Beachtenswert sind die kreto-venezianisch beeinflussten Fresken aus dem 14. Jh. in der Unterkirche, die Oberkirche wird ganz von einer kunstvoll geschnitzten Ikonostase bestimmt. Das Kloster wird noch von einem Viehzüchter und seiner Frau bewirtschaftet, Spenden sind willkommen.

Zurück kann man bei der Fanoúrios-Kapelle nach rechts gehen und dann über das Xíssos-Plateau und den Vígla-Berg zurück nach Áno Sými. Oder man folgt dem Weg hinunter zur Küste zum Kloster **Ágios Emilianós** (▶ M 6), das ein wenig an das berühmte Vlacherna-Kloster auf Korfu erinnert: eine kleine weiße Kapelle, nur durch einen Damm mit dem Land verbunden.

Kloster Panormítis

▶ N 7

Das Kloster Taxiárchis Míchael Panormítis an der sonst unbesiedelten Westküste von Sými war bis vor wenigen Jahren noch eines der meistbesuchten Pilgerziele des Dodekanes. Heute legen hier die täglichen Aus-

Taverne am Hafenkai mit Blick zum Taxiarchenkloster in Áno Sými

flugsschiffe von Rhodos aus einen Zwischenstopp ein. Das Kloster des Erzengels Michael bestand schon in byzantinischer Zeit, die damaligen Gebäude wurden jedoch durch türkische Piraten zerstört. Erst Anfang des 18. Jh. kam es zu einer Neugründung, gestiftet durch Reeder aus Sými-Stadt. 1923 diente das Kloster als Durchgangslager für die griechischen Flüchtlinge aus der Türkei. Im Zweiten Weltkrieg überfielen deutsche Truppen die Mönche und ermordeten u. a. den Abt.

Das Kloster mit Unterkünften für mehrere hundert Pilger liegt versteckt in einer tiefen Bucht. Das Katholikon, die Klosterkirche, steht im Hof der burgartig geschlossenen Anlage und enthält eine wundervolle geschnitzte Ikonostase, die ebenso wie viele rho-

dische Bilderwände von einem Drachen gekrönt wird.

Besondere Verehrung genießt die überlebensgroße Ikone des hl. Michael. Um das Bild ranken sich viele Legenden, genau zu datieren ist aber das kostbare silberne Oklad, das nach der Inschrift auf dem Schwert 1724 gestiftet worden ist. Am Gürtel des Heiligen hängen zahlreiche Silberplättchen, alles Votivgaben, die die Wunderkräfte der Ikone bezeugen.

Ein kleines Museum im Hof zeigt liturgisches Gerät und andere Kirchenschätze. Es empfiehlt sich, erst das Museum und danach die Klosterkirche zu besuchen, wenn sich dort der erste Ansturm der Ausflügler wieder verlaufen hat. Angemessene Kleidung ist erforderlich.

Hotel in sehr harmonischem Country-Stil, einfach, aber nett geführt von einem Griechen und einer Französin. Die Zimmer sind ausgestattet mit AC, WLAN (WiFi) kostenlos. Über die Website kann man auch schöne historische Villen und Studios mieten.

Mit tollem Blick – **Fiona**: an der Straße nach Pedi (ausgeschildert), Tel. 2246 072 088, www.fionahotel.com, DZ/F 45–80 €. Etwas erhöht am Mühlenhang gelegenes Hotel, modern renoviert. Schlichte, aber schöne Zimmer im Griechenlandstil, nebenan auch ein Komplex mit Studios. Toller Ausblick über den ganzen Hafen.

Essen & Trinken

Pizza und mehr – **Dolphin**: Am Hafen bei Festplatz an der Brücke, tgl. 9–23 Uhr, Pizza ab 7,50 €. Eine nette, einfache, aber gute Pizzeria; beliebt bei den Dauergästen mit Kindern.

In der Oberstadt – **Taverne Giorgio & Maria**: An der Kalístrata in der Oberstadt, tgl. im Sommer 8–23 Uhr, sonst nur abends, Vorspeisen ab 4,50 €, Hauptgerichte ab 7,50 €. Die bekannte Taverne von Giorgios wird jetzt von seiner Tochter Maria geführt. Vor allem abends tolle Stimmung auf der hübschen Veranda unter Weinranken mit Blick aufs Meer. Sehenswerter Chochláki-Boden in Innenhof, gute Traditionsküche.

Bilderbuchtaverne – **O Meraklis**: Zweite Reihe von der Hafenfront, Tel. 2246 071 003, tgl. 9.30–23 Uhr, Mezedes ab 4 €, Giuvetsi 9,50 €. Eine alteingesessene Taverne mit Fischerflair; traditionell und sehr beliebt, leckere Hausmannskost, gute Fischgerichte, trotz vielsprachiger Speisekarte.

Edelküche – **The Windmill**: Chorio, Straße nach Pedi, Tel. 695 597 3695, Vorspeisen ab 5,50 €, Hauptgerichte um 14 €. Mediterrane Kü- ▷ S. 259

Übernachten

Zimmer und **Apartments** vermitteln fast alle Tavernen an der Hafenfront, z. B. Taverne Vigla (Tel. 2246 072 056, 2246 071 732) und Taverne Neraida (Tel. 2246 071 841).

Historischer Charme – **Aliki**: Rechts hinter dem Uhrturm, Tel. 2246 071 665, www.symi-hotel-aliki.gr, DZ/F 70 € (NS) bis 220 € (Suite HS). Ein klassizistisches Haus mit stilvollem Komfort. Große Dachterrasse, Lounge und Zimmer schön mit Antiquitäten eingerichtet. Das Hotel bietet geführte Wanderungen und Malkurse an.

Stilvoll und gepflegt – **Albatros**: In der Gasse gegenüber dem Anleger der Taxiboote, Tel. 2246 071 707, www.albatrosymi.gr, DZ/F 44–65 € inkl. AC.

Auf Entdeckungstour: Auf den Spuren der Schwammtaucher von Sými

Wie das berühmte Kálymnos, aber auch Chálki, war Sými eine Insel der Schwammtaucher. Seit Mitte des 19. Jh. brachte dieser Wirtschaftszweig Wohlstand auf die Insel. Heute erinnert das Sea Sponge Center am Hafen an die große Zeit der Schwammtaucherei.

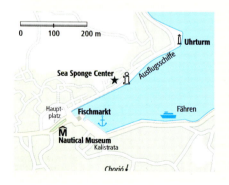

Reisekarte: ▶ N 6
Sea Sponge Center Sými: Gialos, nahe Ankerplatz der Ausflugsboote, in der Saison tgl. 9–18 Uhr, Eintritt frei.
Nautical Museum: Gialos, am Festplatz, in der Saison Di–So 10–14 Uhr.
Schwammgeschichte kulinarisch: Das Lagerhaus eines großen Schwammhändlers kann man im Restaurant neben dem Nautical Museum erkunden.

Was trugen die griechischen Helden als Polsterung unter ihrer Bronzerüstung? Womit ließ sich Kleopatra die Eselmilch über ihre Alabasterhaut streichen? Was ist zarter als Haut, fester als Holz, leichter als Wasser?

Der Schwamm – ein Vielzweckutensil

Seit Tausenden von Jahren dienen Schwämme, jene geheimnisvollen Meereswesen, halb Tier, halb Pflanze, als Vielzweckutensil zwischen Badezimmer und Kasernenhof. Die alten Griechen polsterten damit ihre Rüstungen aus, bei den Römern gehörte ein Schwamm zur Grundausstattung des Legionärs, als Trinkhilfe, mit der man sich noch aus den kleinsten Pfützen mit Wasser versorgen konnte (ein solcher Schwamm wurde auch Jesus am Kreuz gereicht).

Schwämme sind einfache Meerestiere, die schon seit 600 Millionen Jahren existieren. Sie haften am Meeresboden wie Seeanemonen und bestehen aus Kolonien einzelner Geißelzellen, die durch ein Gerüst aus Spongin, einer hornartigen Substanz, zusammengehalten werden. Was wir in der Hand haben, ist nur das Skelett, gereinigt von der schmierigen grünlichen Gallerte, die es einmal aufbaute. Kommt der Schwamm aus dem Wasser, ist er nur ein schwarzer Klumpen, und der Weg zum hellgelben Badeschwamm ist lang: Zuerst wird er schon auf dem Fangschiff mit einem Knüppel gewalkt, wird die ›Milch‹, wie die Taucher sagen, herausgeschlagen. Später wird der Schwamm mit Säuren und Tensiden gewaschen, ausgespült und eventuell auch noch mit Chlor oder Wasserstoffperoxid gebleicht. Mitte des 19. Jh., als die vornehme Damenwelt Europas mit der Körperpflege auch den Badeschwamm entdeckte, wurde die Schwammtaucherei zum lukrativsten Gewerbe der griechischen Inselwelt.

Die Nachfrage ging stark zurück, als in den 1950er-Jahren der billigere Synthetikschwamm den Markt überschwemmte. Von 1959, als etwa 100 000 kg Schwämme in Griechenland erzeugt wurden, sank die Produktion auf 33 000 kg im Jahr 1985. Den letzten schweren Schlag erhielt das Gewerbe, als 1986 eine Pilzepidemie einen Großteil der Ägäis-Schwämme vernichtete.

Spuren der Schwammtaucher

Auf Sými kann man die Arbeit der Taucher im **Sea Sponge Center** und im **Nautical Museum** erfahren. Bilder zeigen die Männer in unförmigen Anzügen aus Gummidrillich und einem schweren Taucherhelm; auf bis zu 70 m Tiefe konnten sie für etwa eine Stunde arbeiten – versorgt nur durch eine Leitung, durch die der Kompressor ölig stickige Luft blies. Andere ließen sich nur mit einem Stein in der Hand hinunterziehen und sammelten Schwämme, solange die Luft reichte. Sporttaucher stehen fassungslos vor diesen Werten, die kein moderner Tauchcomputer akzeptieren würde. Unfälle waren daher nicht selten, Unterleibslähmungen eine häufige Berufskrankheit. Immer wieder starben Taucher an Stickstoffembolien.

Die Schwammtaucherei war ein Handwerk für Abenteurer, für Männer, die mit dem Tod lebten. In den Hafentavernen von Kálymnos, Sými oder Chálki ließen die Schwammtaucher die Puppen tanzen, zündeten Zigaretten mit Geldscheinen an und zählten zu den reichsten Männern der Insel. Vor allem allerdings verdienten die Schwammhändler, die das »weiche Gold« der Ägäis nach Europa verkauften. Sie bauten sich prachtvolle Villen im Stil des Neoklassizismus, die sie mit kostbaren Möbeln aus Europa, Orientteppichen und feinem Geschirr aus Frankreich ausstatteten.

In so einer Villa ist heute das **Nautical Museum** eingerichtet, das an den schweren Schiffsschrauben vor dem Eingang leicht zu erkennen ist. Dort sind zahlreiche Geräte, Helme und Anzüge zu sehen, die Tasos Anastasiadis in den 1980er-Jahren gesammelt und vor der Entsorgung gerettet hat. Unter anderem sieht man einen originalen Kompressor mit großen Schwungrädern, mit dem an Deck Luft bis in 70 m Tiefe gepumpt werden konnte. Detailreiche Modelle zeigen zudem die kleinen Kaik-Boote, mit denen die Taucher zum Teil wochenlang an den Küsten entlangzogen, am Strand in den Buchten schliefen und tagsüber den Meeresboden absuchten.

Schwämme für Zuhause

Im **Sea Sponge Center** am Anlegekai kann man die Schwämme auch kaufen – das ist ein sehr nützliches Souvenir. Wer nicht gerne badet, kann an die Kinder denken, denn mit ein paar solchen Schwämmen kann man tolle Wasserschlachten machen.

Interessant sind die unterschiedlichen Arten. Da hängen die riesigen Lappen des samtweichen Elefantenohres neben den gurkenförmigen Zimocca, dessen härteres Skelett als Peelingschwamm benutzt werden kann. Der normale Badeschwamm, Levantiner genannt, ist rundlich kugelig und wird in einer gebleichten und einer naturfarbenen Version angeboten. Die gebleichten Versionen sind nicht so empfehlenswert, denn die Chlorlauge landet zuletzt oft im Meer.

Aus Sými bzw. selbst aus der Ägäis stammen die Schwämme jedoch zumeist nicht mehr – eine Pilzkrankheit hat die Bestände weitgehend vernichtet. Längst müssen die griechischen Taucher weiter hinausfahren – bis zur Libyschen Küste oder nach Tunesien. Zum Teil werden heute auch einfach Schwämme aus der Karibik importiert, neu eingepackt und als *elléniki paragógi*, griechisches Erzeugnis, verkauft.

che zwischen Hellas und Spanien in einer alten Windmühle mit zwei großen Openair-Terrassen. Etwas teurer, aber derzeit das beste auf Sými. Wer nicht per Taxi fahren will, geht die Kalístrata hoch und biegt links in die Gasse bei Giorgio & Maria ein.

Traditionelle Küche – **Taverna Trata Trawler:** Am Platz, wo die Kalístrata beginnt, Tel. 2246 071 411, tgl. 10–23 Uhr, Sými Shrimps um 10 €. Alteingesessenes Restaurant mit besonderen Spezialitäten, z. B. die empfehlenswerten Sými Shrimps. Netter Service, traditionelles Ambiente.

Fischtaverne – **To Spitiko:** Akti Pavlou, Tel. 2246 072 452, auf Facebook, Vorspeisen um 5 €, Hauptgerichte ab 9 €. Versteckte Traditionstaverne am Kai der Katamarane. Gute Fischgerichte, ein Gedicht ist die Fisherman's Plate.

Einkaufen

Viele Souvenirlädchen rund um den Hafen! Echte Schwämme werden im **Sea Sponge Center** am Uhrturm-Kai verkauft (s. S. 257). Ein **Kräuterladen** hinter der Taverne Stathis bietet echten Safran, Mastix-Harz aus Chios und wilde Küchenkräuter an. Ausgefallene Keramik sowie Schmuck gibt es bei **Chouchi** gegenüber vom Restaurant Trata Trawler.

Aktiv

Ans Meer – **Badeausflüge:** Die abgelegeneren Strände (s. S. 253) erreicht man in der Saison täglich mit den verschiedenen Taxibooten oder Fischer-Kaiks, die an der Schmalseite des Hafens ankern. Abfahrt um 10, retour um 17 Uhr, an Bord Verpflegung und Getränke.

Türkei-Ausflüge – **Datça:** In der Hauptsaison jeden Samstag per Ausflugsboot in den beschaulichen Urlaubsort, wo dann der Wochenmarkt stattfindet (Abgabe der Ausweispapiere bereits am Vortag!).

Abends & Nachts

Szene-Treff – **Vapori Bar:** Am Beginn der Kalístrata, hinter Taverne Trata Trawler, Tel. 2246 072 082. Die ganz in Blau gehaltene Bar ist der Szene-Treffpunkt auf Sými. Internationale Presse, freies WiFi und Lounge-Musik; morgens zum Frühstück und meist bis nach Mitternacht geöffnet.

Music Bar – **Harani Bar:** Gialos, am Kai der Taxiboote hinter Ionian Bank, Tel. 2246 071 422. Tagsüber Café, nachts Music Bar. Gute Cocktails, ein beliebter Partytreff in der Saison.

Traditionelle Musik – **Alithini:** Straße nach Pédi, Tel. 2246 072 659, tgl. ab 19 Uhr. Eine traditionelle Bouzouki-Bar, an Wochenenden oft mit Livemusik. Manchmal tanzen dort Griechen auf traditionelle Art.

Infos

Information

Internet:www.symibest.gr
Sými Tours: nahe Taverne Meraklis, Tel. 2246 071 307, www.symitours.com, Schiffstickets, Bustouren nach Panormitis, Jachtausflüge.
The Sými Visitor: Tel. 2246 071 785, www.symivisitor.com, Unterkünfte, Fähren-Fahrpläne, mit Strandführer und Wandertipps.
Hafenamt: Tel. 2246 071 315.

Termine

Sými Festival: Das Fest fällt seit einigen Jahren aufgrund der Krise eher bescheiden aus. Im Sommer gibt es jedoch am Rathausplatz immer noch Auftritte mit Tanzgruppen von den Dodekanes-Inseln und traditioneller Musik und Schlagerklassikern.

Chálki – karge Insel für Individualisten

Die Insel nahe der Westküste von Rhodos ist ein karges Eiland. Außer einem recht hübschen Hafenort und dem Strand von Pondamos gibt es auf Chálki (engl. Hálki geschrieben) nicht viel zu sehen. Wer trotzdem vom kleinen Hafen Kámiros Skála hinüberfahren will, muss zumeist eine Übernachtung einkalkulieren, nur am Sonntag fährt ein Ausflugsboot.

Die kleine Insel verschanzt sich hinter kahlen Felswänden. Lange Zeit, bis der Tourismus für einen kleinen Aufschwung sorgte, war das Eiland die ärmste Insel des Dodekanes. Das Innere ist fast völlig verkarstet, nur in dem kurzen Tal unterhalb des heute verlassenen Inlanddorfs Chorió wachsen Oliven und einige Feigenbäume. Die Insel besitzt keine Quellen, sodass sie im Sommer durch Tankschiffe von Rhodos versorgt werden muss.

Der Hauptort Emborió oder Chálki entwickelte sich erst im letzten Drittel des 19. Jh., bis dahin war Chorió Hauptstadt. Die Insel konnte damals, als die Damen in Paris, London und Berlin die Schönheitspflege entdeckten, von der großen Nachfrage nach Schwämmen gut leben. Vom damaligen Reichtum künden heute noch die schönen klassizistischen Giebelhäuser in der Hafenstadt. Der Niedergang setzte mit dem Aufkommen des Synthetikschwamms ein. Während Chálki 1912, zur Blütezeit der Schwammfischerei, etwa 4000 Einwohner zählte, leben hier heute gerade noch 300 Einwohner. In den 1950er-Jahren wanderten viele Chalkier nach Tarpon Springs in Florida aus; sie beliefern heute die Inseln mit karibischen Muscheln, Kugelfischen und anderen ›Meeressouvenirs‹, deren Handel zumindest teilweise das Washingtoner Artenschutzabkommen verletzt.

Infobox

Anreise

In der Saison fahren ab Kámiros Skála (Skála Kamírou) das Schnellboot ›Fedon Halki‹ (Fahrplan auf Facebook, meist 9.15 hin, 17 retour) und langsamere Fischerboote (meist So 9 hin, 18 retour, sonst meist nur 14.30 hin, am nächsten Morgen retour; Juli/Aug. auch Tagestouren 11 hin, 17 retour). Ab Rhodos Kolóna-Hafen Di und Do mit dem Katamaran ›Dodekanisos Pride‹ ab 8.30 (www.12ne.gr, 75 Min.). Ab Rhodos Akándia-Hafen in der Saison 2 x wöchentlich eine Autofähre von Anek Lines (Abfahrt 3 oder 5 Uhr morgens).

Post und Geld

Die Post befindet sich im Hafengebäude, 1. Stock, Mo–Sa 7–14 Uhr. Am Hafenkai gibt es auch einen Bankautomaten.

Emborió (Chálki)

▶ K 12

Der Hafenort liegt in einer tiefen Bucht, vor die sich schützend das Inselchen Nissáki (›kleine Insel‹) lagert. Aus dem Hafenrund steigen farbenfrohe Häuser im Stil des Inselklassizismus empor, über roten Giebeldä-

Am Kai vor der Kirche in Embório ankern immer noch die traditionellen Fischerboote

chern setzen zwei Türme Akzente. Der rechte gehört zur Hauptkirche Ágios Nikólaos, der andere ist ein Uhrturm, der vor dem klassizistischen Rathaus mit seiner ausladenden Fassade steht. Es ist ein ruhiges Städtchen, in dem man dem hektischen Rummel von Rhodos entfliehen kann. Als es bereits schien, als würde Emborió zu einer Ruinenstadt werden, investierte der frühere britische Reiseveranstalter Laskarina viel in die Renovierung der alten Häuser. So ist Chálki zumindest im Sommer wieder ein lebendiges Dorf – ohne die hässlichen Betonkästen, die heute so typisch für Griechenland sind.

Bei einem Rundgang kann man das **Rathaus** und den **Uhrturm** ansehen, vor dem die alte überkuppelte **Zisterne** liegt. Einen Blick lohnt auch der schöne Chochláki-Boden aus Kieselsteinen bei der **Kirche Ágios Nikólaos:** Hinter der Apsis erkennt man eine lustige Szene mit einer schiefen Zypresse, auf der ein roter Vogel sitzt. In der Kirche ist eine vergoldete Ikonostase zu sehen, die im 18. Jh. von den berühmten Holzschnitzern aus Sými angefertigt wurde.

Im Westen, hinter dem Mühlenhügel, liegt der **Póndamos Beach;** dorthin geht man etwa 10 Minuten. Mit seinem feinen Sand und flach abfallenden Ufern ist er auch für Kinder gut geeignet; eine Taverne sorgt für Speis' und Trank.

Chorió und das Kástro ▶ K 12

Durch das grüne Tal von Póndamos führt eine Betonstraße – von den Emigranten aus Amerika gestiftet und auf einer Marmortafel als ›Boulevard Tarpon Springs Florida‹ ausgewiesen – hinauf zur Ruinenstadt Chorió. Die alte Hauptsiedlung duckte sich in den Schutz des Kástros und war vom Meer aus nicht sichtbar, dem Blick der Piraten, die die Ägäis im 15. bis 17. Jh. durchkreuzten, verborgen. Von den einfachen Einraumhäusern stehen nur noch Mauerreste aufrecht, einzig vier Kirchen stechen weiß getüncht aus den Ruinen heraus.

Markant ist die **Kirche Panagía** mit ihrer riesigen Zypresse, bei der jedes Jahr am 15. August ein großes Panigíri-Fest stattfindet. Hinter ihr beginnt der Pfad hinauf zum Kastell, wobei man die älteste Kapelle der Insel passiert, die **Pália Panagía** aus dem Jahr 890 mit einer winzigen Pforte.

Vom **Kástro**, einst die Akropolis, ist die gesamte Nordmauer gut erhalten.

Mein Tipp

Wanderung zum Kloster ▶ K 12
Eine längere Wanderung führt zum **Kloster Moní Ágios Ioánnis** ganz im Westen von Chálki. Man nimmt den rechten Abzweig der Betonpiste bei Chorió, die dann bald in eine Schotterpiste übergeht. Nach einer Stunde liegt rechts die Ruine einer Windmühle am Weg, in etwa 2,5 Stunden hat man das Kloster erreicht. In der Klosterkirche sind einige Ikonen aus dem 17. Jh. zu sehen, im Klosterhof kann man sich am quellklaren Wasser aus dem 25 m tiefen Brunnen laben. Um den 27. August feiern die Chalkis hier ein großes Kirchweihfest mit Musik und Tanz, dann kann man evtl. eine Mitfahrgelegenheit dorthin bekommen.

Man erkennt noch die hellenistische Quadermauer als Basis, darüber folgen byzantinisches Mauerwerk und zum Schluss die Schwalbenschwanz-Zinnen der Ritter. Über der Pforte sieht man das Wappen des Großmeisters Pierre d'Aubusson (1476–1503). Von der Burg hat man einen schönen Panoramablick über den Hafen Emborió und das Inselchen Alimiá bis hinüber zur rhodischen Burg Kámiros (am besten bei Abendlicht).

Übernachten

Die meisten Studios sind fest von den britischen Veranstaltern Nissia Holidays (www.nissiaholidays.com) und Sunvil Holidays (www.sunvil.co.uk). In der Saison wird es schwierig mit der Zimmersuche, am besten fragt man dann bei den Tavernen oder im Info-Büro von Nissia an der Uferplatia.
Traditionell – **Captain's House:** Hinter der Kirche in der dritten Häuserreihe, Tel. 2246 045 201, capt50@otenet.gr, auf www.greeklodgings.gr, DZ/F ca. 45–70 €. 3 Zimmer, Du/WC in einem Anbau mit schattigem Innenhof. Captain Alex und seine englische Frau Christine sorgen für familiäre Atmosphäre. Einfache, mit Traditionsmöbeln eingerichtete Zimmer.
Schick – **Aquarella Apartments:** Nördliche Buchtseite, Tel. 2246 045 331, www.aquarella-apartments.gr, DZ 70–90 €. Sehr hübsche Studios für 2 bis 4 Pers. Schick, modern eingerichtet in alten Dorfhäusern mit Doppelbett, Miniküche und Balkonen mit Meerblick. Ins Dorf geht man ca. 5 Min., zum Póndamos-Strand ca. 15 Min.
Strandnah – **Pension Kleanthi:** An der Straße nach Póndamos, Tel. 2246 057 334, DZ/F um 70 € (HS). Schönes, renoviertes Bruchsteinhaus mit modernem Anbau, nur 3 Min. zum Strand, 5 Min. zum Hafen mit den Tavernen.

Essen & Trinken

Fisch und mehr – **Magefseis:** Paralia (Hafenfront), Tel. 2246 045 065, tgl. 8.30–23 Uhr, Hauptgerichte ab 8 €. Die Taverne direkt am Fähranleger bietet große Fischauswahl und auch Gerichte aus dem Backofen.

Pizza und mehr – **Remezzo:** Paralia, Tel. 2246 045 368, tgl. 9.30– 15, 18.30–23 Uhr, Pizza ab 6 €, Hauptgerichte ab 9 €. Nette Taverne in einem alten Steinhaus südlich vom Anleger am Kai. Anna und George servieren Pizza und gute Schmorgerichte.

Strand und mehr – **Nick's Taverna:** Póndamos Beach, tgl. 9.30–22 Uhr, Souvlaki um 8 €. Die Strandtaverne versorgt die Badegäste mit Snackküche und griechischen Klassikern. Auch einfache Zimmer werden vermietet.

Infos & Termine

Infokiosk: Am zentralen Hafenplatz, in der Saison vormittags und frühabends geöffnet. Schiffstickets und Unterkünfte gibt's bei Zifos Travel an der Uferstraße, Tel. 2246 045 028.

Internet: www.halkivisiting.proboards.com mit Forum und vielen Insider-Infos, man kann auch Fragen stellen.

Hafenamt: Tel. 2246 045 220

Feste: Mitte bis Ende August feiert die Insel ihre drei Heiligenfeste. Zuerst das Marienfest Kímissis Theotokoú am 15., dann am 27. das Fest beim Kloster und am 29./30. das Fest der Kirche Ágios Nikólaos im Hafenort. Zu dieser Zeit sind viele ausgewanderte Chalkis in ihrer alten Heimat zu Besuch.

Im Kiosk am Hafenkai von Chálki bekommt man (fast) alles, was man zum Leben braucht

Kastellórizo – der Anfang Europas

Kastellórizo ist weit entfernt, weit von Rhodos und weit von Athen. Normalerweise findet man die Insel auf keiner Karte, nicht einmal auf einer griechischen. Daher wurde dieser Außenposten, knapp 5 km vor der türkischen Küste und ganze fünf Fährstunden von Rhodos entfernt, vom griechischen Staat mit vielerlei Subventionen gefördert. Seit der Finanzkrise jedoch muss gespart werden. So gibt es heute keinen Arzt mehr auf

der Insel und im Sommer wird mitunter das Wasser knapp. Vor allem die Alten, die über Jahrzehnte dort im Abseits ausharrten, sehen sich gezwungen nach Rhodos überzuwechseln, ebenso Familien mit Kindern. So übersteig die Zahl der 200 stationierten griechischen Soldaten inzwischen schon fast die Zahl der Einwohner.

Bereits vor 3000 Jahren war Kastellórizo ein Sprungstein des griechischen Seeverkehrs entlang der Küste bis zur Levante. Während der Kreuzzüge errichteten Ritter des Johannesordens eine Burg, das Castello Rosso, dem die Insel ihren Namen verdankt. Seit dem 17. Jh. kam Kastellórizo, damals Megíste genannt, durch den Handel zu Wohlstand; im 19. Jh. besaß es eine Handelsflotte von 300 Frachtseglern und war eine der reichsten Inseln des Mittelmeers. Mikró Paríssi, »Klein-Paris«, hieß es damals bewundernd bei den Seemännern, denen es hier an keinem Vergnügen mangelte. Von dieser Zeit, als Megísti etwa 14 000 Einwohner hatte, zeugen die dreistöckigen Häuser mit ihren klassizistischen Fassaden am Hafen, die große Balkone, aber auch vergitterte Fenster besaßen.

Die großen Zeiten waren freilich schnell vorbei, als die ersten Dampfschiffe aufkamen und die Zwischenhäfen für die Segler überflüssig wurden. Doch der Niedergang begann erst nach dem Ersten Weltkrieg, als alle Griechen die Türkei verlassen mussten und die Megistier ihre Ländereien auf dem Festland verloren. Zu dieser Zeit setzte die erste große Auswanderungswelle ein.

1943 richteten die Briten einen Stützpunkt gegen die deutschen Trup-

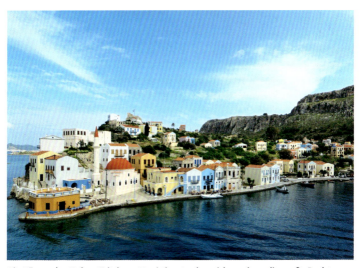

Die Häuser des Hafenstädtchens Megísti erstrecken sich rund um die große Bucht

pen auf Rhodos ein und evakuierten wegen der drohenden Bombenangriffe fast alle verbliebenen 1500 Einwohner nach Ägypten. Beim Angriff geriet dann die halbe Stadt in Brand, weil niemand mehr da war, der löschen konnte. Nach dem Krieg nahmen die meisten Megistier das Angebot der Briten an, nach Australien auszuwandern. 1960 hatte die Insel noch etwa 300 Einwohner, heute sind es nur noch knapp 130 Menschen, die ständig auf Kastellórizo leben.

Doch die Emigranten haben ihre Heimat nicht vergessen; selbst die Enkel kommen bis heute mit ihren Kindern in den Sommerferien zurück – viele haben ihre geerbten Häuser inzwischen auch renoviert und vermieten Zimmer. Zudem ist die gesamte Gemeinde von Kastellórizo, ob in Australien, in den USA, in Kanada oder in Athen, über zwei Zeitungen miteinander verbunden, die ›Lokalnachrichten‹ in alle Welt verbreiten.

Ins Licht der Weltöffentlichkeit kam die Insel 1992, als der auf Kastellórizo gedrehte Film »Mediterraneo«, eine italienische Produktion, den Oscar als bester fremdsprachiger Film erhielt. In teils sentimentalen, teils absurden Szenen wird die Geschichte einiger italienischer Soldaten erzählt, die sich im Zweiten Weltkrieg auf einer abgelegenen griechischen Insel mit den Dörflern ›fraternisieren‹.

Megísti ► Y/Z 13

Der Hauptort, der unterhalb eines steilen Hangs der Vígla-Hochebene liegt, wird heute noch Megísti genannt. Die wenigen erhaltenen Häuser erstrecken sich in langer Reihe einmal rund um die große Bucht. Genau in der Mitte liegt die winzige **Platia Ethelonton** mit zwei Tavernen, vor denen im Sommer die Jachten ankern. Für die vor der türkischen Küste schippernden Segler ist Kastellórizo eine beliebte Station. An der linken Buchtseite führt die Uferstraße zur Kirche Ágios Geórgios tou Pigádiou, der Kirche des hl. Georg, zum Brunnen aus dem 19. Jh. **Platia Afstralia** heißt der Platz dort, eine Hommage an die vielen tausend Kastellórizoten, die in Down Under eine neue Heimat gefunden haben.

Auf der anderen Seite der zentralen Platia führt die Uferstraße zur Markthalle, zum Fähranleger, um dann beim Hafengebäude und einer kleinen **Moschee** zu enden. Das islamische Bethaus, Zeugnis des engen Miteinanders von Griechen und Türken bis in die 1920er-Jahre, ist heute als Museum geöffnet (Di–So 8.30–15 Uhr). Das Gebäude blieb gut erhalten, ein deutliches Zeichen des inoffiziellen *gentlemen agreements* zwischen den Einwohnern von Megísti und denen von Kaş gegenüber in der Türkei, die sich – der Politik zum Trotz – seit Jahrzehnten kennen und auch beim Vornamen rufen. Offiziell ist es verboten, ohne Grenzformalitäten hinüberzufahren, doch zum Wochenmarkt in Kaş fährt fast immer ein Boot.

Oberhalb der Moschee liegt das **Inselmuseum** (Di–Sa 8.30–15 Uhr, So 9–13 Uhr) in ein wehrhaften Haus aus dem Mittelalter. Zu sehen sind archäologische Funde, Fresken aus alten Kirchen, Keramik, Trachten und Fotos aus der großen Zeit der Insel.

Von hier aus kann man zum **Kastell** mit seinem klotzigen Wehrturm auf der Hügelkuppe hochgehen. Unterhalb liegt die **Mandráki-Bucht** mit einer Meerwasserentsalzungsanlage, die 2008 gebaut, aber nie in Betrieb genommen wurde. 2015 endlich stellte der Staat Geld für den Anschluss an das Leitungssystem bereits, um die teueren Wassertransporte einzusparen. Vor allem die Hotels hoffen darauf.

Steigt man hinter dem Museum eine Treppe hinunter, erreicht man einen Pfad über dem Meer, der zum ›Lykischen Grab‹ führt. Es ist eine in den Fels gehauene Grabkammer, der eine Schmuckfassade in Form einer dorischen Tempelfront vorgesetzt wurde. Solche Gräber findet man auch auf dem türkischen Festland, wo sie im 5. bis 4. Jh. v. Chr. in der antiken Region Lykien entstanden. Die lykische Kultur war zwar von der griechischen unabhängig, wurde jedoch von der ionischen Kunst beeinflusst. Dass hier eine dorische Tempelarchitektur verwendet wurde, wird als Beweis gedeutet, dass dorische Kolonisten, also vermutlich Rhodier, das Grab bauen ließen.

Nahe dem Fähranleger führt eine breite Treppe hinauf in die Oberstadt. Dies war einstmals die ›Hauptstraße‹ der reichen Stadt, die den Hafen mit dem Hauptplatz, der **Platia Louca Santrape,** verband. Noch heute stehen dort drei große Kirchen und das alte Lyzeum der Insel, das nun als eine Art Gesamtschule für die wenigen Inselkinder genutzt wird.

Ausflüge

Blue Grotto ▸ Y 14

Fischerboote fahren zur Fokialikamára (›Seehundgrotte‹), einer Tropfsteinhöhle, die als ›Blue Grotto‹ bekannt ist. Die namengebenden Mönchsrobben sind heute zwar selten geworden, die Lichteffekte am frühen Morgen beeindruckten aber schon den italienischen König Vittore Emanuele III, der die Höhle mit der Blauen Grotte von Capri verglich.

Vígla-Hochebene ▸ Y 13

Ein steiler Pfad führt hinauf zur Vígla-Hochebene über der Stadt. In der Felswand auf Höhe der zentralen Platia beginnt der uralte Plattenweg, auf dem früher die Bauern mit ihren Eseln zu den hochgelegenen Feldern ritten. Oben erreicht man das verlassene **Kloster Ágios Ioánnis,** kurz davor liegt links ein mykenisches Kammergrab, das heute als Ziegenpferch genutzt wird. Weiter geradeaus kommt man zurück zur Steilwand und steigt auf einem Parallelpfad wieder hinab.

Paliókastro ▶ Y 13

Eine etwas längere Wanderung führt zum Paliókastro, zur alten dorischen Akropolis westlich des Ortes Megísti. Man folgt der einzigen Asphaltstraße (Richtung Flughafen), bis hinter einem Militärposten eine Betontreppe den Pfad empor markiert. Innerhalb der Mauer des Paliókastro liegen drei Kirchen, von deren Dächern misstrauisch die Ziegen herunterblicken, ein mächtiger Turm aus Quadersteinen und eine Zisterne, in die eine schmale Treppe hinunterführt.

Übernachten

Vermieter mit freien Zimmern stehen bei Ankunft der Fähre am Kai.
Karibik-Flair – **Megisti Hotel:** Gegenüber dem Anleger auf der Nordseite der Bucht, Tel. 2246 049 219, www.megistihotel.gr, DZ/F ca. 80–140 €, Suite 140–210 €. Edel renoviertes Hotel direkt am Meer mit großzügigen Suiten, modern eingerichtet und ganz in hellen Farben gehalten. Toll für Honeymooner, auf Wunsch gibt es Champagner aufs Zimmer.
Traditionelles Flair – **Karnayo:** Platia Australia, Tel. 2246 049 266, www.karnayo.gr., DZ 60–80 €, Apartments 80–100 €, kein Frühstück, mind. 2 Tage. Schicke Zimmer und Studios in drei renovierten Häusern der Jahrhundertwende mitten in der Stadt. Traditionell und höchst geschmack-

voll, aber doch komfortabel und mit Klimaanlage (AC) eingerichtet.
Traditionell – **Damien and Monika's Pension:** Im Ort, Tel. 2246 049 109, www.kastellorizo.de, DZ ca. 40–65 €, Apartment 60–95 €. Traditionell eingerichtete Studios unter griechisch-australischer (Damien) und deutscher (Monika) Leitung. Zimmer mit Kühlschrank, Wasserkocher und einem kleinen Garten. Kontakt auch über Souvenirshop Caretta bei der Markthalle.

Essen & Trinken

Jachtie-Treff – **Lazarakis:** Am Kai, nahe dem Agora-Bau, Tel. 2246 049 370, tgl. 9.30–15, 18.30–23 Uhr, Hauptgerichte ab 11 €. Nette, bei Jachties beliebte Taverne mit viel Fisch- und Grillgerichten (auch Langusten). Viele Deutsche, traditionelles Flair, aber etwas teurer als der Durchschnitt.
Bei der Markthalle – **Agora:** Uferstraße, Tel. 2246 049 384, tgl. 9.30–15, 18.30–23 Uhr, Hauptgerichte um 8,50 €. Traditionelle Taverne hinter der Agora, hier essen die Einheimischen in einem schattigen, kühlen Innenhof. Bodenständige Küche von Mama Chrisanthi.
Familiär – **Ta Platania:** Im Hintergrund der Paralia Platia, Tel. 2246 049 206, auf Facebook, tgl. 9.30–15, 18.30–23 Uhr. Etwas abseits der Segler-Szene, nette Stimmung, familiäre Küche, z. B. Keftedes vom Grill 7 €. Manchmal kann man hier den auf Kastellórizo gedrehten Film »Mediterraneo« (s. S. 265) auf Video sehen.

Infos

Papoutsi Travel: Tel. 2246 070 630, www.papoutsistravel.4ty.gr; an der Uferstraße. Fährtickets und Zimmer- oder Apartmentvermittlung.
Hafenamt: Tel. 2246 049 270

Níssyros – ein grüner Vulkan

Mit den sanft abfallenden, grünen Hängen von Níssyros betritt der Besucher einen Vulkan. Die Insel erhebt sich als gleichmäßiger Kegel bis zu 600 m Höhe empor, fällt in der Mitte jedoch zu einer weiten Caldera ab, dem alten Vulkankrater, der vor weniger als 1 Mio. Jahren ausgesprengt wurde.

An Vulkanismus erinnert jedoch zunächst wenig. Der große Krater ist auf fruchtbarer Vulkanerde üppig bewachsen; nur im hinteren Teil der Caldera klafft ein kreisrundes Loch, das aussieht wie ein Vulkanschlot. Auf der Abbruchkante der Caldera thronen die Dörfer Emborió und Nikiá. Hauptort und Hafen ist Mandráki unterhalb der antiken Akropolis.

Infobox

Anreise
Fähre: Von Rhodos 2 x wöchentlich eine Fähre der Route Rhodos – Kós – Pireas mit Stopps in Tílos, bei der Rückfahrt Weiterfahrt bis Kastellórizo/Megísti (www.bluestarferries.gr).
Schnellboote: Per Katamaran (Dodekanisos Seaways, www.12ne.gr) von Mai bis Okt. 2 x wöchentlich von Rhodos (Di, Do ab Kolóna-Hafen) über Chálki und Tílos und weiter nach Kós.
Busse: Mehrmals täglich ein Inselbus vom Hafen nach Páli, Emborió und Nikiá. Juli/Aug. fährt der Bus auch zum Liés-Strand.

Geld
Es gibt zwei Bankautomaten in Mandráki (Dodecanes Bank u. Post), VPay-Karten funktionieren aber nicht, dann hilft nur eine Kreditkarte.

Auf die Insel kommen hauptsächlich Tagesausflügler – aus Kós und aus Rhodos. Als Badeinsel ist Níssyros kaum geeignet: Die wenigen Strände sind nicht gerade schön.

Mandráki ▸ D 6

Die Inselhauptstadt ist eine Mischung aus Mýkonos und Pátmos. Weiß getünchte Häuser mit bunten Balkonen klettern vom Meer die terrassierten Vulkanhänge empor, auf denen Olivenbäume, Steineichen und Feigenbäume wachsen. Über der Stadt erhebt sich weithin sichtbar ein Kloster, dessen strahlendes Weiß sich grell von dem schwarzen Lavastein des Hügels abhebt.

Mandráki ist eine Stadt mit zwei ganz unterschiedlichen Gesichtern. Mittags sorgen die Tagesausflügler für etwas Leben, abends sind dann die Einheimischen und die wenigen festen Gäste unter sich. Und wenn die Sonne glutrot im Meer vor der Stadt versinkt, hat man mit Blick auf das Inselchen Gialí (sprich *jali*) und den Höhenrücken von Kós einen der schönsten Sonnenuntergänge Griechenlands vor sich.

Der Ort entstand im Mittelalter am landseitigen Hang des Burgbergs. Die ursprüngliche Platía, umgeben von weinberankten Kafénia, liegt denn auch weiter landeinwärts hinter dem Hotel Porfyris. Erst die Italiener bauten den heutigen Hafen mit dem markanten **Hafengebäude** **1** aus, von dem eine Betonpiste am Meer entlang bis in das Ortszentrum führt. Am Anleger, wo heute die meisten Hotels stehen, beginnt eine lange Tavernenmeile.

Ägäische Inselidylle in blau-weiß: Hafenort Mandráki auf Níssyros

Meistens fährt man gleich nach Ankunft der Fähre hoch zum Vulkan (s. S. 272), doch danach lohnt ein kleiner Ortsbummel. Folgt man der Hauptgasse vom Anleger aus, kommt

Per Bus zum Vulkan

Jeweils bei Ankunft der Ausflugsboote fahren Busse vom Hafenplatz direkt zum Vulkankrater (ca. 8 €). Zum Mittagessen ist man dann wieder zurück in Mandráki. Der normale Inselbus fährt nur bis Emborió, doch als Alternative kann man auch an der Uferstraße ein Moped mieten und auf eigene Faust losfahren.

man zur hübschen **Platia Ilikiomeni 2**, mit ihren Tavernen und dem Kafenío der Mittelpunkt des Dorfes. Am nächsten Platz liegt das **Dimarcheío 3**, das klassizistische Rathaus. Etwas weiter steht die Hauptkirche des Ortes, die **Panagía Potamítissas 4**, die ganz im traditionellen byzantinischen Stil ausgemalt ist. Dahinter beginnt der weiß getünchte Treppenweg zum Kloster.

Kloster Panagía Spiliáni 5

Auf dem schroffen Felsen über der Stadt wurde schon seit frühchristlicher Zeit die Panagiá Spiliáni verehrt. Die ›Allheilige zur Höhle‹ geht vielleicht sogar auf eine antike Kult-

Mandráki

Sehenswert

1 Hafengebäude
2 Platia Ilikioméni
3 Dimarcheío
4 Panagía Potamítissas
5 Kloster Panagía Spiliáni

Übernachten

1 Porfyris Hotel

2 Romantzo Hotel
3 Mammis Apartments
(außerhalb in Páli)

Essen & Trinken

1 Iríni
2 I Fabrika
3 Panorama

Aktiv

1 Chochláki (Hohlaki)
Beach
2 Ortsstrand
3 Miramare Beach

Abends & Nachts

1 Ta Liotridia
2 Rythmos

stätte zurück. In spätbyzantischer Zeit errichtete man ihr eine Kirche, deren alte Marienikone mit schönem Oklad bis heute ein häufig besuchtes Wallfahrtsziel ist. Erst 1312 ließen die genuesischen Assanti, Gefolgsleute des ›Piraten‹ Vignoli von Rhodos (s. S. 80), zum Schutz des Hafens eine Burg bauen, verschonten aber die Kirche. Erhalten sind noch Mauern des Donjons und das Tor der Festung.

Im 18. Jh., die Burg war schon längst verfallen, entstand auf dem Felsen ein Kloster, das einst ein bedeutendes Wallfahrtsziel war, heute aber nur noch von einem Priester gehütet wird. Das thront nun blitzweiß über der Stadt und gibt Mandráki nachts mit seinem Neonkreuz den Segen.

Die Akropolis (Palékastro)

Vom Beginn des Treppenwegs zum Kloster erreicht man nach links gehend den Pfad zur antiken Akropolis, hier **Palékastro** genannt. Die dorische Burg ist von einer etwa 3,5 m breiten Mauer aus vulkanischen Trachytquadern umgeben, der stärksten erhaltenen antiken Befestigungsanlage Griechenlands.

Die Quaderblöcke des mächtigen Steinwalls aus dem 5. oder 4. Jh. v. Chr. sind rechteckig, jeweils imposante 80 cm hoch und bis zu 2 m lang. Sogar der Eingang blieb unversehrt und scheint auch heute noch durch nichts erschüttert werden zu können. Dahinter führt eine Treppe auf die Mauerkrone; sonst ist die Akropolis leer, nur gelegentlich blitzt ein Marmorkapitell durchs Gebüsch.

Emborió ► E 6

Das Dorf auf der Abbruchkante zum Vulkankrater wurde durch das Erdbeben von 1933 schwer zerstört und ist heute fast völlig entvölkert. An den schmalen Treppengassen, auf denen man nur Esel als Transportmittel einsetzen kann, reihen sich verfallende Häuser, andere werden nur noch in den Sommerferien bewohnt. Über dem Dorf liegt das **Kástro,** eine ebenfalls romantisch verfallende Burg. Eine Rast mit schönem Ausblick ist im kleinen Dorfkafeníο **To Balkoni** möglich, da man direkt an der Abbruchkante die Caldera überschaut. Hinter dem Dorf biegt die Piste in die Caldera, den Vulkankrater, ab (s. S. 272).

Nikiá ► E 6

Im Gegensatz zu Emborió ist das 50-Seelendorf Nikiá der malerischste Ort der Insel. Er liegt gegenüber Emborió auf dem Rand des Vulkankraters, etwa 14 km von Mandráki entfernt. In schmuckem Weiß drängen sich die Häuser aneinander, auf der einen Seite der Vulkan, auf der anderen die steilen Terrassenhänge zum Meer.

Ein Spaziergang durchs Dorf führt durch die Hauptgasse an mehreren Tavernen entlang, ein zweiter Weg verläuft am Rand des Kraters mit schönen Aussichten bis zum verfallenen Kástro am Ortsende. Die Hauptgasse endet auf der Dorfplatia bei der weiß-blauen Kirche, flankiert vom Kafeníο und einer großen Zisterne, wo die Frauen früher die Wäsche wuschen.

Vom Bushalteplatz vor dem Dorf kann man zu einer Aussichtsplattform mit schönem Blick über den Vulkan absteigen. Dort beginnt auch ein Fußweg zum Kloster Ágios Ioánnis Theológos am Hang der Caldera-Wand. Von diesem Weg zweigt ein Fußpfad hinunter zum Vulkan ab. Nimmt man den Morgenbus nach Nikiá, kann man hier etwa 250 m zur Caldera-Sohle absteigen und mit einem der Direktbusse zum Vulkan zurückkehren.

Strände und Häfen

In Mandráki gibt es den kleinen **Chochláki Beach** **1** hinter dem Klosterberg (Zugang entlang der Küste). Wegen der großen Kiesel hat man dort ohne Badeschuhe wenig Freude. Schön sandig ist der kleine **Ortsstrand** **2** mit Sonnenliegen und einer Taverne. Hinter dem Hafen gibt es eine weitere Badestelle, **Miramare Beach** **3** genannt.

Kurz vor Páli, in einer vom Bimsabbau zerfurchten Gegend, liegt der **White Beach** (► E 6), den ein Großhotel in Beschlag nimmt. ▷ S. 275

Mein Tipp

Musik in historischem Rahmen

Zwischen Restaurant, Museum und Musik-Café changiert das **Ta Liotridia** **1** an der Ufergasse mit Tischen auch auf dem Kai. Es ist in einer alten Olivenölfabrik untergebracht. Die Bruchsteinmauern, das originale Mahlwerk und mehrere Pressen setzen stimmungsvolle Akzente. Abends ab 20 Uhr fungiert das Liotridia als Musik-Café. Über die Website www.nisyros-taliotridia.com kann man auch zwei stilvolle Apartments mieten.

Auf Entdeckungstour: Wo Polybotes schlummert – der Vulkan von Níssyros

Im vorderen Teil der Vulkan-Caldera von Níssyros wachsen noch Obst- und Olivenbäume, dann wird die Landschaft trostloser und schließlich schweflig gelb. Ein Pfad führt auf den Boden des größten Sekundärkraters hinab. Dort pfeift aus Spalten und Löchern heißes Gas, auf Steinen kann man Spiegeleier braten, und wenn man hüpft, scheint der Boden wie ausgehöhlt zu vibrieren.

Reisekarte: ▶ E 6
Vulkanbus: s. S. 269
Alternative zum Bus: Die Strecke zum Vulkan ist mit einer Vespa auch zu zweit kein Problem.
Alternativen zu Fuß: Vom Dorf Nikiá führt ein guter Treppenpfad über 250 Höhenmeter den Kraterrand hinunter (ca. 1 Std.). Ca. 3 Std. wandert man von Mandráki (Pfadbeginn beim Páleokastro) über das Kloster Moní Stávros zum Vulkan.

Der südägäische Vulkanbogen reicht von Methana auf der Peloponnes-Halbinsel über Mílos und die berühmte Vulkaninsel Santorin (Thíra) nach Níssyros, wo sie auf die ostägäische Vulkanzone entlang der Westküste Kleinasiens trifft, die über Sámos, Pátmos und Kós nach Níssyros verläuft. Während die kleinasiatische Vulkanzone an der Grenze zur Türkei hauptsächlich durch kleinere bis mittlere Erdbeben von sich reden macht, hat der südägäische Vulkanismus in Santorin und Mílos fantastische Zeugnisse roher Naturgewalt geschaffen.

Die Vulkankrater von Níssyros

Im Vergleich dazu gibt sich die Insel Níssyros weniger spektakulär. Doch sind die geologischen Zeichen nicht weniger spannend. Zunächst ein Blick zur Karte. Verlängert man die Konturen von der Nordküste von Níssyros und der Südküste der kleinen Insel Gialí, treffen sich beide Linien zu einem Kreis – der annähernd die Form eines großen untermeerischen Kraters beschreibt. Dies war die erste Caldera, die beim Ausbruch eines sehr viel größeren Vulkans vor vielen Millionen Jahren entstand – vergleichbar jener Katastrophe von Santorin, bei der um 1600 v. Chr. die ganze Insel zerriss und nur die Ränder stehen blieben.

Bimssteintuffe und Aschen dieser und einer weiteren großen Eruption vor ca. 30 000 Jahren, bei der die große, linsenförmige Caldera im Inneren von Níssyros entstand, bedecken heute die meerseitigen Hänge der Hauptinsel ihres Kleintrabanten Gialí und sogar noch der Insel Tílos. Dieses Tuffgestein hat bis heute ökonomische Bedeutung für Níssyros. Aus dem früher bei Loútra, heute auf Gialí abgebauten Gestein, Puzzuolana-Erde oder nach dem früheren Hauptabbaugebiet auch Santorin-Erde genannt, wird ein besonderer Mörtel hergestellt. Im Verhältnis 8 : 1 mit Kalk gemischt, bindet das Bimssteinmehl auch unter Wasser ab und wird äußerst widerstandsfähig gegen Seewasser. Heute ist Gialí das einzige noch aktive Bimsabbaugebiet Griechenlands.

Innerhalb der **Caldera** mit ca. 3,5 km Durchmesser finden sich heute mehrere halbaktive Krater. Der größte ist der ca. 30 m tiefe Stefanoskrater mit gut

300 m Durchmesser, der wohl durch eine in den Chroniken überlieferte Dampfexplosion im Spätmittelalter entstanden ist. Daneben gibt es noch vier kleinere Sekundärkrater weiter nördlich. Ganz im Norden ist die Caldera gefüllt mit mehreren Quelldomen von zähflüssiger Lava, deren Alter nur einige tausend Jahre beträgt.

Der Gigant Polybotes grollt

Auch wenn der Vulkan inzwischen nur noch auf Sparflamme kocht, ist

der letzte Ausbruch noch gar nicht so lange her. 1933 war Níssyros das Epizentrum des großen Erdbebens, das die Altstadt von Kós in Trümmer legte; 1888 gab es die letzte richtige Eruption, wobei der Vulkan eine Wolke ausspie, die bis nach Rhodos sichtbar war. Polybotes, der Gigant, scheint also immer noch lebendig.

Strabo, der Geograph der frühen römischen Kaiserzeit, überliefert uns über Níssyros nämlich Folgendes: Nach dem Sieg in der Gigantenschlacht, dem Kampf der olympischen Götter im Bündnis mit Herakles gegen die Söhne der Erdmutter Gea, habe der Meeresgott Poseidon den Polybotes verfolgt. Über Kós riss der Gott mit seinem Dreizack ein mächtiges Landstück ab, packte es und schleuderte es auf den fliehenden Giganten. So entstand, glaubten die Alten, die Insel Níssyros, unter der nun der Polybotes begraben liegt. Wahrscheinlich erschüttert der Riese bis heute die Insel, zuletzt bei einem Erdbeben im Jahr 1998.

Anschließend haben britische Geologen ein Mess- und Frühwarnsystem aufgebaut, um rechtzeitig vor einer neuen Explosion warnen zu können. Neueste Ergebnisse zeigen nämlich, dass die Magmakammer unter der Caldera in nur 3 bis 4 km Tiefe liegt und offenbar jedes Jahr weiter emporsteigt. Auch die Temperatur der Fumarolen (Schlammtöpfe) steigt seit den Messungen ab 2000 leicht, aber doch stetig an. Die Wissenschaftler sind besorgt. Vielleicht betritt man in diesem Wissen den Krater doch etwas vorsichtiger?

Tanz auf dem Vulkan

Fährt man vom Caldera-Rand hinunter auf den Krater zu, nähert man sich einer grauweißen Mondlandschaft – die Vegetation wird erst spärlicher, verliert sich schließlich ganz. Eine regelrechte Vulkantätigkeit lässt sich jedoch nicht so schnell erkennen. Das erste Zeichen ist der Geruch – deutlicher gesagt: Es stinkt erbärmlich nach faulen Eiern, also Schwefelwasserstoff.

Unten im Krater zischt es dann aus gelb-schwefligen Löchern, die mit köchelndem Schlamm gefüllt sind. Heiße Luft dampft auf, Schwefelablagerungen färben die Steine in weitem Umkreis glitzernd grell-gelb. Im 19. Jh. sind die Schwefelvorkommen des zweiten, heute erloschenen Kraters noch wirtschaftlich ausgebeutet wor-

den. Heute werden die gelben Schwefelkristalle nur noch als Souvenirs aufgesammelt – preiswerte Mitbringsel!

Kleine Wanderungen

Auf gut begehbaren Pfaden kann man auch noch die nördlich gelegenen **Nebenkrater** erwandern. Sie alle entstanden bei hydrothermischen Ausbrüchen Anfang der 1870er-Jahre; der letzte ereignete sich 1887. Dabei kam Wasser durch Erdbeben mit heißen Gesteinsschichten in Kontakt und löste so eine Dampfexplosion mit Gesteinsauswurf aus. Das Gestein besteht teils aus Kalkstein vom Festlandsockel der Insel, teils aus magmatischen Laven – deutliches Zeichen für einen Hot Spot, eine Bruchspalte, durch die Magma nach oben steigt.

Ähnliche Explosionen befürchten die Experten auch für die Zukunft. Andererseits bietet die thermische Energie des Untergrunds auch die Möglichkeit, durch ein Kraftwerk sämtliche Dodekanes-Inseln mit Strom zu versorgen. Ein geplantes Projekt verhinderten jüngst allerdings die Einwohner der Insel – sie sorgten sich um das touristische Potential der Insel. Befürchtet werden die Freisetzung giftiger Gase, die Gefahr von Erdbeben, Meeresverschmutzung, um nur die schlimmsten Folgen zu nennen.

Das Vulkanmuseum

Vulkanische Prozesse sind auch Thema eines kleinen, mit EU-Geldern finanzierten **Museums** im Dörfchen Nikiá, das im Süden auf der Calderawand thront (Di–So 11–15 Uhr, Eintritt 2 €). In der alten Dorfschule sind vielerlei Exponate zum Vulkanismus in Griechenland und speziell auf Níssyros ausgestellt. Vom Stefanos-Krater führt ein Treppenweg über 250 Höhenmeter nach Nikiá.

Das kleine Fischerdorf **Páli** (▶ E 6), 4 km östlich von Mandráki, ist bei Jachturlaubern ein beliebter Hafen. An der Uferstraße reihen sich Tavernen; an der Ostseite kommt man zu einem graubraunen Sand-Kies-Strand.

An der Ostküste liegt der lange, ganz einsame Kieselstrand **Liés Beach** (▶ E 6), an dem es nur in der Saison eine Snackbude gibt. Dort, wo die Straße endet, beginnt ein Pfad über die Uferfelsen zum Pachía Ámmos, dem einsamsten Strand von Níssyros (10 Min. zu Fuß).

Übernachten

Hübsch mit Pool – **Hotel Porfyris** 1 : Im Ortszentrum von Mandráki kurz vor der Platia Ilikiomeni, Tel. 2242 031 376, www.porfyrishotel.gr, DZ/F 35–60 €. Komfortables Mittelklassehaus mit Pool. 38 Zimmer ansprechend ›al greco‹ eingerichtet, ruhig gelegen, schöner Meerblick.

Basic – **Pension Romantzo** 2 : Am Hafen hinter Hotel Three Brothers, Tel. 2242 031 340, www.nisyros-romantzo.gr, DZ/F ca. 25–45 €. Einfache Zimmer, aber mit eigenem Bad; große Gemeinschaftsterrasse vor den Zimmern. Eine beliebte Adresse bei preisbewussten Inselhoppern.

Am Strand – **Mammis** 3 : Páli, Tel. 2242 031 824, www.mammis.com, DZ 40–60 €. Schöne Apartmentanlage im stillen Fischerdorf mit großem Garten. Einfache Studios in der Nähe des Sandstrandes für stille Tage. Ein Moped ist aber empfehlenswert.

Essen & Trinken

Am Dorfplatz – **Iríni** 1 : Platia Ilikiomeni, ganzjährig tgl. ab 8 Uhr. Alteingesessene traditionelle Taverne, viele leckere Schmorgerichte aus dem Ofen (ab 8 €). Die Zutaten stammen zum Großteil aus eigener Produktion. Netter Service, man sitzt schön im Schatten unter dem Blätterdach der Platia.

Traditionell – **I Fabrika** 2 : Am Ortsstrand, Tel. 2242 031 552, tgl. ab 11.30 und 18 Uhr, Hauptgerichte um 8 €, Meeresfrüchteplatte um 20. Auf überdachter Terrasse serviert eine Armenierin Spezialitäten wie Boukounies, nissyrotisches Schweinefleisch, oder Soukaliatsa, den Käse der Inselziegen.

Neue Küche – **Panorama** 3 : An der Gasse bei Hotel Porfyris, Tel. 2242 031 185, tgl. ab 11 und 18 Uhr, Hauptgerichte ab 8 €. Das beste Restaurant der Insel. Der Wirt hatte ein Restaurant in Amerika und serviert eine modernisierte griechische Traditionsküche, auch Gerichte mit Ziegenfleisch.

Einkaufen

Aus dem Garten – In den Tavernen erhält man ein süßes Mandelgetränk, **Soumáda,** das man im Geschäft nahe der Meerplatia auch kaufen kann.

Aus dem Vulkan – Am Krater wird **Bimsstein** verkauft, – den man aber auch bei Páli am Straßenrand auflesen kann.

Abends & Nachts

Szenetreff – **Ta Liotridia** 1 : s. S. 271.

Auch Tanzen – **Rythmos** 2 : Paralia, Tel. 2242 031 463, tgl. ab 10 Uhr. Café-Bar am Meer, innen mit Tanzfläche.

Infos

Information: Enetikon Travel an der Küstenstraße (Tel. 2242 031 180, www.enetikontravel.com), verkauft auch Schiffstickets.

Hafenamt: Tel. 2242 031 222.

Fest Panagia Spiliáni: 14./15. August großes Kirchweihfest; es kommen viele Pilgergäste von anderen Inseln.

Kós – Spuren der Antike

Im Zeitalter der Katamaran-Fähren ist selbst ein Ausflug nach Kós als Tagestour möglich, und für alle, die sich für die Antike interessieren, ist das eine lohnende Sache. In Kós-Stadt, das von türkischen Moscheen und verspielten italienischen Bauten geprägt ist, finden sich die größten antiken Ausgrabungen der griechischen Inseln.

Kós war im Altertum nicht weniger berühmt als Rhodos. Es gehörte mit den drei rhodischen Städten Líndos, Kámiros und Ialyssós zum Städtebund der dorischen Hexapolis, in der auch noch Knidos und Halikarnassos (heute Bodrum) auf dem kleinasiatischen Festland vereint waren. Hier wurde 460 v. Chr. der berühmte Arzt Hippo-krates geboren, dessen Eid noch die Mediziner von heute beschwören. Aus einem Tempel für den Heilgott Asklipios entwickelte sich dann im Hellenismus und in der Römerzeit eine der angesehensten und beliebtesten Kur- und Heilzentren der Antike; reiche Römer ließen sich im Asklipion mit Heilschlaf, Wassergüssen und Kräutersäften behandeln.

Während des Mittelalters zählte auch Kós zum Reich der Johanniter-Ritter, die den Hafen mit einer Burg schützten, wofür ein Großteil der Steine des antiken Asklipions verwendet wurden. Unter den türkischen Osmanen war Kós die zweite Stadt des Dodekanes, in der Türken angesiedelt wurden. Daher entstanden etliche Moscheen, die noch heute mit ihren Minaretten das Stadtbild prägen. Wie Rhodos wurde auch Kós Anfang des 20. Jh. von den Italienern besetzt, die die Hauptstadt mit Bauten in orientalisierender Architektur erweiterten.

Genau wie in Rhodos war damals die antike Stadt mittelalterlich überbaut, doch als 1933 ein schweres Erdbeben große Teile der Altstadt zerstörte, nutzten italienische Archäologen die Gelegenheit zur Ausgrabung. So liegen heute weite Areale des antiken Kós frei und können in einer Art Architekturpark besichtigt werden.

Infobox

Anreise
Fähre: Regulär zwischen Mai und Okt. mindestens tgl. eine Autofähre der Route Pireas – Dodekanes – Rhodos (www.bluestarferries.gr). Fahrzeit mit ›Diagoras‹ 4 Std, mit ›Blue Star 2‹ 3 Std.
Schnellfähre: In der Saison bis 2 x tgl. per Katamaran mit Dodekanisos Seaways (www.12ne.gr). Fahrtzeit je nach Stopps 2,5–3,5 Std.
Tipp: Die ›Superfast XII‹ von Blue Star Ferries startet ab Kós schon gegen 7, So 6 Uhr, an Rhodos gegen 10 bzw. 9 Uhr, so verliert man keinen Reisetag.
Hafenamt: Tel. 2242 026 594.
Bus in Kós: Vom Katamaran-Anleger neben der Tourist Info fährt nach Ankunft des Schiffs eine Art Traktorbus zum Asklipion. Stadtbusse vom Hafen etwa stdl. nach Platani (von dort sind es noch 1,5 km zu Fuß).

Die Ausgrabungen in Kós-Stadt ▶ F 1

Die Katamarane ankern vor dem **Albergo Gelsomino** 🔳 1, dem markanten italienischen Justizpalast im orientalisierenden Stil, in dem auch das Informationsbüro zu finden ist. Nach

Orthodoxer Priester vor der alten Moschee in Kós-Stadt

rechts geht es zum Mandráki-Hafen mit den Fischer- und Ausflugsbooten, nach links zur Neustadt und zur Jachtmarina. Direkt geradeaus kommt man zum Gelände der freigelegten antiken **Agora** 2, die nach der Verlagerung der Inselhauptstadt an die Ostküste im Jahr 366 v. Chr. angelegt worden war. Als Zentrum der antiken Stadt war dieser Platz gesäumt von Tempeln, u. a. für die Liebesgöttin Aphrodite. Aufrecht stehen Teile der Hafen-mauer und zwei mächtige Säulen der Marktkolonnaden, die die Agora an drei Seiten umgaben. Von einer 150 m langen Stoa, einer Säulenhalle mit Läden und Weinschenken, stehen noch acht Säulen aufrecht.

Auf der anderen Seite der Agora liegt der heutige Zentralplatz, die Platia Eleftherias, mit dem **Archäologischen Museum** 3 (Di–So, 8–14.30 Uhr). Hier sind Mosaiken und vor allem Statuen und Kleinfunde zu sehen,

Kós-Stadt

die aus den Ausgrabungen geborgen werden konnten. Untergebracht ist es in einem von den Italienern errichteten Bau im Stil der 1930er-Jahre mit einem offenen Hof im Zentrum, der den Atriumhof einer römischen Villa nachempfindet. Unter den Statuen fallen der Trunkene Dionysos aus dem römischen 2. Jh. und der Tod des Marsyas auf, der als Strafe, dass er Apollon im Flötenspiel herausgefordert hatte und dem Gott selbstredend unterlag, lebendig gehäutet wurde.

Über die Straßen Ifestou und Apellou erreicht man dann das westliche Ausgrabungsareal. Hier sind entlang einer der antiken, früher von Säulenhallen gesäumten Hauptstraßen zahlreiche **Bodenmosaiken** 4 aus den früheren Villen zu sehen (z. B. »Entführung der Europe«).

Vorbei an römischen Thermen und einer Säulenhalle der **Palaestra** 5, einer Art Sporthof (auch als Gymnasium bezeichnet), gelangt man zu einem monumentalen **Nymphaeum** 6: Dieses Brunnenhaus besaß einen von Säulenhallen umgebenen Innenhof und eine von Nischen gegliederte Fassade, wo das über den Aquädukt an der Odos Ampavris herbeitransportierte Wasser in drei Becken plätscherte. Hinter dem Bau, am westlichen Rand des Areals sind weitere Mosaiken freigelegt, u. a. ein »Urteil des Paris«.

Jenseits der viel befahrenen Straße Grigoriou E' liegen noch das antike

Odeum 7, ein kleines Musiktheater, das unlängst restauriert wurde, sowie die **Casa Romana** 8 (Di–So 8–14.30 Uhr), das sehenswerteste antike Relikt in der Stadt Kós. Es handelt sich um die große Villa eines wohlhabenden Bürgers aus römischer Zeit, die von den Italienern rekonstruiert worden ist. Die Räume gruppieren sich um drei mit Mosaiken und Marmorplatten geschmückte Innenhöfe, die Wände sind aufwendig mit Wandmalereien geschmückt. Hier kann man sich das angenehme Leben der Oberschicht in der Römerzeit gut vorstellen.

Links neben der Villa liegen die Reste der **Zentralthermen** 9; anschaulich lässt sich das System der Hypokausten nachvollziehen, jener im Boden und in den Wänden eingebauten Hohlräume, durch die heiße Luft geleitet wurde, um die Baderäume zu heizen.

Wenn jetzt noch Zeit bis zur Rückfahrt bleibt, sollte man einfach durch die Stadt zurückbummeln. Ein kleiner Schlenker Richtung Neustadt führt dabei zum **Alexander-Altar** 10 an der Odos Tsaldari. Das neuzeitliche Monument ehrt den großen makedonischen König und zitiert eine programmatische Rede, in der er die Völker in dem von ihm eroberten Reich zu friedvollem Zusammenleben und ethnischer Vermischung auffordert. Doch nach Alexanders Tod hatte solche Multikulturalität kaum Chancen, das Reich brach auseinander.

Auf dem Rückweg zum Fähranleger lohnt dann noch die sogenannte **Platane des Hippokrates** 11 neben dem Kastell einen Blick. Dass der berühmte Arzt hier, unter dem bizarr vom Alter gebeugten Baum, gelehrt hätte, ist aber nur Legende, denn zu seinen Lebzeiten lag die Stadt Kós noch auf der westlichen Inselhälfte.

Von der Platia Platanou führt eine Steinbrücke in das vom Johanniterorden auf Rhodos erbaute **Kastell** 12 am Mandráki-Hafen, das heute Nerátzia genannt wird. Dabei überquert man den ehemaligen Wassergraben, in dem die Italiener eine inzwischen zu immenser Höhe gewachsene Palmenallee anlegten. Im Inneren sind viele antike Kapitelle, Säulenschäfte oder mit Girlanden verzierte Altäre ausgestellt.

Das Asklipieion ▸ F 2

Eine Fahrt zum Asklipieion ist auch innerhalb eines Tagesausflugs machbar, doch bleibt dann recht wenig Zeit für die Grabungen in Kós (zumal das Museum und die Casa Romana schon um 14.30 Uhr schließen). Jedoch fährt direkt nach Ankunft vom Anleger ein Traktorbus dorthin.

In der baulichen Gestalt entspricht das Asklipieion einer typischen, stark auf die Landschaft bezogenen Anlage des Hellenismus, wofür auch die Stoa von Líndos ein gutes Beispiel ist (s. S. 203). Wie dort erstrecken sich die Bauten über mehrere Terrassen und sind so übereinander gestaffelt, dass sich ein theatralischer Visualisierungseffekt ergibt.

Die **erste Terrasse** war von einer Stoa umgeben, einer über eine Säulenkolonnade zum Terrassenhof geöffneten Halle mit rückwärtigen Räumen, wo man Ärzte konsultieren oder Devotionalien kaufen konnte, evtl. waren dort auch die Kranken untergebracht. Heute sind nur noch die Grundmauern und einige wenige Säulentrommeln zu sehen.

Auf der **zweiten Terrasse** lag ein Asklipion-Tempel des 3. Jh. v. Chr. im ionischen Stil, von dem zwei Säulen wieder aufgerichtet wurden. Wenn man die Treppe emporsteigt, kommt man direkt zum freistehenden Altar, rechts davon lag der Tempel. Ein zweiter, Apollon geweihter Tempel mit korinthischen Säulen erhob sich auf der anderen Seite, hinter einer halbkreisförmigen Exedra.

Die **oberste Terrasse** war wie die unterste an drei Seiten von einer Säulenhalle umgeben; in der Mitte erhob sich ein großer dorischer Tempel, der im 2. Jh. v. Chr. entstand und ebenfalls Asklipios geweiht war. Effektvoll führte die Freitreppe auf die Frontfassade mit sechs Säulen unter einem Dreiecksgiebel empor. Der Tempel gehörte also zu der späteren Ausbaustufe; in byzantinischer Zeit wurde er in eine Kirche umgewandelt: Davon zeugt noch der improvisierte Altar aus einem Kapitell, in das die christlichen

Symbolbuchstaben ICXC eingemeißelt wurden. In den Räumen der umlaufenden Stoa suchten die Kranken, vermutlich mit Drogen berauscht, im Heilschlaf durch den Gott Erlösung von ihren Krankheiten zu erlangen.

Übernachten

Strandhotel – **Philippion** **1**: 2 Thessalou, Tel. 2242 026 663, www.philippion.com, DZ/F 50–75 €. Schickes Hotel am Stadtstrand, nur durch die Straße vom Meer getrennt. Modern eingerichtete Zimmer mit Mini-Küche, Pool im Innenhof, Restaurant.

Zentral – **Alexandra** **2**: 16 25is Martiou, Tel. 2242 028 304, www.alexandrahotel-kos.com, DZ/F ab 55 € (NS), ab 85 € (HS). Zentral gelegenes 4-Sterne-Hotel mit Sauna und Fitness-Gym. Moderne Zimmer, teils mit Hafenblick; auch Studios mit kleiner Küche.

Hübsche Villa – **Sonia** **3**: 9 Odos Irodotou, Ecke Odos Omirou, Neustadt, Tel. 2242 028 798, www.hotelsonia.gr, DZ/F ca. 35–60 €. Pension in einer 60er-Jahre-Villa mit schönem Garten, die Zimmer 2012 renoviert.

Essen & Trinken

Schön sitzt man in den Tavernen am am Hafen beiderseits des Kastells. Im Barviertel rund um die Fereou und Nafklirou viele einfache Lokale.

Retsina – **Olimpiada** **1**: 2 Kleopatras, Altstadt, nahe der Station der Inselbusse, Hauptgerichte ab 7 €. Beliebte, einfache Taverne mit recht günstiger, aber authentischer griechischer Küche. Was es zu essen gibt, kann man in Warmhaltewannen anschauen; der Service ist nett, aber nicht übertrieben.

Edelküche – **Petrino** **2**: 1 Platia Theologou, Altstadt, nahe der westlichen Ausgrabung, ab 18 Uhr, Reserv. empfohlen, Tel. 2242 027 251, www.pe

trino-kos.gr, Hauptgerichte ab 12 €. Eines der Spitzenrestaurants von Kós, in einem jahrhundertealten Bruchsteinhaus, große Terrasse mit Blick über die antiken Ruinen. Man serviert in elegantem Rahmen griechische Spezialitäten, sehr gute Weinauswahl.

Italienisch – **La Trattoria Degli Amici** **3** : 22 G. Papandreou, Tel. 2242 026 568, auf Facebook, tgl. 11–15, 18.30–23 Uhr, Vorspeisen um 5 €, Hauptgerichte um 20 €, Pizza um 9 €. Schlicht-rustikales Restaurant an der Küste der Südstadt mit guter italienischer Küche.

mit verkleidetem Personal, Wasserpfeifen-Lounges und auch griechische Musikkneipen aneinander. Einer der größten Clubs hier ist die **West Bar** (3 Plotarchou Blessa, www.west.gr) mit wilden Partys und im Sommer auch skandinavischen DJs. Als Ableger führen sie den **Strand Beach Club** am Kritiká Beach nördlich der Hafeneinfahrt hinter der Navarinou.

Ruhig & gemütlich – **Bitter Sweet** **2** : 19 Apellou, Tel. 2242 023 616, tgl. 9–4 Uhr. Einen ruhigeren Abend verbringt man in diesem Lounge-Café mit Musik, guten Drinks und Creperie.

Abends & Nachts

Bar Street – Das **Szene-Viertel der Bars** **1** hat sich in den Gassen zwischen der antiken Agora und dem Mandráki-Hafen angesiedelt. Dort reihen sich Bars

Infos

Tourist Information: 1 Akti G. Papandreou, Tel. 2242 024 460.
Internet: www.kosinfo.gr (mit aktueller Fährenbuchung)

Reste eines Tempels auf der antiken Agora in Kós-Stadt

Marmaris – ein türkischer Basar

Der türkische Urlaubsort auf dem Festland gegenüber von Rhodos-Stadt ist eines der Zentren des mittelmeerischen Massentourismus. Als Ausflugsziel bringt er nicht viel, es sei denn, man ist auf Shopping aus. Um es also gleich vorweg zu sagen: Der Bootstrip ins türkische Marmaris kann – im Vergleich zu Inseln wie Sými, Níssyros oder Kós – nicht als erste Wahl gelten. Denn der auch bei der türkischen Schickeria beliebte Ferienort ist lediglich ein Kunstprodukt des Tourismusgeschäfts; im Gegensatz zu Sými, Ende des 19. Jh. die größte Stadt der Region (s. S. 248), war Marmaris bis zum Bau der zahlreichen Großhotels am Weststrand ein mehr oder minder bedeutungsloses Fischerdorf.

Andererseits nennt Marmaris den größten touristischen Basar der Türkei sein Eigen, in dem man sich für ein paar Stunden restlos verlieren kann: Einkaufen in der Türkei ist relativ preiswert, Kreditkarten nehmen fast alle Geschäftsleute; auch in Euro kann man fast überall zahlen. Für den Shopping-Bummel bleibt auch recht viel Zeit, denn mit dem schnellen Katamaran braucht man für die Fahrt bloß 60 Min.

Marmaris ▸ Karte 5, C 1

Der Katamaran aus Rhodos legt östlich des Ortes an, bei der Einfahrt rechts vom Jachthafen. Links erhebt sich flach und gedrungen die Burg, dahinter beginnt der **Basar:** Gewürze en gros, Tee und Süßigkeiten, schöner Silber- und auch Goldschmuck, schrille Sommermode, scharfe Bikinis, Orient-Teppiche, sogar Pelzmäntel und Lederkleidung – das sind die auffälligsten Waren, die im überdachten Gassengewirr angeboten werden: Da heißt es, nach Kräften zu feilschen! Besonders auffällig sind die vielen Textilien, die mit den großen internationalen Modenamen bedruckt sind: Die meisten sind aber nicht echt, sondern nur Kopien – sehr günstig, aber qualitativ doch nicht das Original.

Meerseitig zieht sich eine breite Uferstraße, hier Kordon genannt, einmal rund um die Halbinsel der Altstadt bis zum Jachthafen. An dieser Promenade reiht sich ein Restaurant ans nächste, davor liegen die Jachten und Ausflugsboote. Durch Gassen kann man zur Burg aufsteigen, am Weg laden Panorama-Restaurants zur Rast mit schönem Ausblick ein.

Burg und Hafen

Sehenswert ist die Burg **Marmara Kalesi** auf dem Altstadthügel, die im 16. Jh. erbaut wurde und heute als

Infobox

Anreise
In der Saison tgl. ein Katamaran vom Akandia-Kai in Rhodos (gegenüber dem Hafenamt). Man benötigt Pass oder Personalausweis. Boarding ist gegen 8.30 Uhr, Rückfahrt um 17 Uhr, Preis 47 € h/z inkl. Hafengebühr. Info: www.rhodes.marmarisinfo.com

Übernachten
Übernachten darf man in Marmaris nicht, denn sonst verliert das Charterticket seine Gültigkeit; die Griechen kontrollieren das recht genau.

Die Läden in Marmaris bieten orientalische Souvenirs, aber auch moderne Textilien

Museum zugänglich ist (8.30–12, 13–17 Uhr). Der Besuch lohnt aber eher der Aussicht über den Hafen als der wenigen antiken Exponate wegen.

Als Hafen war und ist Marmaris übrigens berühmt. Schon die Lage, in einer fast vollständig zum Meer hin geschlossenen weiten Bucht, ist grandios. In diesem Naturhafen zog Sultan Süleyman 1521 seine Flotte für den großen Angriff auf Rhodos zusammen, heute ankert in der Netsel Marina für rund 1000 Boote die größte Jacht-Flotille der Türkei. Der Abschirmung gegen die Meereswinde verdankt der Ort einen Gutteil seiner heutigen Beliebtheit, denn schon Anfang Mai, beim Jachtfestival, kann man hier hochsommerlich warme Abende und (in den Discos) heiße Nächte genießen.

Der Kordon endet zuletzt an der **Netsel Marina;** meist ankern dort auch immer ein paar riesige Luxusjachten.

Und auch dort geht das Shoppen weiter: In schicken Boutiquen ist dort echte internationale Mode zu finden – und immer noch ziemlich günstig.

Mein Tipp

Essen mit Aussicht

Gleich am Anfang der Restaurant-meile am Kai bietet das Restaurant **The Three Palms** eine schöne Dach-terrasse, um die ankernden Boote zu überschauen (Grillküche, auch Pizza). Etwas höher noch liegt das Restaurant **Hillside** am Hang oberhalb des Mer-maid-Brunnens (türkische Küche). Auf dem höchsten Punkt liegt die **Castle Bar:** Abends wird's dort voll, nachmit-tags sitzt man aber ruhig mit einem Drink und blickt über ganz Marmaris.

Sprachführer

Umschrift

Auch ohne griechische Sprachkenntnisse kommt man heute überall in Griechenland zurecht; die meisten Griechen sprechen zumindest etwas Englisch. Hinweisschilder sind in der Regel auch in lateinischen Buchstaben abgefasst. Dennoch empfiehlt es sich, ein wenig Griechisch zu lernen; man kommt schneller zurecht und wird häufig auch freundlicher behandelt. Jedoch muss man auf die richtige Betonung achten, die durch den Akzent angegeben wird.

Das griechische Alphabet

		Aussprache	Umschrift
A	α	a	a
B	β	w	v, w
Γ	γ	j vor e und i, sonst g	g, gh, j, y
Δ	δ	wie engl. th in ›the‹	d, dh
E	ε	ä	e
Z	ζ	s wie in ›Sahne‹	z, s
H	η	i	i, e, h
Θ	ϑ	wie engl. th in ›thief‹	th
I	ι	i, wie j vor Vokal	i, j
K	κ	k	k
Λ	λ	l	l
M	μ	m	m
N	ν	n	n
Ξ	ξ	ks, nach m oder n weicher: gs	x, ks
O	o	o	o
Π	π	p	p
P	ρ	gerolltes r	r
Σ	σ	s wie in ›Tasse‹	ss, s
T	τ	t	t
Υ	υ	i	i, y
Φ	φ	f	f, ph
X	χ	ch	ch, h, kh
Ψ	ψ	ps	ps
Ω	ω	offenes o	o

Buchstabenkombinationen

AI	αι	ä	e
ΓΓ	γγ	ng wie in ›lang‹	ng, gg
EI	ει	i wie in ›lieb‹	i
EY	ευ	ef wie in ›heftig‹	ef, ev
ΜΠ	μπ	b im Anlaut,	B
		mb im Wort	mp, mb
NT	ντ	d im Anlaut	D
		nd im Wort	nd, nt
OI	οι	i wie in ›Liebe‹	i
OY	ου	langes u	ou, u

Begrüßung und Höflichkeit

Guten Tag	kali méra
Guten Abend	kali spéra
Gute Nacht	kali níchta
Hallo, Tschüss (Du-Form / Sie-Form)	jassú/jassás
Auf Wiedersehen	adío (adíosas)
Gute Reise	kaló taxídi
Bitte	parakaló
Danke (vielmals)	efcharistó (polí)
Ja	ne (sprich: nä)
Jawohl	málista
Nein	óchi
Nichts, keine Ursache	típota
Entschuldigung	singnómi
Macht nichts	den pirási
In Ordnung, okay	endáxi

Reisen

Straße/Platz	odós/platía
Hafen	limáni
Schiff	karávi
Bahnhof / Busstation	stathmós
Bus	leoforío
Haltestelle	stásis
Flughafen	aerodrómio
Flugzeug	aeropláno
Fahrkarte	issitírio
Motorrad	motosiklétta
Fahrrad	podílato
Auto	aftokínito
rechts/links	deksjá/aristerá
geradeaus	efthían
hinter, zurück	píso
weit/nah	makría/kondá

Bank, Post, Arzt, Notfall

Bank/Bankautomat	trápesa/ATM
Quittung, Beleg	apódixi
Postamt	tachidromío
Briefmarken	grammatóssima
Arzt/Arztpraxis	jatrós/jatrío
Krankenhaus	nossokomío
Hilfe!	voíthia
Polizei	astinomía
Unfall/Panne	átichima/pánna

Einkaufen

Kiosk	períptero
Laden	magasí
Bäckerei	foúrnos
Fleisch/Fisch	kréas/psári
Käse/Eier	tirí/avgá
mit/ohne	me/chorís
Milch/Zucker	gála/sáchari
Brot	psomí
Gemüse	lachaniká
Wasser	neró
– mit Kohlensäure	sóda
Bier	bíra (Pl. bíres)
Wein	krássi
eine Portion	mía merída
zwei Portionen	dío merídes

Speisekarte	katálogos
Die Rechnung, bitte!	to logarjasmó parakaló!

Adjektive

gut/schlecht	kalós/kakós
groß/klein	megálos/mikrós
neu/alt	néos/paljós
heiß/kalt	sésto/krío

Zahlen

1	éna (m), mía (f)	40	saránda
2	dío (sprich: sio)	50	penínda
3	tría, trís	60	exínda
4	téssera, tésseris	70	evdomínda
5	pénde	80	októnda
6	éxi	90	enenínda
7	eftá	100	ekató
8	októ	200	diakósja
9	enéa	300	triakósja
10	déka (seka)	400	tetrakósja
11	éndeka	500	pendakósja
12	dodéka	600	exakósja
13	dekatría, usw.	700	eptakósja
20	íkossi	800	oktakósja
21	íkossi éna, usw.	900	enjakósja
30	tríanda	1000	chílja

Die wichtigsten Sätze

Allgemeines

Wie geht es dir?	Ti kánis?
Ich verstehe nicht.	Den katalavéno.
Woher kommst Du?	Apo poú ísse?
Wie spät ist es?	Ti óra íne?
Ich habe es eilig!	Viássome!
Prost!	Jámmas!

Unterwegs

Wo ist ...?	Poú íne ...?
Wo fährt der Bus nach ... ab?	Poú févji to leoforío ja ...?
Wann fährt er/sie/es?	Póte févji?
Wann kommt er/sie/es an?	Póte ftáni?

Wie viele Kilometer sind es bis ...?	Póssa chiljómetra sto ...?

Notfall

Ich möchte telefonieren.	Thélo ná tilefonísso.
Ich suche eine Apotheke.	Thélo ná vró éna farmakío.

Einkaufen

Was wünschen Sie?	Tí thélete?
Bitte, ich möchte ...	Parakaló, thélo ...
Was kostet das?	Pósso káni afto?
Ich nehme es!	To pérno!
Das ist teuer!	Íne akrivó!
Es gefällt mir (nicht).	(Den) m'aréssi.

Kulinarisches Lexikon

Frühstück

avgá mátja	Spiegeleier
avgá me béikon	Eier mit Speck
voútiro	Butter
chimó portokáli	Orangensaft
giaoúrti (yaoúrti)	Joghurt
... me karídia	... mit Walnüssen
... me méli	... mit Honig
kafé me gála	Kaffee mit Milch
louchániko	Wurst
marmeláda	Konfitüre
méli	Honig
psomáki	Brötchen
sambón	Schinken
tirí	Käse
tsái	Tee

Suppen

fassoláda	Bohnensuppe
kakavjá	Fischbrühe, dazu
(auch: psarósoupa)	ein Fisch nach Wahl
kreatósoupa	trübe Fleischbrühe
patsá	deftige Kuttelsuppe mit Innereien
tomatósoupa	Tomatensuppe

Salate und Pürees

angoúro saláta	Gurkensalat
choriátiki saláta	›Griechischer Salat‹
chórta saláta	Mangoldsalat
gígantes (jígandes)	große weiße Bohnen in Tomatensauce
láchano saláta	Krautsalat
maroúli saláta	Blattsalat
melindsáno saláta	Auberginenpüree
skordaliá	Kartoffelpaste mit Knoblauch
taramá	Fischrogen-Püree
tomáto saláta	Tomatensalat
tónno saláta	Thunfischsalat
tzatzíki (dsadsíki)	Joghurt mit Gurken und Knoblauch

Fisch und Meeresfrüchte

astakós	Languste
barboúnja	Rotbarbe
fángri	Zahnbrasse
garídes	Scampi
glóssa	Scholle oder Seezunge
kalamarákja	Calamares
ksifías	Schwertfisch
lavráki	Barsch
mídja	Muscheln
oktapódi	Krake
solomós	Lachs
soupjés	Sepia (Tintenfisch)
stríthja	Austern
tsipoúra	Dorade (Goldbrasse)

Fleischgerichte

arnáki, arní	Lammfleisch
pansétta	Schweinerippchen
békri mezé	eine Art Gulasch mit Kartoffeln, scharf
biftéki	Frikadelle mit Käse
brizóla	Kotelett
chirinó	Schweinefleisch
gída	Ziege
gourounópoulo	Spanferkel
gouvarlákja	Hackfleischbällchen in Zitronensauce
gemistes (jemistés)	gefüllte Tomaten oder Paprikaschoten
giouvétsi (juvétsi)	Kalbfleisch mit Reisnudeln in Tomatensauce
katsíki	Zicklein
keftédes	Hackfleischbällchen in Tomatensauce
kokkinistó	Rindfleisch in Rotweinsauce
kokorétsi	Innereien, gegrillt
kotópoulo	Hühnchen
kounélli	Kaninchen
kreatópitta	Blätterteigtasche mit Fleischfüllung
láchano dolmádes	gefüllte Kohlblätter
loukaniká	Landwürstchen
makarónja me kimá	Spaghetti mit Hackfleischsauce

mialá	Hirn	karpoúsi	Wassermelone
mouskári	Rindfleisch	kerássja	Kirschen
moussaká	Auberginenauflauf	lemóni	Zitrone
païdákja	Lammkoteletts	mílo	Apfel
papoutsákja	gefüllte Auberginen	peppóni	Honigmelone
pastítsjo	Nudelauflauf mit	portokáli	Orange
	Hackfleisch	rodákino	Pfirsich
psitó	Braten	síka	Feige
sikóti	gebratene Leber	staffília	Weintrauben
stifádo	Fleisch mit Zwie-		
	beln in Toma-		
	ten-Zimt-Sauce	**Desserts**	
		froútto saláta	Obstsalat
soutzoukákia	Hackfleischrollen in	karidópitta	Walnusskuchen
(sudsukakja)	Tomatensauce mit	milópitta	Apfelkuchen
	Kreuzkümmel	pagotó	Eiscreme
souvláki	Fleischspieß (Rind	risógalo	Reispudding
	oder Schwein)	tirópitta	Blätterteig mit Käse
tourloú	Gemüseeintopf		

Gemüse

		Getränke	
briam	Gemüseauflauf mit	bíra	Bier
	Schafskäse	chimós	Saft
bámjes	Okraschoten	gála	Milch
eljés	Oliven	kanelláda	Zimt-Limonade
fassólja	grüne Bohnen	kafés ellinikós	griechischer Kaffee
kolokithákja	Zucchini	kafés fíltro	Filterkaffee
melindsánes	Auberginen	krassí	Wein
spanáki	Spinat	lemonáda	Limonade
		neró	Wasser

Obst

		portokaláda	Orangeade
achládi	Birne	soumáda	Mandelmilch
fráules	Erdbeeren	tsái	Tee
		tsípouro	Tresterschnaps

Im Restaurant

Die Speisekarte, bitte.	To katálogo, parakaló	Salz / Pfeffer	aláti / pipéri
		Tasse	flidzáni
Was empfehlen Sie?	Tí sistínete?	Teelöffel	koutaláki
Die Rechnung, bitte.	To logarjasmó, parakaló	Löffel	koutáli
		Messer	machéri
		Gabel	piroúni
Guten Appetit!	Kalí orexí!	Glas	potíri
Prost!	Jammás!	Teller	piátto
kírie, kiría	Herr, Dame (gängige Anrede für Kellner und Kellnerin)	Zahnstocher	odondoglifídes
		Serviette	petsétta (serviétta = Damenbinde!)

Register

Register

Register

Autor/Abbildungsnachweis/Impressum

Der Autor: Der Reisejournalist Hans E. Latzke hat sich spezialisiert auf den östlichen Mittelmeerraum und die verschiedenen Regionen des alten osmanischen Reiches. Über Rhodos schreibt er seit fast 20 Jahren und hat dort viele Freunde gewonnen. Bei seinen zahlreichen Besuchen lernte er die Insel intensiv kennen und ist fasziniert von der Herzlichkeit der Menschen auf Rhodos. Am besten gefallen ihm Orte, wo das Leben der Einheimischen noch seinen normalen Gang geht.

Kartografie

DuMont Reisekartografie, Fürstenfeldbruck
© DuMont Reiseverlag, Ostfildern

Umschlagfotos:
Titelbild: Kloster Moní Thárri im Süden von Rhodos nahe Laérma
Umschlagklappe vorn: Taverne in der mittelalterlichen Altstadt von Rhodos

Hinweis: Autor und Verlag haben alle Informationen mit größtmöglicher Sorgfalt geprüft. Gleichwohl erfolgen alle Angaben ohne Gewähr. Bitte schreiben Sie uns! Über Ihre Rückmeldung und Ihre Verbesserungsvorschläge freuen wir uns: **DuMont Reiseverlag,** Postfach 3151, 73751 Ostfildern, info@dumontreise.de, www.dumontreise.de

3., aktualisierte Auflage 2017
© DuMont Reiseverlag, Ostfildern
Alle Rechte vorbehalten
Grafisches Konzept: Groschwitz/Blachnierek, Hamburg
Printed in China

MIX
Paper from responsible sources
FSC® C124385